BENEDIKTINERSTIFT ADMONT (HG.)

# 1074 – Benediktinerstift Admont

## 950 JAHRE LEBENDIGES KLOSTER

## KATALOG ZUR JUBILÄUMSAUSSTELLUNG

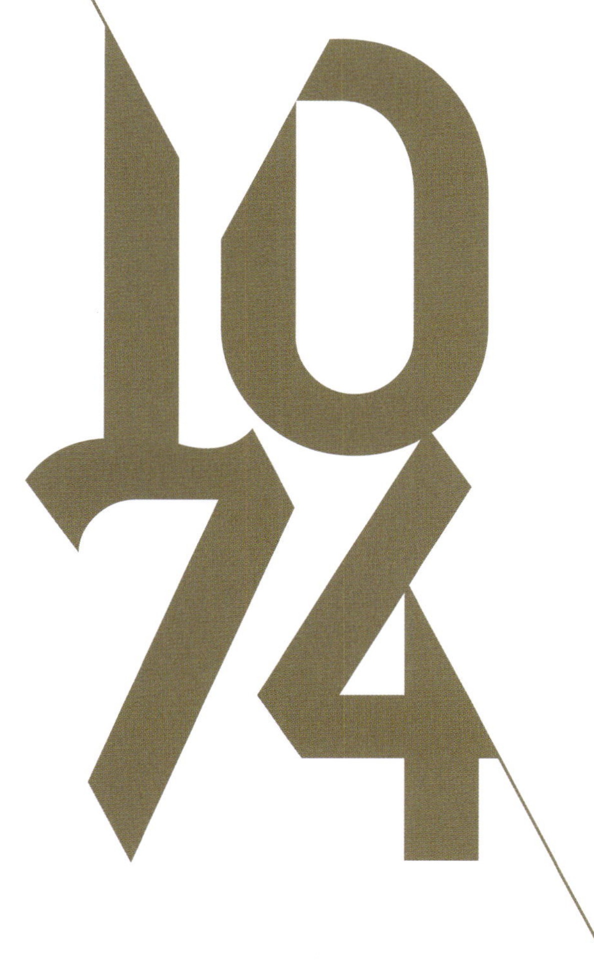

BÖHLAU

Bibliografische Information der Deutschen Bibliothek:
Die Deutsche Nationalbibliothek verzeichnet diese Publikation in der
Deutschen Nationalbibliografie; detaillierte bibliografische Daten
sind im Internet über https://dnb.de abrufbar.

© 2024 Böhlau Verlag, Zeltgasse 1, A-1080 Wien, ein Imprint der Brill-Gruppe (Koninklijke Brill NV,
Leiden, Niederlande; Brill USA Inc., Boston MA, USA; Brill Asia Pte Ltd, Singapore; Brill Deutschland
GmbH, Paderborn, Deutschland; Brill Österreich GmbH, Wien, Österreich)
Koninklijke Brill NV umfasst die Imprints Brill, Brill Nijhoff, Brill Schöningh, Brill Fink, Brill mentis,
Brill Wageningen Academic, Vandenhoeck & Ruprecht, Böhlau, und V&R unipress.



Umschlagabbildung: Glasfenster aus der Kapelle von Burg Gallenstein, um 1430. (vorne: Evangelist
Johannes, hinten: Simon, Apostel); Foto: Marcel Peda (pedagrafie)
Lektorat: Simone Buckreus, Michael Braunsteiner, Christian Rapp, Michael Richter-Grall
Satz: Bettina Waringer, Wien
Umschlaggestaltung: Michael Haderer nach einer Idee von Alexander Kada (Kadadesign)
Druck und Bindung: Finidr, Český Těšín
Gedruckt auf chlor- und säurefreiem Papier
Printed in the EU

**Vandenhoeck & Ruprecht Verlage | www.vandenhoeck-ruprecht-verlage.com**

ISBN Print: 978-3-205-21965-1
ISBN e-book: 978-3-205-21966-8

# Inhalt

# OBJEKTE

# Geleitwort

Liebe Besucherinnen und Besucher unserer Museumslandschaft!
Liebe Leserinnen und Leser dieses Ausstellungskataloges!

Das Jahr 2024 markiert ein für Geschichte und Zukunft unserer benediktinischen Klostergemeinschaft von Admont wichtiges Ereignis: 950 Jahre ein lebendiges Kloster. Grund genug, um ein Jubiläumsjahr zu begehen und dieses gebührend zu feiern. Vorrangig sind es die Gottesdienste in unserer Stiftskirche, die gleichsam die „geistlichen Markierungspunkte" in diesem Jahr bilden. Die „kulturellen Markierungspunkte" sind die Umgestaltung unserer stiftischen Museumslandschaft und die Präsentation der Sonderausstellung. Der vorliegende Katalog gibt einerseits Einblicke in die ausgestellten Werke, die zum größten Teil aus unseren eigenen Sammlungen stammen, und enthält andererseits wissenschaftliche Beiträge zu unserer Stiftsgeschichte.

Die Sonderausstellung zum Jubiläumsjahr will einen Querschnitt durch alle Jahrhunderte seit der Gründung unseres Stiftes Admont im September 1074 bieten. Dabei werden beachtliche Werke der Kunst, der Handschriftenproduktion, der Religion und des Geistes präsentiert. Allesamt spiegeln sie wider, dass „in allem Gott verherrlicht werden soll" („Ut in omnibus glorificetur Deus", ein alter benediktinischer Leitsatz). Es versteht sich aber von selbst, dass unser Haus nicht nur Hoch-Zeiten erlebt hat, sondern in den 950 Jahren auch mehrere Episoden des Niederganges und der Resignation. Immer wieder haben sich unsere Mitbrüder aufgerafft – vertrauend auf Gottes Beistand und Hilfe – und von vorne begonnen. Getreu dem überlieferten Wahlspruch unseres Gründers Erzbischof Gebhard, der auch zu einem Motto unseres Klosters geworden ist: „Tu inchoabis, Deus consummabit – Du sollst beginnen, Gott wird vollenden". In diesem Sinne gehen wir als Klostergemeinschaft vertrauenden Herzens und voller Optimismus diesen unseren benediktinischen Weg weiter.

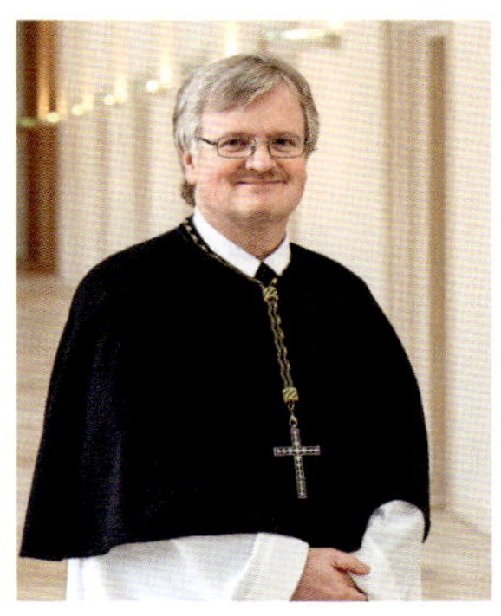

Es sei an dieser Stelle ein herzliches Vergelt's Gott und Danke ausgesprochen an jene Mitarbeiterinnen und Mitarbeiter, die die Ausstellungen kuratieren, die vielen fleißigen Hände hinter den Kulissen, unserem Team der Kulturabteilung sowie jenen, die diesen Ausstellungskatalog erstellt oder durch wissenschaftliche Beiträge bereichert haben.

Ich freue mich auf ein Wiedersehen in Admont! Fühlen Sie sich willkommen!

Abt Mag. Gerhard Hafner OSB und
die Benediktiner von Admont

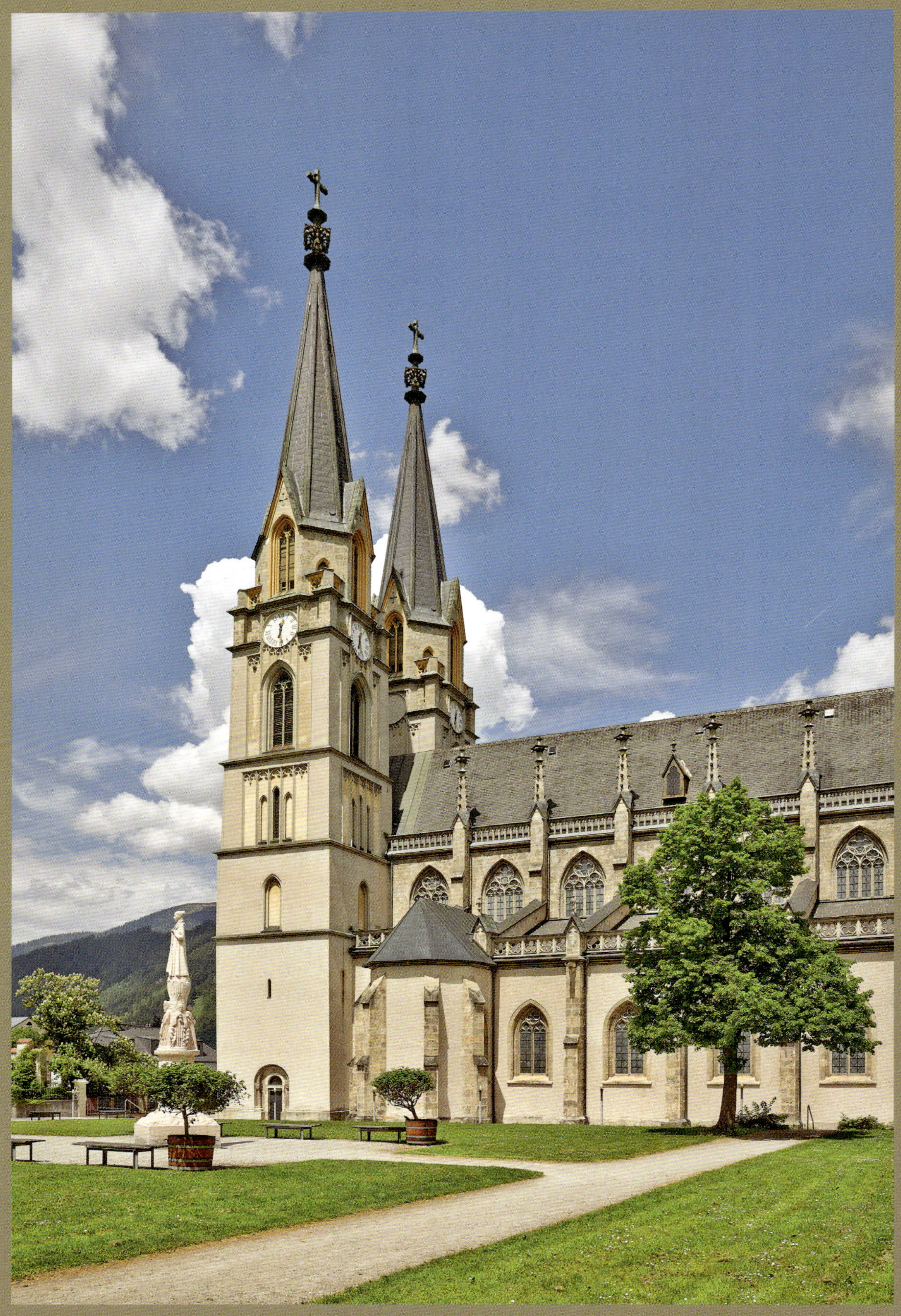

Stifts- und Pfarrkirche St. Blasius in Admont

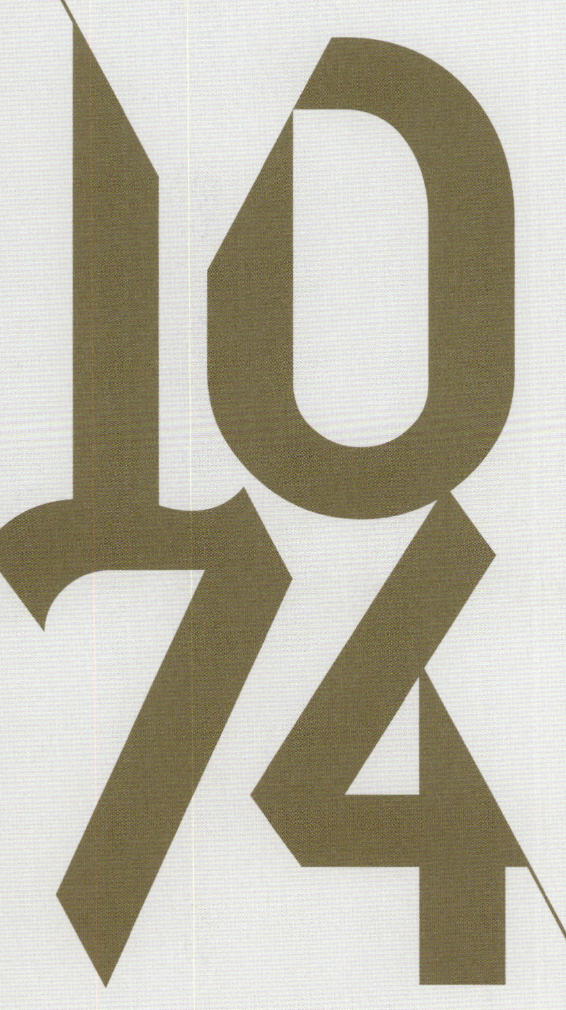

# Ein Streifzug durch die Stiftsgeschichte

Christian Rapp

Aus Anlass der Erinnerung an die Gründung von Stift Admont im Jahre 1074 wurde im Frühjahr 2024 in den ehemaligen Räumlichkeiten des Kunsthistorischen Museums eine Sonderausstellung zur Geschichte und Entwicklung des Klosters eröffnet.

Die Ausstellung ist nach Themen gegliedert: Es geht zunächst um die spirituelle Gemeinschaft der Mönche, die sich immer wieder großen Herausforderungen durch Politik und gesellschaftliche Veränderungen stellen musste; es folgt ein Einblick in die zahlreichen wissenschaftlichen Aktivitäten des Stiftes. Ein weiterer Themenbereich dokumentiert die historischen und gegenwärtigen Wirtschaftsbetriebe des Stiftes. Der letzte Abschnitt gilt dem kulturellen Wirken Admonts, beispielhaft gezeigt anhand von Werken der Bildenden Kunst und der Musik.

Wir beginnen unsere Reise durch die Zeit mit der Gründung des Stiftes und den Legenden, die sich darum ranken. Jede Epoche hat diese und ihre zentralen Akteure neu interpretiert. Neben frei erfundenen Nachbildungen der Gründerin Hemma von Gurk und dem Erzbischof Gebhard von Salzburg ist die wissenschaftlich untermauerte Rekonstruktion des Kopfes des Erzbischofs zu sehen. Wir schauen Gebhard sozusagen wie einem Zeitgenossen ins Angesicht.

Auch wenn eine solche Rekonstruktion immer nur eine Annäherung sein kann, hat man den Eindruck, die psychischen Belastungen in den Gesichtszügen erkennen zu können, denen der Erzbischof während des Investiturstreites ausgesetzt war, im Zuge dessen er für neun Jahre aus Salzburg vertrieben wurde. Admont als Gebhards Gründung und als papsttreues Kloster wurde mehrmals von den Feinden Salzburgs überfallen und ausgeplündert. Erst nach dem Wormser Konkordat von 1122 vermochte es sich zu konsolidieren. Ab der 2. Hälfte des 12. Jahrhunderts ist eine Schreib- und Miniaturschule nachgewiesen, der wir zahlreiche eindrucksvolle Handschriften verdanken, von denen einige besonders wertvolle zu sehen sind. Wichtig ist uns in einem eigenen Kapitel die Darstellung des 1121 gegründeten Nonnenklosters, das bis ins 16. Jahrhundert existierte und in illustrierten Handschriften sowie Profess-Briefen, Korrespondenzen und Urkunden gut dokumentiert ist.

Ein weiterer Abschnitt der Ausstellung befasst sich mit der Blüte Admonts im Spätmittelalter, verkörpert im Werk der Äbte Irimbert, Heinrich II. und Engelbert. Sie stehen für die vielfältigen Rollen, die Klostervorsteher in Wissenschaft, Klerus, aber auch Politik spielen konnten: Irimbert galt als strenger Ordensreformator, dem gleichzeitig mehrere Klöster die Abtswürde angeboten haben. Heinrich II. war als Landschreiber der oberste Finanzbeamte der Steiermark und stieg dann zum Landeshauptmann auf. Abt Engelbert war einer der wichtigsten österreichischen Gelehrten des Zeitalters, gilt als erster Aristoteles-Kenner Österreichs und hat über 40 Werke aus nahezu allen Zweigen der Wissenschaft verfasst.

Dieser eindrucksvollen Epoche folgten Glaubenskrise und Reformation, die in Admont das Ende des Nonnenklosters bedeutete und auch das Mönchskloster bedrohte. Und doch wurde diese Phase überwunden und das Stift regenerierte sich allmählich wieder. Der neuerliche Aufschwung in der Gegenreformation ist an einigen besonders prunkvollen Exponaten der Ausstellung zu erkennen. Das Kloster wurde in dieser Zeit neugestaltet, Altäre wurden erneuert, kostbare Sakralgeräte angeschafft, und der Kunststicker Benno Haan stellte prachtvolle Paramente her.

Ein Pektorale, das Kaiser Joseph I. dem Abt zum Geschenk gemacht hat, zeigt die enge Verbindung des Klosters mit dem absolutistischen Staat, der seinerseits immer wieder auf die Ressourcen des Klosters zurückgriff. Doch die Beziehung zu den Habsburgern war nicht immer so harmonisch. Unter Joseph II. kam es beinahe zur Auflösung des Konvents. Der Hintergrund der geplanten Auflösung des an sich nicht als „untätig" eingestuften Ordens ist ein profaner. Weil die bereits aufgelösten ärmeren „unproduktiven" steirischen Klöster für den Religionsfonds nicht ausreichend Mittel geboten hatten, wollte man auch auf das Vermögen der wohlhabenden zugreifen. Doch die Hofkanzlei des Kaisers intervenierte, weshalb man die geplante Aufhebung wieder zurückzog.[1] Dem Stift kam dabei auch sein Engagement im Bildungsbereich zugute, den Abt Gotthard Kuglmayr besonders gefördert hat. Kein anderes Stift besaß zu jener Zeit so viele Schulen wie Admont.

Kaum war die Gefahr einer Auflösung gebannt und wieder Ruhe ins Stift eingezogen, geriet das Stift in beträchtliche finanzielle Schwierigkeiten. Die Schuldenkrise nach den Napoleonischen Kriegen, Missernten und Teuerungen führten zum finanziellen Niedergang, den erst Benno Kreil, zunächst als Administrator, später Abt, durch Sparsamkeit und vorausschauende wirtschaftliche Entscheidungen aufhalten konnte. Als diese Krise überwunden waren, sah es so aus, dass das Stift einer langen ruhigen Epoche zusteuern würde. Doch da kam es im Jahre 1865 zum großen Feuer, das große Teile der Stiftskirche und der Klosteranlage vernichtete. Relikte des Brandes sind in der Ausstellung zu sehen. Stereofotos, die wenige Jahre vor dem Brand gemacht worden sind, zeigen, was durch ihn zerstört wurde.

Die kommenden Jahrzehnte waren vom Wiederaufbau von Stiftskirche und Klosteranlage geprägt. Einer der ersten, die über die neue Stiftskirche berichteten, war Peter Rosegger. Er hielt sie für den besten Bau der neuen Gotik und beschrieb 1880 in einem illustrierten Prachtband über die Steiermark seine Eindrücke: „Reiner und edler habe ich die wunderbare Gothik noch nirgends durchgeführt gesehen als in der Stiftskirche zu Admont; von der Thorklinke bis hinauf zu den hohen eisernen Thurmkreuzen ist Alles Eins und Harmonie"[2]. In Entwurfszeichnungen und originalen Bauteilen wird dieser Neubau dokumentiert, den Rosegger so begeistert aufgenommen hat: „Man beneidet schier den jungen Priester, der jetzt in göttlicher Begeisterung vor dem Hochaltar steht und bald hernach in warmblütiger Weltfreude durch den großen Stiftsgarten wandelt …"[3].

Doch die Neubaupläne gerieten ins Stocken, nicht zuletzt weil die wirtschaftliche Entwicklung sie nicht mehr ausreichend zu finanzieren vermochte. Noch kritischer wirkte sich der Erste Weltkrieg auf die ökonomische Situation des Stiftes aus. Die Kriegsanleihen, die es großzügig gezeichnet hatte, waren nach dem verlorenen Krieg nichts mehr wert, die Inflation vernichtete auch andere Vermögensbestandteile. Geringe Nachfrage nach Bauholz und die harte internationale Konkurrenz auf dem Holzmarkt verhinderten die wirtschaftliche Erholung, die Weltwirtschaftskrise tat ein Übriges. Arbeitsplätze mussten abgebaut und sogar die Armenfürsorge reduziert werden. Um seine Schulden abzubauen, musste das Stift ertragreiche Immobilien und einige seiner wertvollsten Kunstgegenstände und Handschriften, unter ihnen die Admonter Madonna und die Admonter Riesenbibel, veräußern.

Ein Muster schien sich zu wiederholen, als auf die wirtschaftliche Konsolidierung eine neue Katastrophe auf das Stift hereinbrach: der „Anschluss" Österreichs an das nationalsozialistische

Deutschland. Im Juni 1938 wurde das Stift unter kommissarische Verwaltung gestellt, einige Monate später sein Vermögen beschlagnahmt und schließlich die Konventsmitglieder gezwungen, die Abtei zu verlassen. Bücher aus der Bibliothek, eines davon ist in der Ausstellung zu sehen, mussten an die Deutsche Versuchsanstalt für Ernährung und Verpflegung abgeliefert werden, die dem Konzentrationslager Dachau angegliedert war. Exponate aus dem Naturhistorischen Museum mussten im Zuge einer Sammlungsbereinigung ans Joanneum in Graz abgetreten werden. Die Museen des Stiftes sollten nur mehr regional relevante Exponate zeigen, das andere dem Landesmuseum überlassen. Die Restitution dieser Objekte nach dem Zweiten Weltkrieg zog sich Jahrzehnte hin.

Im Herbst 1945, einige Monate nach dem Ende des Zweiten Weltkriegs, kehrte Abt Bonifaz Zölss mit seinem Konvent aus der Verbannung wieder nach Admont zurück. Nach den Mühen des Anfangs zeichnete sich eine Phase der Prosperität in allen Bereichen des Stiftslebens ab: Pfarrkirchen und Pfarrhöfe wurden saniert, die land- und forstwirtschaftlichen Betriebe großzügig ausgebaut. In den 1970er-Jahren erhielt das Gymnasium einen Neubau und auch in den Tourismus wurde investiert. Ende des 20. Jahrhunderts wurden die Museen des Stiftes großzügig umgebaut, neue Sammlungen zeitgenössischer Kunst entstanden in einem Umfang und einer Qualität, die für ein österreichisches Klöster als einzigartig zu bezeichnen ist. Exemplarisch für die Zeit des Wiederaufbaus sei auf den Gebhardskelch hingewiesen, den der Bildhauer Helmuth Gsöllpointner in den späten 1950er-Jahren geschaffen hat und der jährlich am 15. Juni zur Erinnerung an den Gründer verwendet wird. Er hat eine schlichte elegante Form und zeigt auf dem Fuß die Gestalt Gebhards, die nach einer romanischen Miniatur aus der Admonter Bibliothek in Stahlschnitt wiedergegeben ist.

Dem historischen Überblick in der Ausstellung angegliedert ist eine Darstellung der seelsorgerischen Wirkung des Stiftes in die Regionen, insbesondere seine 26 inkorporierten Pfarren. Der folgende Bereich ist der wissenschaftlichen Neugier, der Forschung, dem Sammeln und der Vermittlung von Wissen gewidmet, dargestellt an Büchern der Bibliothek und Objekten der naturkundlichen Sammlung. Sie spiegeln die breiten Interessen und die Passionen der Forscher wider, ob es ein Pater Gabriel Strobl war, der sich den Zweiflüglern unter den Insekten gewidmet hat, oder Guido Schenzl, der sich u. a. mit Erdmagnetismus und Isogonen befasst hat, oder der Historiker Jakob Wichner, der das umfangreiche Archiv für seine vierbändige Stiftsgeschichte durchforstete.

Leitobjekte dieses Bereichs sind zwei Globen, die auf den Geographen und Kartograph Gerhard Mercator zurückgehen, der als Begründer der modernen Kartographie gilt. 1569 erlangte er mit seiner Weltkarte für Seefahrer Weltruhm. Globen jener Zeit wurden fast immer paarweise hergestellt, nämlich je ein Erd- und ein Himmelsglobus. Auf letzterem sind die verschiedenen Gestirne und Sternbilder abgebildet. Ein anderes Beispiel für den naturwissenschaftlichen Forschergeist ist ein Schaukasten mit exotischen Schmetterlingen aus dem Naturhistorischen Museum im Stift Admont, der um 1900 von Pater Gabriel Strobl angelegt wurde. Die von Strobl begründete Insektensammlung umfasst etwa 252.000 Exemplare aus knapp 57.000 verschiedenen Arten.

Dass Wissen in Admont nicht nur vertieft und vermehrt, sondern auch weitergegeben wurde, zeigt ein Blick in die Admonter Schulgeschichte, die mit der Ausbildung des Klerus, aber auch von Buben aus dem Laienstand schon in der Gründungszeit begann. Auch das Admonter Nonnenkloster erteilte, wenngleich in erster Linie Töchtern des innerösterreichischen Adels, Erziehung und Unterricht. Mit der Gründung des Gymnasiums im Jahre 1644 entstand eine allgemein zugängliche Bildungseinrichtung, die sich an den Schulen der Jesuiten orientierte. Im Jahre 1778 erhielt das Gymnasium das Öffentlichkeitsrecht und wurde zu einer landesfürstlichen Schule erhoben. Doch schon wenige Jahre später erfolgte eine Weisung der Schulbehörde, das Gymnasium nach Leoben zu verlegen, in Admont selbst wurde lediglich Sängerknaben und einigen externen Schülern Privatunterricht erteilt. Für einige Jahre vermochte Abt Gotthard Kuglmayr das Gymnasium wieder nach Admont zurückzuholen, ehe es 1818, diesmal aus wirtschaftlichen Gründen, erneut geschlossen werden musste. Erst nach dem Ersten Weltkrieg konnte neuerlich ein Gymnasium eröffnet werden. Nach der Machtübernahme der Nationalsozialisten wurde in den Räumlichkeiten eine NS-Erziehungsanstalt eingerichtet. 1945 wurde ein neuer Anlauf für ein Stiftsgymnasium genommen, dem diesmal dauerhafte Existenz beschieden war.

Wissenschaftliche Forschung und Lehre ebenso wie die pastorale Tätigkeit erfordern eine ökonomische Grundlage. Davon berichtet ein weiterer Abschnitt der Ausstellung, der sich den historischen und gegenwärtigen Wirtschaftsbetrieben widmet. In der Mitte des Raumes sind vier kleine Figuren von Josef Stammel zu sehen, die die Jahreszeiten verkörpern – und auf die natürlichen Zyklen hinweisen, von denen eine Land- und Forstwirtschaft abhängig ist. Ein Prachturbar von 1434 dokumentiert den Zusammenhang von Besitz und Herrschaft, wie er bis 1848 gültig war. Das Stift als Grundherr war Bezieher von Abgaben und Leistungen seiner Untertanen, hatte aber diesen in Notzeiten auch auszuhelfen. Das Urbar verzeichnet den Güterbesitz und dessen Verteilung an Grundholden, meist Bauern sowie deren zu leistende Abgaben. Es diente der Kontrolle und der rechtlichen Handhabe, wurde aber wohl auch zu Repräsentationszwecken angelegt, was seine schöne Gestaltung nahelegt.

Dass das Stift über sein Einkommen und Vermögen nicht immer selbst bestimmen konnte, sondern seitens der Landesherren genötigt war, deren Kriege zu finanzieren, zeigt ein zweites Dokument, in dem der Verkauf eines Besitzes festgehalten wird, sowie ein Gemälde, das eine Szene aus den Osmanenkriegen festhält. Admont musste zu deren Finanzierung einen Großteil seines außerhalb der Steiermark liegenden Besitzes veräußern.

Eine Knappenfahne des späten 17. Jahrhunderts, auf der Bergmänner zu sehen sind, sowie das eindrucksvolle Bild des Inneren eines Hammerwerks, gemalt von Augustin Kurtz-Gallenstein, illustrieren die montanistischen Aktivitäten von Stift Admont, die stets für die gesamte Region von Bedeutung waren, ob es sich um den Salzabbau im Mittelalter handelt, die Eisenverhüttung in der Frühen Neuzeit oder den Magnesitbergbau im 20. Jahrhundert. Wirtschaftlich bedeutsam für das Stift waren und sind auch der Besitz von Weingärten und der Handel mit Wein, repräsentiert durch eine um 1460 entstandene Statue des hl. Urban, der als Patron der Weingärten gilt, aber auch gegen Trunkenheit und Gicht helfen soll. Er war auch für Abt Urban Weber (reg. 1628–1658) von Bedeutung, in dessen Wappen Weintraubenreben integriert sind.

Auf der gegenüberliegenden Seite kann man in das Innere einer großen Getreidemühle blicken, die einst auf dem Areal des Stiftes stand. Als 1911 das Elektrizitätswerk in der Mühlau den Betrieb aufnahm, das auch eine elektrisch betriebene Mühlenanlage versorgte, war die aus dem 18. Jahrhundert stammende Mühle überflüssig geworden und wurde dem damals gerade im Aufbau begriffenen Technischen Museum in Wien zur Verfügung gestellt. Die Admonter Stiftsmühle steht auch für das hohe Niveau der Zimmermannskunst in der Region. Eine Übersicht über die aktuellen Wirtschaftsbetriebe des Stiftes schließt diesen Ausstellungsbereich inhaltlich ab.

Eine Wende ins Existenzielle bietet der folgende Ausstellungsraum, der sich dem Themenkreis von Tod, Leben und Auferstehung widmet, wobei das kuratorische Team hier bewusst barocke Gemälde und Grafik mit zeitgenössischen künstlerischen Arbeiten in Beziehung setzt, um zum einen die Kontinuität dieses existenziellen Themas, aber auch die Vielfalt seiner Deutungen zu betonen. Admont verfügt über eine Reihe von Werken, die den Sterbensvorgang darstellen, Objekte des Totengedenkens sowie über Bücher, die Totentänze enthalten.

Am Ende des Rundgangs laden wir Besucherinnen und Besucher ein, vom Schauen auf das Hören umzuschwenken. Einige Musikstücke, die mit Bezug zum Stift entstanden sind, werden zu Gehör gebracht, aber auch Texte, die über das Stift geschrieben worden sind. Über die musikalischen Hörproben sei im Katalogteil mehr gesagt, hier soll auf einige exemplarische literarische Zeugnisse hingewiesen werden. Seit dem frühen 19. Jahrhundert häuften sich Reiseberichte über das Stift, aber auch Erzählungen mit dem Stift als Schauplatz wurden verfasst. Für ersteres sei auf ein Buch des Naturforschers und Reiseschriftstellers Johann August Schultes hingewiesen, der 1804 mit einigen Gefährten auf seiner Reise zum Großglockner in Admont Station machte. Er wäre hier beinahe hängengeblieben, wie er sagte, festgehalten wie einst Odysseus von Kirke, weil jeweils ein anderer „Lieblingsgegenstand" – die Landschaft, die Bibliothek, die Blumen der Umgebung, der Klang der Kirchenorgel – seine Mitreisenden und ihn gefesselt hielten. „Nur mit Mühe konnten wir uns losreißen von dem schönen Admont, das während unseres kurzen Aufenthaltes von fünf Tagen jeden von uns in circäische Netze verstrickt hielt."[4]

Einige Jahre später hat die Schriftstellerin Caroline Pichler in einer ihrer Erzählungen das Stift zu einem Schauplatz gemacht. In einer romantischen Schauergeschichte erzählt sie von einem fluchbeladenen Adelsgeschlecht, das auf einer Burg im hintersten Ennstal gelebt und über Generationen Reisende beraubt, manche von ihnen ermordet und deren Vermögen gehortet hat. Der ruhelose Geist der Toten spukt in der Burg und belastet auch den unbedarften Sprössling Siegebert aus der Burgherrnfamilie. Als er sich in ein junges Mädchen namens Anna verliebt, scheint es, als ob der Fluch der Familie durch die Liebe der beiden aufgelöst werden könnte. Doch das Mädchen ist die nur durch Glück überlebende Tochter einer Frau, die der brutale Vater Siegeberts einst mit ihr in die Fluten der Enns werfen ließ, um eine andere heiraten zu können – und somit seine Halbschwester. Entsetzt über ihre familiäre Verstrickung beschließen beide, ins Kloster zu gehen – sie ins Frauenkloster von Göss, er in das Stift Admont, aus dessen Konvent ihn schon in seiner Kindheit ein Mönch einst unterrichtet hat. „Die Zeit hatte den Sturm der Leidenschaft in beyden Herzen gedämpft, der Himmel und seine Freuden waren an die Stelle irdischer Liebe, Wohlthun und Gutesstiften an die Stelle häuslicher Seligkeit getreten …"[5].

Nicht so sehr für die spirituelle Seligkeit als für die wissenschaftlichen Aktivitäten des Stiftes war der steirische Dichter und Jurist Josef Dölzer zu begeistern, als er, noch vor dem Brand von 1865, ein Gedicht über Admont verfasste. Er bewunderte die gelehrten Fratres, die in „jedem Reich des Wissens glänzen" würden und meinte gerade in der „echten Weisheit Blüthe" die Kraft zu sehen, die das Stift seit jeher vor dem Verfall bewahrt hätte: „Stift Admont! Edler Wissenschaft / Achthundertjähr'ger Meister! / Gar oft war deine Lebenskraft / Geprüft durch arge Geister."[6]

Von Dölzers Begeisterung über die Admonter „Geistesbildung" ließe sich ein „Link" zum zeitgenössischen Schriftsteller Bodo Hell herstellen, der für sein Buch „Admont abscondita" (2008) zahlreiche verborgene Schätze der Bibliothek ausgehoben hat. Unter den Werken, die Hell „nach frei flottierendem Interesse und innerem Zwang"[7] ausgewählt hat, sei das Traumbuch des Artemidorus (Schrank 90, Reihe F, Nr. 210) erwähnt, das in der Zeit von Abt Anselm Lürzer von Zechenthal Anfang des 18. Jahrhunderts ins Haus gekommen ist.[8] Dieses klassische Werk der Traumdeutung aus spätrömischer Zeit, vielfach überarbeitet und ergänzt, enthält Deutungen von Büchern in Träumen, die durchaus ambivalente Aspekte in sich bergen, je nachdem wem sie erscheinen. Für viele würden Bücher, so Artemidorus, „den Trieb und das Leben desselbigen, der davon träumt" bedeuten, weil man seine Lebenszeit mit ihnen vertreibe und sie imstande seien, uns die Vergangenheit ins Gedächtnis zu bringen.[9]

Letzteres ist auch das Ansinnen dieses Katalogs, die Ausstellung und die in ihr vermittelte Stiftsgeschichte im Gedächtnis zu halten. Während die Ausstellung versucht, auf exemplarische Weise bedeutende Momente und zentrale Akteure aus der Geschichte des Klosters heranzuzoomen, befassen sich die Autorinnen und Autoren der folgenden Essays mit einzelnen Fragestellungen, die die bisherige Admont-Literatur ergänzen sollen. Den zahlreichen Beitragenden sei dafür im Namen des kuratorischen Teams dieser Ausstellung, das Michael Braunsteiner, Michael Richter-Grall, Pater Prior Maximilian Schiefermüller sowie Mitarbeiterinnen und Mitarbeiter von Archiv und Bibliothek umfasst, herzlich gedankt.

## Anmerkungen

1 Siehe dazu: Schiefermüller, Maximilian: Josephinische Klosterreformen. Am Beispiel der personellen Situation und der Abtwahl 1788 im Stift Admont. Diplomarbeit Salzburg 2010.

2 Rosegger, P. K.: Steiermark, in: Unser Vaterland. In Wort und Bild geschildert von einem Verein deutscher und österreichischer Schriftsteller, Dritter Band: Steiermark und Kärnten, Stuttgart 1880, S. 30

3 Ebd.

4 Schultes, Johann August: Reise auf den Glockner, 1. Theil, Wien 1804, S. 1.

5 Pichler, Caroline: Die goldene Schale, in: Pichler, Caroline: Sämmtliche Werke, 38. Bd., Wien 1829, S. 265.

6 Dölzer, Josef: Immergrün. Gedichte, Graz 1873, S. 26.

7 Hell, Bodo/Trummer, Norbert: Admont abscondita – Denk-Bilder aus der barocken Klosterbibliothek, Weitra 2008, S. 10.

8 Ebd., S. 21.

9 Des Griechischen Philosophen Artemidori Grosses und vollkommenes Traum-Buch, hier Ausgabe Leipzig 1753, S. 300.

# Die Abtei Admont und das hochmittelalterliche Reformmönchtum

Andreas Sohn

Das Mönchtum hat wohl in keiner historischen Epoche Europas eine so bedeutende Rolle wie im Mittelalter, zuvörderst im hochmittelalterlichen, gespielt. Mönche wurden Bischöfe, Kardinäle und Päpste, Klöster stellten Zentren des religiösen Lebens und der Memoria, der Geschichtsschreibung und Bildung, großer Grundherrschaften und gegebenenfalls Ausgangspunkte intensiver Urbanisierungen dar – mit vielen Variierungen von Land zu Land.[1] Äbte konnten in Personalunion Klöster und Diözesen leiten, Konvente als Kathedralkapitel fungieren – eine schon im frühen Mittelalter fassbare Entwicklung.

## Cluny und die Cluniacenser

Eine Abtei, welche der Herzog Wilhelm III. der Fromme von Aquitanien im Jahre 910 gegründet hatte, hob sich von allen anderen benediktinischen Klöstern ab: Cluny in Burgund, direkt dem Papsttum unterstellt und exemt, also frei von jedweden bischöflichen Verfügungsrechten.[2] In einer ganz bemerkenswerten Weise, die in ihrer konkreten historischen Gestaltwerdung herausragende Bedeutung in Europa gewann, stieg diese Abtei allmählich zum Haupt (*caput*) eines weit ausgreifenden, juristisch fundierten Klosterverbandes mit Hunderten von Gliedern (*membra*) auf. Die Cluniacenser selbst bezeichneten diesen als *Ecclesia Cluniacensis* und verbanden damit den Anspruch, Kirche abzubilden. Die Grundlage des monastischen Lebens in Cluny wie auch in den unterstellten Klöstern – dazu gehörten nicht nur Priorate, sondern sogar Abteien – war die Regel Benedikts von Nursia († 547), der in Montecassino verstorben war, und in Ergänzung sich mehr und mehr ausbildende, schrittweise schriftlich fixierte Lebensgewohnheiten, *consuetudines*.[3] Noch zahlreicher waren die Klöster in Europa, welche von Cluny aus reformiert wurden  bzw. die dort praktizierte Art des monastischen Lebens übernahmen: Jene folgten dem *Ordo Cluniacensis*.[4] Um 1200 wandelte sich indes die juridische Verfassung der *Ecclesia Cluniacensis*, die mit einem ausdifferenzierten Statutenwerk – ähnlich den Zisterziensern – zu einem neuen Orden (mit regelmäßig abzuhaltenden Generalkapiteln und einer genau festgelegten Visitationspraxis) geformt wurde. So entstand gewissermaßen „ein neues Cluny nach dem ‚klassischen' Cluny".[5]

Welche Stellung Cluny und das Reformmönchtum,[6] das mit diesem Namen verbunden ist, im 11. Jahrhundert erreichten, zeigt die Wahl des Priors Odo von Châtillon im Jahre 1088 zum Papst an: Er lenkte als Urban II. (bis 1099) die Geschicke der Weltkirche.[7] Die Äbte von Cluny agierten gleichsam auf Augenhöhe mit Kaisern und Königen sowie Päpsten und empfingen sie in ihrer Abtei. Abt Hugo von Cluny (1049–1109) war Taufpate des Saliers Heinrich IV., des Sohnes

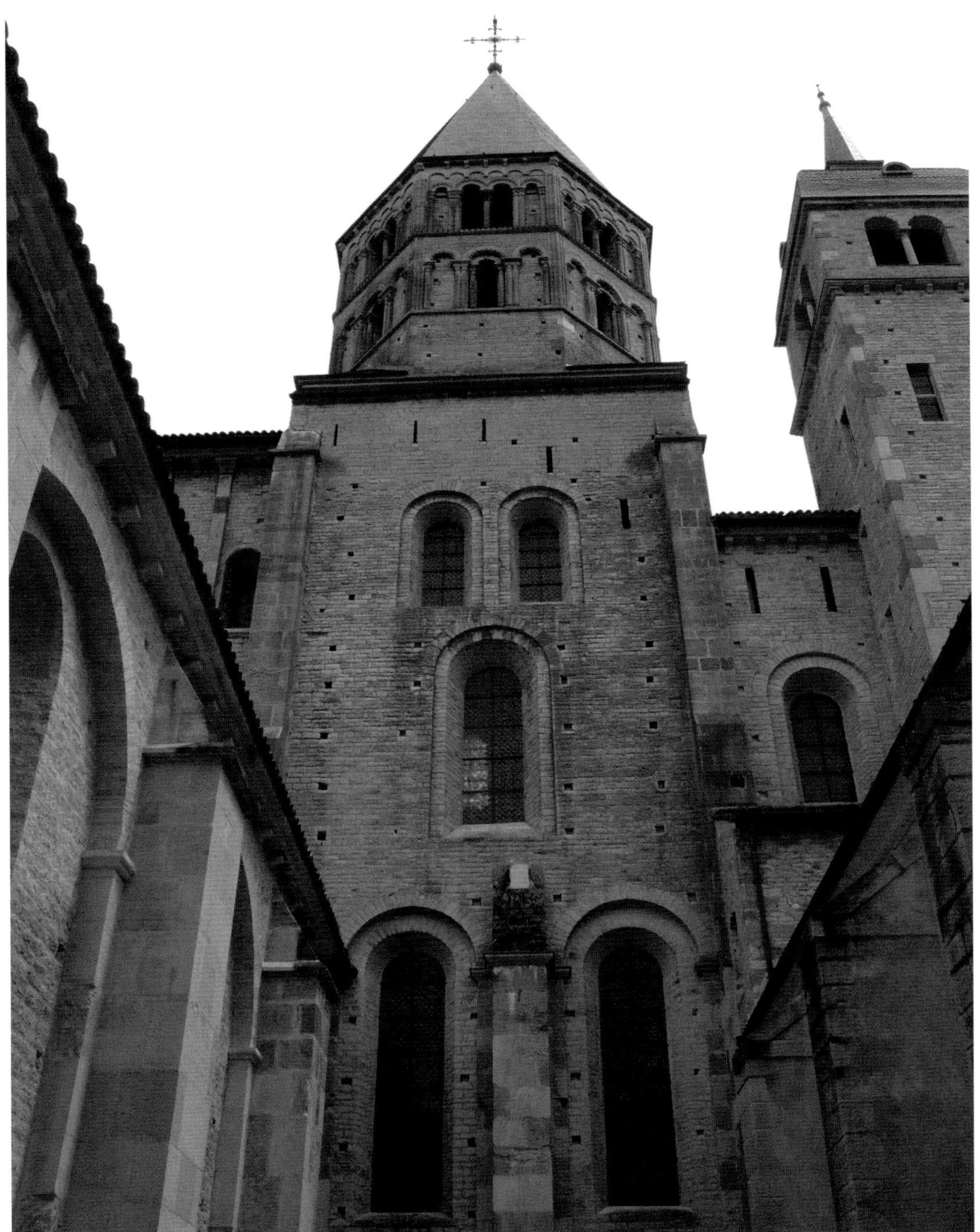

**Abb. 1:** Erhaltene Überreste der dritten Abteikirche von Cluny: langes Querschiff mit Türmen.

Kaisers Heinrich III. († 1056), und vermittelte später im Konflikt zwischen jenem und Papst Gregor VII., auch 1077 in Canossa.[8] Auf Hugo geht der 1088 begonnene Neubau der cluniacensischen Klosterkirche (von den Archäologen als „Cluny III" bezeichnet) zurück, der zum größten Gotteshaus im europäischen Mittelalter führte und von den Ambitionen der Cluniacenser zeugt.[9]

Im Jahre 1130 weihte Papst Innozenz II. die Abteikirche ein. Das gewaltige architektonische Steingebirge wurde im Zuge der Französischen Revolution abgetragen.

Zur Bedeutung Clunys trug eine ganze Reihe cluniacensischer Kardinäle wie Matthäus von Albano († 1135) und Albericus von Ostia († 1151) bei.[10] Lange Abbatiate charakterisierten die Entwicklung des burgundischen Klosters. Im Jahre 1120 kanonisierte Papst Calixt II. Abt Hugo, bezeichnenderweise in Cluny, wo jener ein Jahr zuvor als Nachfolger Gelasius' II. (1118–1119), ebendort verstorben und beigesetzt, gewählt worden war. Auch die Vorgänger Odo (927–942), Maiolus (954–994) und Odilo (994–1049) auf dem Abtsstuhl wurden und werden als Heilige verehrt – zudem Aymard (ca. 942–954) als Seliger.[11]

Die intensive Verbindung von Gebet und Gottesdienst, von liturgischem Totengedenken und Armensorge, von *pietas* und *caritas* – dies alles ausgerichtet nach dem Vorbild der Urkirche zu Jerusalem – antwortete auf Suchen und Erwartungen der Gläubigen jener Zeit, die nach dem ewigen Seelenheil strebten,[12] Männer wie Frauen (das bekannteste Kloster für Nonnen war Marcigny-sur-Loire). Das schlug sich nieder in überaus zahlreichen Stiftungen zugunsten cluniacensischer Kommunitäten, die zahlenmäßig hochschnellten (allein das Pariser Priorat Saint-Martin-des-Champs erreichte eine Konventsstärke von fast 300 Mönchen[13]), und in dem Wunsch, bei Kirchen der *Ecclesia Cluniacensis* beigesetzt zu werden. So entstand eine europaweite Gemeinschaft von Lebenden und Verstorbenen, die sich in der Memorialüberlieferung Clunys und abhängiger Klöster (zum Beispiel in Necrologien) spiegelt.[14] Deren *societas et fraternitas* teilhaftig zu werden, war begehrt. Unter Abt Odilo wurde das Fest Allerseelen – mit dem Gedenken aller verstorbenen Gläubigen – in Cluny eingeführt, von wo es sich später in der ganzen Kirche verbreitete (am 2. November, unmittelbar auf das Fest Allerheiligen folgend).[15]

## Hirsau und das cluniacensische Mönchtum

Die Ausbreitung des cluniacensischen Mönchtums – andere reformorientierte Klöster wie Gorze in Lothringen traten dahinter im 10. und 11. Jahrhundert zurück – vollzog sich in Wellen, die viele Länder Europas erreichten. Es gelangte von Burgund bzw. Frankreich aus u. a. nach England und auf die Iberische Halbinsel, in die Schweiz und nach Italien; ein cluniacensisches Kloster entstand sogar im Hl. Land, bei Jerusalem im Tal Josaphat.

Für den deutschsprachigen Kulturraum gewann die Abtei Hirsau im nordöstlichen Schwarzwald eine wichtige Vermittlungsfunktion.[16] Den Aufstieg des Klosters leitete der aus dem Regensburger Konvent von St. Emmeram gerufene Abt Wilhelm (1069–1091) ein, welcher das Vorbild Clunys für sein monastisches Reformwirken suchte. Sein Freund Ulrich von Zell († 1093), ein ehemaliger Mitbruder aus gemeinsamen Regensburger Tagen und in die burgundische Abtei übergewechselt, schrieb für ihn die cluniacensischen Bräuche nieder und übermittelte sie ihm. Diese dienten Wilhelm als Richtschnur für die Ausgestaltung des klösterlichen Alltagslebens in Hirsau.[17] Allerdings führte er Neuerungen ein, zum Beispiel die Abschaffung der Darbringung von Jungen, *pueri oblati*, die von ihren Eltern für ein Leben im Kloster bestimmt wurden, und die Zulassung von sog. Konversen (*fratres barbati*), Laienbrüdern (oder Bartbrüdern), welche körperliche Arbeiten übernahmen und sich mönchisch lebend in den Dienst der Gemeinschaft stellten.[18] Die Nähe des Schwarzwaldklosters zu Cluny zeigte sich auch darin, dass Prior Gebhard von Hirsau kurz vor dem Tod Wilhelms ebendort Reliquien erhalten konnte, die Abt Hugo von Semur jenem überließ und die so zur aufstrebenden Kommunität an der Nagold gelangten.[19] Dieser begab sich auch auf eine Reise in den Schwarzwald, in deren Verlauf (1093/94) er eine Verbrüderung in

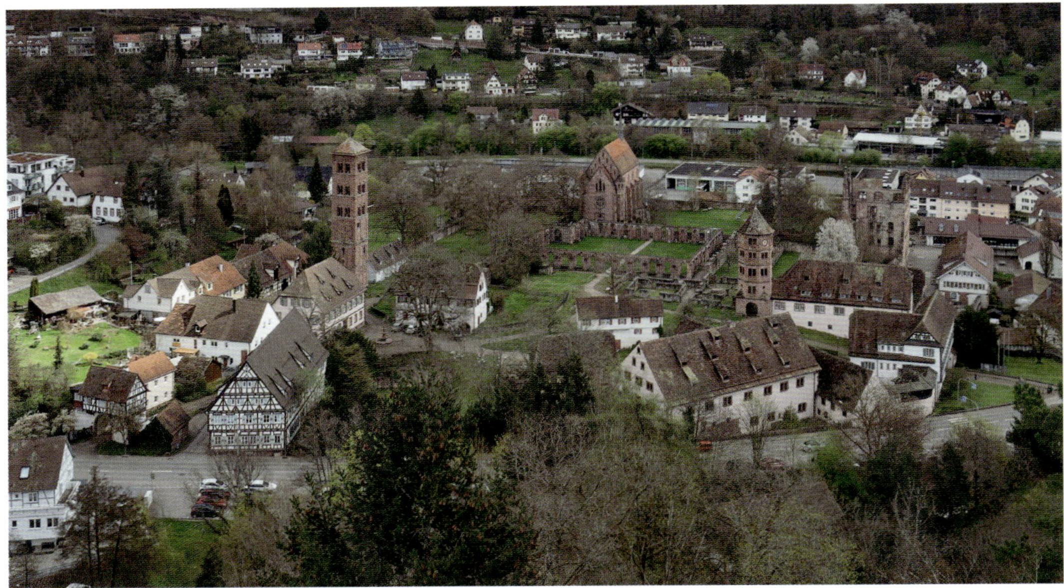

**Abb. 2:** Luftbild von der ehemaligen Anlage der Abtei Hirsau.

St. Blasien abschloss – mit Abt und Konvent des Klosters, das von der cluniacensisch geprägten Abtei Fruttuaria in Piemont (bei Turin) monastisch geformt worden war.[20] Damit verdichteten sich die Beziehungen Clunys nach Südwestdeutschland.

Das Reformmönchtum breitete sich insbesondere von Hirsau in weitere Teile des deutschen Königreiches aus, vor allem nach Osten und Südosten. Es wurzelte sich auch in Bayern und Österreich ein.

## Gründung und Frühphase des Klosters Admont

Die Gründung der Abtei Admont geht auf den Erzbischof Gebhard von Salzburg (1060–1088) zurück, der aus einer schwäbischen Hochadelsfamilie stammte.[21] Dafür, dass er in Paris studierte, lässt sich kein sicherer Beleg beibringen. Er machte Karriere, wurde unter Kaiser Heinrich III. Leiter der Hofkapelle und dann auch Kanzler. Mit dem Erzbistum Salzburg übernahm er eine der ausgedehntesten Diözesen der damaligen Zeit, die im Westen bis zum Chiemgau und zum Zillertal, im Süden bis nach Kärnten (die Drau bildete die Grenze), im Osten bis zum Burgenland und im Norden (in Teilen) etwa bis zum Inn reichte. Die Kirchenprovinz Salzburg, der Gebhard als Metropolit vorstand, umfasste die Bistümer Freising, Regensburg, Passau und Brixen. Im Jahre 1072 errichtete er – zunächst ohne Domkapitel und Diözesangebiet – das Eigenbistum Gurk in Kärnten (weitere Eigenbistümer folgten mit Chiemsee 1215/16, mit Seckau 1218 und mit Lavant 1226).

Zwei Jahre später gründete er die Abtei Admont im Tal der Enns inmitten einer alpinen Gebirgslandschaft.[22] Es lag für den Oberhirten nahe, für den Gründungskonvent Mönche und Abt aus der Salzburger Abtei St. Peter (seit 1927 Erzabtei) zu rufen; bis 987 war die Leitung dieses Klosters und des Erzbistums in einer Hand (Personalunion). Erst dann wurden die Ämter von Abt und Erzbischof getrennt. Für die Ausstattung des bischöflichen Eigenklosters – die erste Abtei von Mönchen in der Steiermark überhaupt – diente zu einem wesentlichen Teil größerer Besitz der

Gräfin Hemma von Gurk († um 1045), welchen sie bereits als monastisches Stiftungsgut dem Salzburger Erzbischof Balduin (1041–1060) überlassen hatte.[23] Die als Schutzpatronin Kärntens verehrte Heilige (Kanonisation 1938) hatte selbst vor ihrem Tod das Frauenkloster Gurk gegründet.

Am 29. September 1074, am Michaelifest, weihte der Erzbischof Gebhard von Salzburg die Kirche des Klosters Admont (*monasterium in valle Admunte*) zu Ehren der Gottesmutter und des hl. Blasius, wie in der älteren *Vita Gebehardi* zu lesen ist (MGH SS XI, S. 25). Er stattete seine monastische Gründung nach der jüngeren *Vita Gebehardi* großzügig mit kostbaren liturgischen Gewändern, Kelchen, Büchern und Reliquien von Heiligen aus; darunter fanden sich ein Arm und eine Hand des Bischofs Paternianus von Fano, der Schädel des Märtyrers Chrysanthus und das Kinn der Jungfrau Daria sowie ein Arm des Märtyrers Hermes (MGH SS XI, S. 36). Auf die Bitten des Metropoliten hin unterstützten Adelige und Ministeriale die Gründung, indem sie dem Konvent Güter überließen. Auch der Markgraf Ot(t)okar I., ein Traungauer, der über die Kärntnermark (oder Mark an der Mur) verfügte – die Burg Steyr (Steier) in Oberösterreich war der Familienhauptsitz, wovon der Name Steiermark herrührt –, befand sich unter den Wohltätern der Kommunität (MGH SS XI, S. 36).

Doch schon bald nach Gründung und Kirchweihe überschattete der Investiturstreit, der im Jahre 1076 mit aller Schärfe zwischen Papsttum und deutschem Königtum bzw. Kaisertum, insbesondere zwischen Gregor VII. und Heinrich IV., ausbrach, Kirche und Gesellschaft erschütterte und mit Waffengewalt ausgetragene Kämpfe nach sich zog (mit Gegenpäpsten und Gegenkönigen, Exkommunikationen und Absetzungsdekreten), die klösterliche Entwicklung Admonts.[24] Es ging hierbei um das Grundsatzproblem der Rangordnung von *Regnum* (*Imperium*) und *Sacerdotium*, des Verhältnisses von weltlicher und geistlicher Gewalt, gerade bei der Besetzung von Kirchenämtern. Erzbischof Gebhard schloss sich der päpstlichen Seite an und suchte sein Erzbistum ab 1077 durch den Bau von Burgen in seiner Bischofsstadt (Hohensalzburg), in Werfen und Friesach zu sichern (MGH SS XI, S. 39). Ihm erwuchs in Berthold von Moosburg ein kaiserlich gesinnter Gegenerzbischof, dessen Anhänger das Kloster Admont plünderten. Gebhard war gezwungen, 1078 ins Exil nach Schwaben und Sachsen zu gehen, und konnte erst 1086 wieder nach Salzburg zurückkehren. Als er am 15. Juni 1088 auf der Burg Hohenwerfen starb, wurde er wunschgemäß in seiner Klostergründung Admont bestattet.


## Aufstieg und Ausstrahlung der Abtei Admont

Erst als die Wirren des Investiturstreites, dessen Ende das Wormser Konkordat 1122 besiegelte, allmählich wichen (mit den entsprechenden Auswirkungen), brachen für die obersteirische Abtei Admont bessere Zeiten an. Zum Aufschwung trugen mehrere Salzburger Erzbischöfe und stärker noch Admonter Äbte aus dem südwestdeutschen bzw. schwäbischen Reformmönchtum erheblich bei.[25] Vor allem sind hier die Metropoliten Konrad von Abensberg (1106–1147) und Eberhard von Sittling und Biburg (1147–1164), der zuvor als Abt die Geschicke der monastischen Familienstiftung in Niederbayern bestimmt hatte, sowie die tatkräftigen Äbte Wolfhold (1115–1137) und Gottfried (1138–1165) zu nennen. Wolfhold hatte das Amt des Dompropstes von Freising inne, bevor er sich dem Konvent von St. Georgen anschloss. Mit Hirsau und St. Blasien zählte St. Georgen zu den Reformklöstern des Schwarzwaldes.[26] Es spricht für den Ruf jener Abtei, dass Erzbischof Konrad von Abensberg sich von Abt Theoger Wolfhold für die Leitung der Admonter Kommunität erbat. Theoger selbst, ehemals Mitbruder des Hirsauer Abtes Wilhelm, später Bischof von Metz, beschloss 1120 sein Leben in Cluny. Während des Abbatiats Wolfholds wurde das Admonter

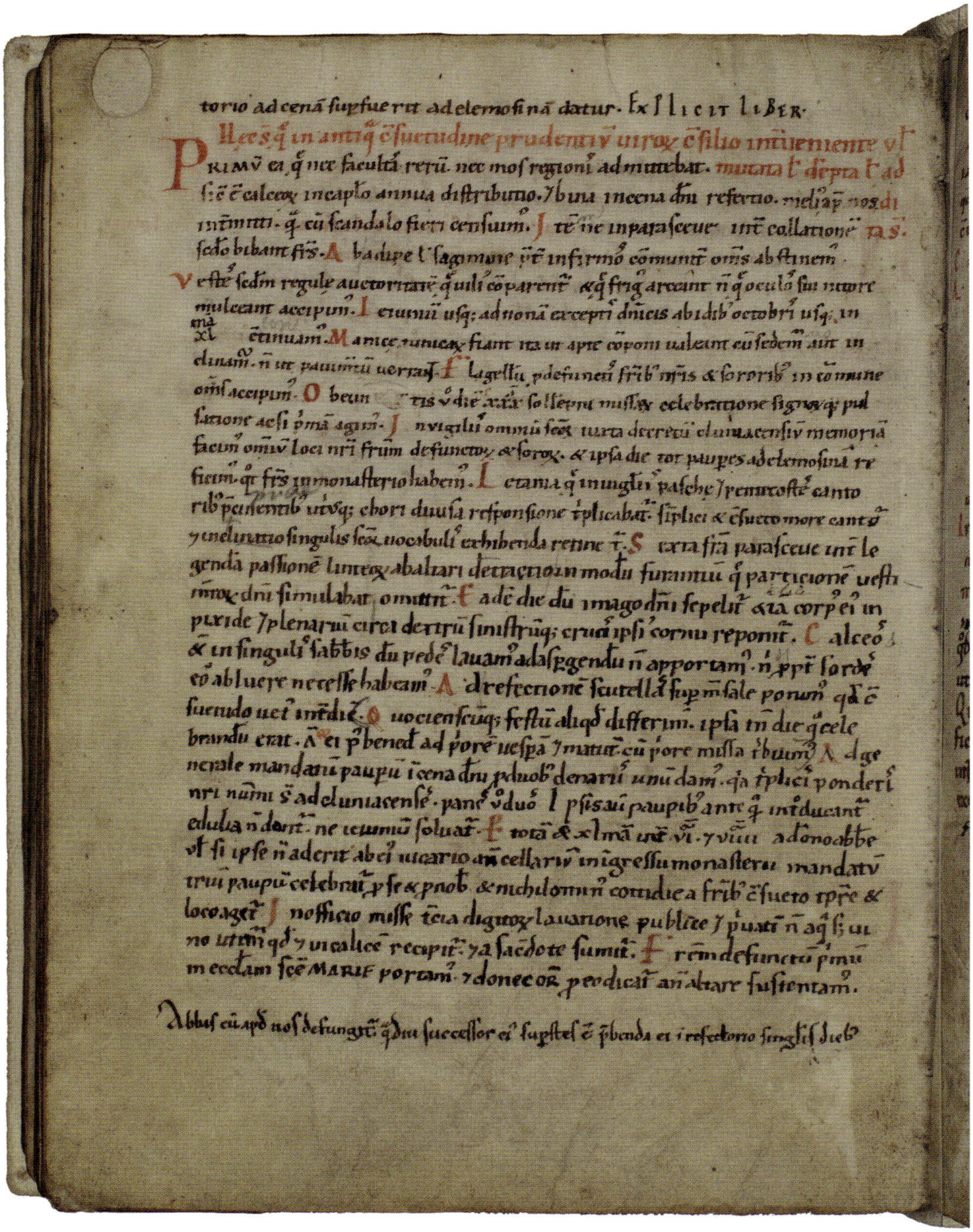

**Abb. 3:** Eigene Admonter Lebensgewohnheiten in der Handschrift 497, fol. 102v, der Stiftsbibliothek.

Frauenkloster gegründet (1116/20),[27] das schnell erblühte (mit eigenem Skriptorium), und die zweite Abteikirche erbaut und geweiht (1121). Der Salzburger Erzbischof Konrad von Abensberg betraute jenen 1122 mit der Reform des Nonnenklosters St. Georgen am Längsee in Kärnten.

Aufstieg und Ausstrahlung des Admonter Männerklosters setzten sich unter Abt Gottfried, der wie sein Vorgänger Mönch (und zudem Prior) in St. Georgen gewesen war, fort und gewannen an Dynamik, was sich u. a. in einer wachsenden Zahl von Besitzschenkungen, an Berufungen von

Mönchen des Konvents auf Abtsstühle weit über die Steiermark hinaus sowie an den Privilegien der Päpste Innozenz II. und Lucius II. vom 13. April 1139 und vom 21. März 1144 zeigte.[28]

Daher überrascht es nicht, wenn die Viten der Äbte – wie auch die Annalen des steirischen Klosters – voller Stolz dessen Blüte vermelden: *religio monasticae observantiae in Admuntensi monasterio egregie florebat* (so in der *Vita Gebehardi et successorum eius*, MGH SS XI, S. 43). Die *lumina* des Konvents werden entsprechend hervorgehoben, zum Beispiel der Prior Reginbert (oder Reimbert), der zunächst 1116 den Abtsstuhl des Salzburger Klosters St. Peter bestieg und dann 1125 zum Bischof von Brixen bestellt wurde. Admonter Mönche wirkten als Äbte beispielsweise in Bayern (wie in St. Emmeram zu Regensburg und in Michelsberg zu Bamberg), Kärnten (wie in Millstatt und Ossiach), Niederösterreich (wie in Göttweig und Melk) und wohl auch im nord-italienischen Friaul (Rosazzo).[29] Somit entwickelte sich die steirische Abtei zu einem ausstrahlen-den Reformzentrum, ohne freilich die Bedeutung Clunys oder Hirsaus zu erreichen. Der Ruf des österreichischen Klosters erlangte Berühmtheit, wie es in einer Schenkungsurkunde aus dem Jahre 1137 heißt, in welcher der Hallgraf Engelbert von Limburg-Wasserburg dem Konvent das Kloster Attel auf einem Hügel oberhalb des Inns bei Wasserburg in Bayern übertrug – (*Admuntina religio, que tunc celebris habebatur*).[30]

Auch monastische Gelehrsamkeit zog in Admont ein, was sich in der Entwicklung von Biblio-thek und Skriptorium widerspiegelt.[31] Ob der bereits erwähnte Abt Gottfried als Verfasser über-lieferter Sonntags- und Festtagshomilien und exegetischer Schriften zum Alten Testament gelten darf, ist in der Forschung nicht durchgehend bejaht worden.[32] Sein Bruder Irimbert, welcher dem steirischen Konvent gleichfalls als Abt von 1172 bis 1177 vorstand (nach Jahren an der Spitze der Kommunität von Michelsberg zu Bamberg), hinterließ Bibelkommentare, ferner einen Bericht über die fürchterliche Brandkatastrophe 1152, die Kloster und Kirche heimsuchte.[33] So kam es innerhalb von nicht einmal 70 Jahren zum Bau von drei Gotteshäusern. Überstrahlt wurden die Aufbrüche im geistigen und geistlichen Schaffen der benediktinischen Gemeinschaft indes von einem Universalgelehrten: Engelbert von Admont (ca. 1250–1331), welcher als Abt das Kloster von 1297 bis 1327 leitete und mit seinen Schriften besonders in Theologie, Naturphilosophie und Moralphilosophie hervortrat.[34]

Bei der Übernahme der Lebensgewohnheiten aus der Abtei Hirsau, der sog. *Constitutiones Hirsaugienses*, vom dortigen Abt Wilhelm zwischen 1084 und 1091 niedergeschrieben, war der steirische Konvent um eine gewisse Eigenständigkeit und Anpassung an lokale Bräuche bemüht. In der Admonter handschriftlichen Überlieferung auf Pergament folgen auf die Abschrift der vor-genannten monastischen Lebensgewohnheiten – nach dem Kirchen- und Ordenshistoriker Pius Engelbert wahrscheinlich vermittelt über die erwähnten Äbte Wolfhold oder Gottfried – die *Con-suetudines Admontenses*, die ediert vorliegen (so in den Codices 497 und 518 der Stiftsbibliothek aus dem 12. Jahrhundert).[35] Eine Reihe von Bestimmungen betrifft die liturgische Totenmemoria, Gedenkleistungen und sozialcaritative Dienste an den Armen.[36] Zu den Eigenheiten des steirischen Konvents gehörten beispielsweise freiwillige Bußgeißelungen für die verstorbenen Mönche (und Nonnen) und die Gabe von zwei Broten und einem Denar an die Armen bei der Fußwaschung am Gründonnerstag – statt der in Cluny üblichen zwei Denare, was mit dem dreifachen Gewicht des betreffenden Geldstückes im Ennstal begründet wurde.[37] Auch ganz praktische Anweisungen zum Essen finden sich in den *Consuetudines Admontenses*. So wurden zum Beispiel die Schüsseln in Admont auf ein Tischtuch gestellt, was in Hirsau nicht vorgesehen war.[38]

Mit der Abtei Admont leuchtete das hochmittelalterliche Reformmönchtum auch in der Steier-mark (und darüber hinaus). Fortan entfaltete das benediktinische Mönchtum vom Ennstal aus bis in die Gegenwart eine nicht nur religiös und kulturell prägende Gestaltungskraft, deren Bedeutung heute auch die weltweit größte Klosterbibliothek anzeigt.[39]

## Anmerkungen

1 Sohn, Andreas (Hg.): Benediktiner als Historiker, Bochum 2016 (Aufbrüche. Internationale Perspektiven auf Geschichte, Politik und Religion, 5); Ders. (Hg.): Benediktiner als Päpste, Regensburg 2018; Ders. (Hg.): Benediktiner als Gelehrte, St. Ottilien 2023; Ders. (Hg.): Benediktiner als Bischöfe (Drucklegung in Vorbereitung). – Die Anmerkungen sind im Folgenden auf das nötigste beschränkt.

2 Grundlegend zur Geschichte Clunys und der Cluniacenser: Wollasch, Joachim: Cluny – „Licht der Welt". Aufstieg und Niedergang der klösterlichen Gemeinschaft, Zürich–Düsseldorf 1996.

3 Ebd., passim; Boynton, Susan/Cochelin, Isabelle (Hg.): From Dead of Night to End of Day. The Medieval Customs of Cluny / Du cœur de la nuit à la fin du jour. Les coutumes clunisiennes au Moyen Âge, Turnhout 2005 (Disciplina Monastica, 3); Engelbert, Pius: Kassius Hallinger (1911–1991) und das Corpus Consuetudinum Monasticarum, in: Sohn (Hg.): Benediktiner als Historiker, S. 235–242.

4 Zu den Bezeichnungen *Ecclesia Cluniacensis* und *Ordo Cluniacensis*: Wollasch, Joachim: Reform und Adel in Burgund, in: Fleckenstein, Josef (Hg.): Investiturstreit und Reichsverfassung, Sigmaringen 1973 (Vorträge und Forschungen, 17), S. 277–293, hier S. 277–279.

5 Melville, Gert: Die Welt der mittelalterlichen Klöster. Geschichte und Lebensformen, München 2012, S. 149.

6 Zur Genese: Kottje, Raymund/Maurer, Helmut (Hg.): Monastische Reformen im 9. und 10. Jahrhundert, Sigmaringen 1989 (Vorträge und Forschungen, 38), siehe besonders Wollasch, Joachim: Totengedenken im Reformmönchtum, S. 147–166.

7 Becker, Alfons: Papst Urban II. (1088–1099), Bd. 1–3, Stuttgart–Hannover 1964–2012 (Schriften der Monumenta Germaniae historica, 19,1–3); Riche, Denyse: Urbain II (1088–1099). Du cloître à la direction de la Chrétienté, in: Sohn (Hg.): Benediktiner als Päpste, S. 97–116.

8 Kohnle, Armin: Abt Hugo von Cluny (1049–1109), Sigmaringen 1993 (Beihefte der Francia, 32).

9 Conant, Kenneth J.: Cluny. Les églises et la maison du chef d'ordre, Mâcon 1968 (The Mediaeval Academy of America publication, 77).

10 Wollasch: Cluny, ad indicem.

11 Ebd.

12 Wollasch, Joachim: Toten- und Armensorge, in: Ders.: Wege zur Erforschung der Erinnerungskultur. Ausgewählte Aufsätze, hg. von Sandmann, Mechthild/Häußling, Angelus A./Black-Veldtrup, Mechthild, Münster 2011 (Beiträge zur Geschichte des alten Mönchtums und des Benediktinertums, 47), S. 348–375 (Erstveröffentlichung 1985); Wollasch: Cluny, passim.

13 Petrus Venerabilis, De miraculis libri duo, hg. von Dyonisia Bouthillier, Turnholti 1988 (Corpus Christianorum. Continuatio Mediaevalis, 83), S. 109. Zum Pariser Kloster: Sohn, Andreas: Die Kapetinger und das Pariser Priorat Saint-Martin-des-Champs im 11. und 12. Jahrhundert. Mit Ausblicken auf die Beziehungen zwischen dem Konvent und den englischen Königen, in: Francia 25/1 (1998), S. 77–121.

14 Ein Beispiel: Sohn, Andreas: Der Abbatiat Ademars von Saint-Martial de Limoges (1063–1114). Ein Beitrag zur Geschichte des cluniacensischen Klösterverbandes, Münster 1989 (Beiträge zur Geschichte des alten Mönchtums und des Benediktinertums, 37), S. 134–240.

15 Bärsch, Jürgen: Allerseelen. Studien zu Liturgie und Brauchtum eines Totengedenktages in der abendländischen Kirche, Münster 2004 (Liturgiewissenschaftliche Quellen und Forschungen, 90), zur Entstehung der Feier von Allerseelen und zu Cluny S. 64–135 (mit den entsprechenden Hinweisen zur Quellenlage).

16 Jakobs, Hermann: Die Hirsauer. Ihre Ausbreitung und Rechtsstellung im Zeitalter des Investiturstreites, Köln–Graz 1961 (Kölner Historische Abhandlungen, 4); Schreiner, Klaus: Hirsau und die Hirsauer Reform, in: Die Reformverbände und Kongregationen der Benediktiner im deutschen Sprachraum, bearb. von Ulrich Faust und Franz Quarthal, St. Ottilien 1999 (Germania Benedictina, 1), S. 89–124.

17 Wilhelmi abbatis Constitutiones Hirsaugienses, ediert von Pius Engelbert unter Mitwirkung von Candida Elvert, Siegburg 2010 (Corpus Consuetudinum Monasticarum, Bd. XV,1–2). Zu Wilhelm von Hirsau und zur Abfassung der *Constitutiones Hirsaugienses* ebd., Bd. 1, S. XXXII–LXXII.

18 Melville: Klöster, S. 80 f.

19 Kohnle: Abt Hugo, S. 276 f., 321.

20 Wollasch, Joachim: Die Verbrüderung zwischen Cluny und St. Blasien, in: Deutsches Archiv für

Erforschung des Mittelalters 61 (2005), S. 481–507.

21 Steinböck, Walter: Erzbischof Gebhard von Salzburg (1060–1088). Ein Beitrag zur Geschichte Salzburgs im Investiturstreit, Wien–Salzburg 1972 (Veröffentlichungen des Historischen Instituts der Universität Salzburg, 4); Birnbacher, Korbinian: Die Erzbischöfe von Salzburg und das Mönchtum zur Zeit des Investiturstreites (1060–1164), St. Ottilien 2001 (Studien und Mitteilungen zur Geschichte des Benediktiner-Ordens und seiner Zweige, Ergänzungsband 41), S. 45–89.

22 Zur Geschichte Admonts: Steinböck, Walter: Die Gründung des benediktinischen Reformklosters Admont. Ein Beitrag zur neunhundertjährigen Geschichte seines Bestehens, in: Studien und Mitteilungen zur Geschichte des Benediktinerordens und seiner Zweige 84 (1973), S. 52–81; Wichner, Jakob: Geschichte des Benediktiner-Stiftes Admont, Bd. 1–4, Graz 1874–1880; Naschenweng, Hannes P.: Admont, in: Die benediktinischen Mönchs- und Nonnenklöster in Österreich und Südtirol, bearb. von Ulrich Faust und Waltraud Krassnig, St. Ottilien 2000 (Germania Benedictina, III/1), S. 71–188; Birnbacher: Erzbischöfe, S. 216–242.

23 Birnbacher, Korbinian: Salzburg und die benediktinischen Reformpäpste, in: Sohn (Hg.): Benediktiner als Päpste, S. 118 f.

24 Statt vieler Titel: Hartmann, Wilfried: Der Investiturstreit, München 2007 (Enzyklopädie deutscher Geschichte, 21).

25 Birnbacher: Erzbischöfe; Ders.: Salzburg und die benediktinischen Reformpäpste, in: Sohn (Hg.): Benediktiner als Päpste, S. 117–136; Arnold, Klaus: Admont und die monastische Reform des 12. Jahrhunderts, in: Zeitschrift der Savigny-Stiftung für Rechtsgeschichte, Kanonistische Abteilung 58 (1972), S. 350–369.

26 Wollasch, Hans-Josef: Die Anfänge des Klosters St. Georgen im Schwarzwald. Zur Ausbildung der geschichtlichen Eigenart eines Klosters innerhalb der Hirsauer Reform, Freiburg 1964 (Forschungen zur oberrheinischen Landesgeschichte, 14); Buhlmann, Michael: St. Georgen und Admont. Zu den Beziehungen zweier Reformklöster im 12. Jahrhundert, St. Georgen 2006 (Vertex Alemanniae, 22).

27 Siehe Naschenweng, Hannes P.: Admont, Frauenkloster, in: Die benediktinischen Mönchs- und Nonnenklöster in Österreich und Südtirol, S. 189–212; Lutter, Christina: Geschlecht & Wissen, Norm & Praxis, Lesen & Schreiben. Monas-tische Reformgemeinschaften im 12. Jahrhundert, Wien–München 2005 (Veröffentlichungen des Instituts für Österreichische Geschichtsforschung, 43), passim; ferner den Beitrag von Karin Schamberger in diesem Ausstellungskatalog.

28 Urkundenbuch des Herzogthums Steiermark, hg. vom Historischen Vereine für Steiermark, bearb. von Josef Zahn, Bd. 1, Graz 1875, S. 179–181, 225–227.

29 Arnold: Admont, S. 351–353.

30 Wichner: Geschichte, Bd. 1, S. 241 f., Zitat S. 241.

31 Zur Bibliotheksgeschichte Admonts: Rzihacek-Bedö, Andrea: Medizinische Wissenschaftspflege im Benediktinerkloster Admont bis 1500, Wien–München 2005 (Mitteilungen des Instituts für Österreichische Geschichtsforschung, Ergänzungsband 46), S. 37–46.

32 Ebd., S. 28, 41.

33 Siehe ebd., S. 28, 42 f.; Lutter: Geschlecht, S. 56, 64 f., 68–78, 83–87, 154, 162 f., 206, der Bericht über den Klosterbrand 1152 ediert S. 222–225.

34 Schneider, Herbert: *Vir acuti ingenii*. Engelbert von Admont (um 1250–1331), in: Sohn (Hg.): Benediktiner als Gelehrte, S. 147–163.

35 Die *Consuetudines Admontenses,* ediert in Wilhelmi abbatis Constitutiones Hirsaugienses, Bd. 2, S. 373–380 (zuvor bei Arnold: Admont, S. 368 f.); zur handschriftlichen Überlieferung aus Admont ebd., Bd. 1, S. XI und XII.

36 Hierzu Wollasch, Joachim: Spuren Hirsauer Verbrüderungen, in: Ders.: Wege, S. 455–498, hier S. 474 f. (Ersterscheinung 1991).

37 Die *Consuetudines Admontenses*, ediert in Wilhelmi abbatis Constitutiones Hirsaugienses, Bd. 2, S. 375 f.

38 Ebd., S. 376.

39 Sohn, Andreas (Hg.): Kultur und Memoria. Die steirische Abtei Admont und das europäische Benediktinertum (Drucklegung in Vorbereitung).

# Glanz und Ende des
Admonter Nonnenklosters

Karin Schamberger

Am heiligen Pfingsttag, das war der 31. Mai des Jahres 1528, besuchte eine Kommission, bestehend aus weltlichen und geistlichen Kommissären, im Auftrag von König Ferdinand I. und Erzbischof Matthäus Lang das Kloster Admont und befragte die dort lebenden Geistlichen sowie weltliche Bedienstete, wie es mit dem Glauben gehalten wurde.[1] Besonders über das weithin bekannte, hoch angesehene Frauenkloster, das dem Männerkonvent seit über 300 Jahren angeschlossen war, erfuhren sie schockierende Fakten. Der Prior berichtete, dass „di frawn von den hayligen wenig haldten", den Gesang verweigerten und dass die „Stainacherin" keinen Habit trage, wenn sie ihren Bruder, den Verwalter der Burg Gallenstein besuche. Weiters wusste er von der Priorin, dass vier Damen das Kloster einfach verlassen hätten. Drei hätten sich sogar verheiratet. Der Stiftspfarrer klärte die Kommission darüber auf, dass er seit 14 Tagen den Frauen keine Messe gelesen habe, und es sei ihnen egal gewesen.[2]

Besonders bedenklich war aber die Tatsache, dass die Nonnen ein goldenes Blech von einem Altartuch, das die sicherlich berühmteste Nonne, Prinzessin Sophia von Ungarn, im 12. Jahrhundert dem Kloster hinterlassen hat, in zehn Teile geteilt und unter sich aufgeteilt hatten. Es war der Schaffer Michael Vatter, der die Aufteilung veranlasst hatte.

Der Kastner Hans Tum brachte vier „luthrischwe puechel", zum Vorschein, die er im Frauenkloster gefunden hatte. Sie wurden dem Anwalt übergeben. Diese waren laut Aussage des Verwesers Hanss Tettenhaymer durch den Hofrichter und Ökonomen des Nonnenklosters Hans von Eibiswald, auf dessen lutherische Gesinnung im Visitationsbericht hingewiesen wurde, zu den Frauen gebracht worden.[3] Er habe auch jenen, die das Kloster verlassen wollten, selbst aufgesperrt und sie mitsamt den Zimelien hinausgeführt.

Trotz dieser schweren Anschuldigungen blieb es einzig bei der Anweisung, dass sich die Frauen künftighin besser an Tagzeitgebete und Gottesdienste halten und ihrer Magistra gehorsamer sein sollten.

Während sich im Männerkloster, besonders durch das Wirken des humanistisch gebildeten und ökonomisch besonnen handelnden Abt Valentin Abel, die Zustände über die nächsten Jahrzehnte wieder stabilisierten, verließen nach und nach alle Frauen ihr Kloster, das danach dem Verfall preisgegeben war.

Fast 500 Jahre lang, seit etwa 1121, lebten, beteten und wirkten Admonter Benediktinerinnen in unmittelbarer Nähe des Männerklosters. Die Idee, ein Frauenkloster einzurichten, brachte der 1115 aus dem Hirsauer Reformkloster St. Georgen im Schwarzwald berufene Wolfhold von Lohkirchen nach Admont mit.[4] In St. Georgen sowie in St. Blasien bestanden Doppelklöster, die sich dadurch auszeichneten, dass Männer und Frauen in unmittelbarer Nachbarschaft, besser noch: an demselben Ort, möglichst in einer architektonisch zusammenhängenden Anlage wohnten und eine organisatorisch-ökonomische Einheit bildeten.[5] Dabei gab es verschiedene Arten der gemeinsamen Nutzung von sakralen Räumen und auch Klöster, die Konversen als zusätzlichen Konvent aufnahmen.

Wichtig war allerdings die strikte Trennung der beiden Geschlechter, damit nach außen nicht das Bild eines Zusammenlebens von Männern und Frauen entstehen konnte. Einerseits wurden strikte Regeln aufgestellt, die ein Zusammentreffen von Männern und Frauen überhaupt oder zumindest in unkontrollierter Form vermeiden halfen. Die Regeln der Doppelorden sind voll von solchen Vorsichtsmaßnahmen, genau wie auch schon die Regeln des Pachomius oder des Basilius.[6] Andererseits wurde – auch in literarischer Form – die Abgeschiedenheit der Nonnen ausführlich betont. In der Admonter Bibliothek ist das Kommentarwerk zu den Büchern des Alten Testaments erhalten; verfasst wurde dieses Werk von Abt Irimbert (ca. 1105–1176). Darin beschrieb Irimbert den Stiftsbrand vom 12. März 1152 in aller Dramatik: den Brand selbst, das drohende Übergreifen des Feuers auf das Admonter Frauenkloster und dessen wundersame Rettung. Der Bericht enthält auch eine Schilderung über das Leben der Ordensfrauen. Irimbert erzählt, wie er mit den Nonnen durch ein Fenster zur Klausur kommuniziere, und dass die klausurierten Frauen aufgrund des Fehlens eines Schlüssels während des Brandes fast in Lebensgefahr geraten seien.

Die verstorbenen Nonnen wurden in die Kirche des Männerklosters überführt und auf einem gemeinsamen Friedhof des Doppelklosters bestattet. Dies ist u. a. aus den Admonter *Consuetudines* zu erschließen[7].

In ihrer Abgeschiedenheit schufen die Admonter Nonnen Schriftstücke, die auf ihre hohe Bildung hindeuten. Davon ist der Bestand an Codizes, der heute im Handschriftenmagazin des Stiftsarchivs aufbewahrt wird, als bedeutende Gruppe an materiellen Zeugnissen neben anderen schriftlichen Überresten hervorzuheben. Das Admonter Frauenkloster war ein Zentrum hochmittelalterlicher Schriftkultur im süddeutschen und österreichischen Raum. Man geht davon aus, dass die Nonnenbibliothek im 14. Jahrhundert um die 360 Bände umfasst hat, während in der Bibliothek der Mönche zu dieser Zeit 425 Bände untergebracht waren. Einige der heute im Stiftsarchiv verwahrten Handschriften enthalten Besitzvermerke des Nonnenklosters: „monasterium sororum nostrarum MCCCCIX". Aus den Admonter Nekrologien kennen wir die Namen von Bibliothekarinnen und Schreiberinnen: Adlheit armaria, Mahthilt scriba und Diemudis scriptrix.[8] Texte und Miniaturen in Handschriften, die in Klöstern hergestellt wurden, sind meistens anonym verfasst, da sie im Dienste Gottes und oft als Gemeinschaftswerk entstanden. Namen zu hinterlassen, war unüblich. Ein seltenes Zeugnis von Schreiberinnenvermerken findet sich im Admonter Codex 17 aus dem 12. Jahrhundert: Auf fol. 393 lesen wir: „Scripta a Sorore Regilinde" (geschrieben von Schwester Regilinde), und auf fol. 420 hat sich eine andere Nonne als Schreiberin ausgewiesen: „Scripta a Sorore Irmengarde" (geschrieben von Schwester Irmengard). Die Admonter Nonne Regilind wirkte in Admont auch als Bibliothekarin und wurde 1156 als Äbtissin nach Bergen bei Neuburg an der Donau berufen, um die dortige Frauengemeinschaft nach dem *Ordo Hirsaugiensis* Admonter Prägung auszurichten. Sie starb am 4. April 1169. Über Irmingard ist nichts Näheres bekannt außer ihr Sterbetag: der 2. Jänner.

Die Admonter Nonnen richteten ihre *vita communis* an der Benediktsregel und den Hirsauer Konstitutionen aus. Das Streben nach *perfectio*, nach der exakten Befolgung des verbindlichen Regelkatalogs, ist wie bei allen Klöstern der Hirsauer Reformbewegung auch beim Admonter Frauenkloster erkennbar. Das Regelwerk bildete den Hintergrund für den Tagesablauf der Nonnen, für Gottesdienst (opus Dei) und Stundengebet (officium), für die *vita monastica*, in Schweigsamkeit, Demut und Gehorsam. Diese Vorbildfunktion des Frauenklosters erklärt die Reform von anderen Kommunitäten durch Nonnen aus Admont. Wie im Bereich der Männerklöster wurden heraus-

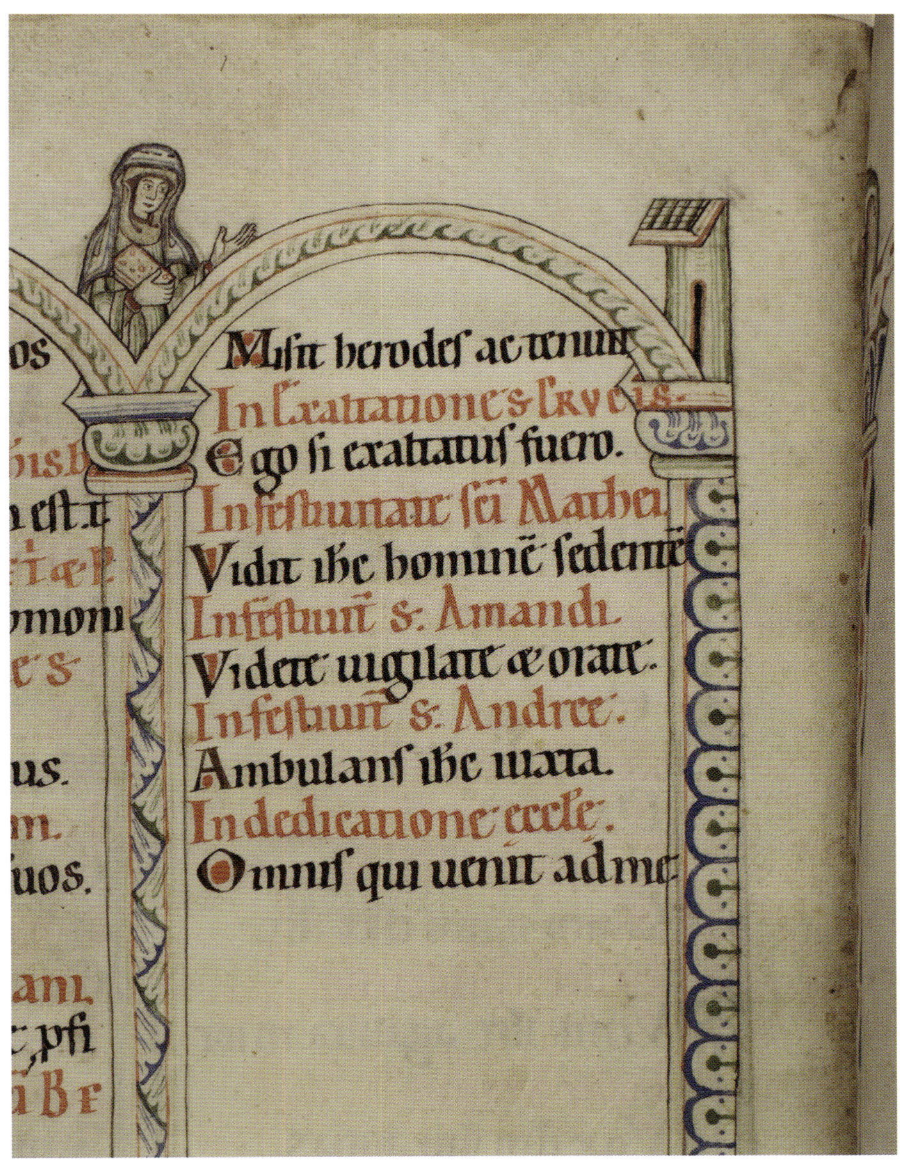

**Abb. 1:** Admonter Nonne im Kanonbogen des Cod. 58 (Detail aus fol. 1v).

ragende Nonnen vom Ennstal als Äbtissinnen von zu reformierenden Frauengemeinschaften eingesetzt.[9] Schon 1122 berief Abt Wolfhold die Admonter Nonne Outa zur Äbtissin des zu reformierenden Klosters St. Georgen am Längsee. Im Jahr 1156 wurde die Admonter Sanktimoniale Regilind die Vorsteherin des Klosters Bergen an der Donau und später des elsässischen Klosters Hohenburg, das sie bis zu ihrem Tod 1169 leitete. Die Admonter Meisterin Agnes von Wolfratshausen wurde 1168 Äbtissin von Neuburg an der Donau, die adlige Nonne Ottilia von Gutenburg vor 1188 Äbtissin des Frauenklosters Göss, dem sie bis 1230/36 vorstand.

War es nun einzig und allein das Eindringen der reformatorischen Gedanken, die zum Niedergang des Admonter Frauenklosters führten, oder war die Zeit der Doppelklöster ohnehin vorbei?

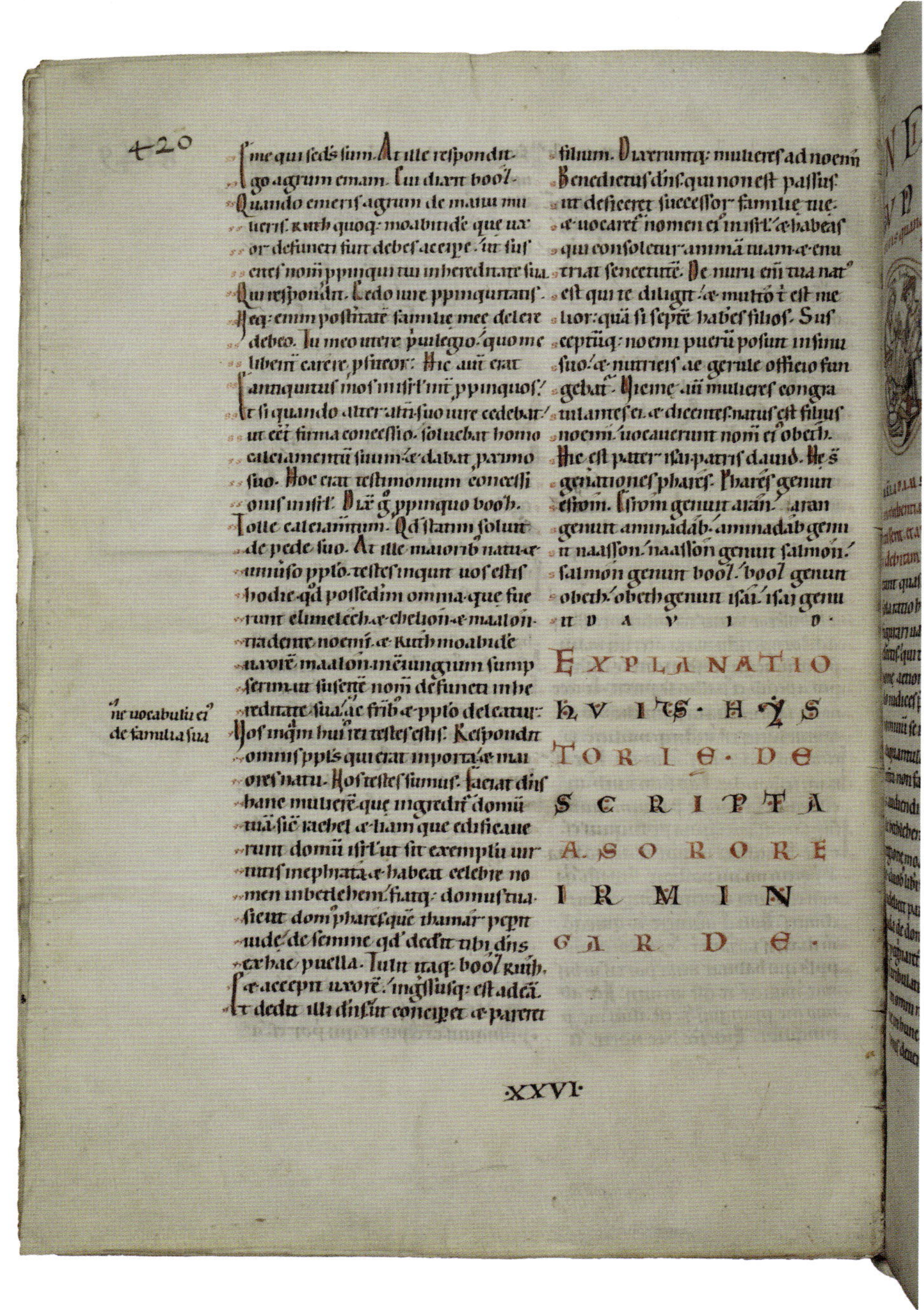

**Abb. 2:** Schreiberinneneintrag in Admont Cod. 17 (Soror Irmingarde).

Fest steht, dass sehr viele Doppelklöster schon relativ schnell nach ihrer Errichtung wieder aufgelöst wurden. Fakt ist auch, dass bereits im 13. Jahrhundert immer wieder Vorbehalte gegen Doppelklöster artikuliert wurden, die neben der Klosterdisziplin auch wirtschaftliche Überlegungen (Versorgung der Nonnen) zum Inhalt hatten.[10]

Die Quellen über die Admonter Nonnen werden schon im 14. Jahrhundert spärlicher. Um 1350 soll der Konvent aus 45 Schwestern bestanden haben, aus der 1. Hälfte des 15. Jahrhunderts gibt es eine Reihe von Ablassverleihungen an das Frauenkloster,

1451 gab es eine Generalvisitation und Reformation in allen Salzburger Klöstern, veranlasst durch den päpstlichen Legaten und Kardinal Nikolaus von Kues (1401–1464).[11] Die Visitation des Admonter Frauenkonvents am 25. September brachte zutage, dass das Ideal der strengen Klausur, das im 12. Jahrhundert übermäßig betont worden war, nicht mehr eingehalten wurde. Es gab nun mehrere Zugänge, die beispielsweise auch Handwerker nutzten; das Schweigegebot wurde missachtet, es gab persönlichen Besitz, die Beichte wurde vernachlässigt, weltliche Mägde verrichteten im Kloster ihren Dienst, nur noch acht Nonnen lebten im Konvent. Die die Visitation durchführende Reformkommission stellte die Forderung auf, dass die Nonnen nur in dringenden Fällen das Kloster verlassen durften und sich pünktlich zurückzumelden hatten, auch die Ausbildung der Novizinnen und die geistliche Betreuung der Nonnen durch den Abt bzw. einen „Pfleger" sollten auf eine neue Grundlage gestellt werden. Persönlicher Besitz wurde rigoros verboten.

Daraufhin erfolgte ein kurzer Aufschwung, sechs neue Schwestern kamen aus dem Kloster Traunkirchen nach Admont, wodurch wieder 14 Nonnen in der Klausur lebten.

1501 legte Crescentia Puterer ihre Profess in die Hände des Admonter Abtes Leonhard von Keutschach ab. Die Urkunde wurde eigenhändig geschrieben und mit einem Kreuz unterzeichnet.[12] Crescentia begegnet uns auch im Protokoll der landesfürstlichen Visitation und Inquisition von 1528: Darin gibt sie an, ein „Tractätl" von ihrem Bruder Modest Puterer bekommen zu haben, der zu jener Zeit Prior des Männerklosters war. Modest galt als Freund von protestantischen Ideen und Verfasser eigener Schriften protestantischen Inhalts. Der hohe Bildungsgrad der Nonnen und das Interesse an der Rezeption religiöser Texte trug letztlich indirekt zum Niedergang des Frauenklosters bei.

Das bereits seit Mitte des 15. Jahrhunderts baufällig gewordene Frauenkloster wurde vollends dem Verfall preisgegeben. 1550 gab es vier Frauen im Kloster, 1562 nur noch zwei. In diesem Jahr fand ebenfalls eine Visitation in Admont statt, im Zuge derer Abt Valentin ermahnt wurde, das Frauenkloster zu fördern und den Konvent durch Nonnen aus Göss zu verstärken.[13] Dies befolgte Abt Valentin nicht. 1570 wurde das Frauenkloster als unbewohnbar bezeichnet, 1582 starb mit Benigna Zwickl die letzte Nonne in einem Haus im Markt Admont. Als 1581 das Stift Admont erneut visitiert wurde, wurde im Protokoll auch auf das leer stehende Nonnenkloster hingewiesen, und bestimmt, dass die herumliegenden Chorbücher ins Männerkloster transferiert werden sollten.[14]

Das Ende des Nonnenklosters schildert Amand Pachler in seiner Chronik aus dem Jahr 1662:

Aus einer Überlieferung von alten Admonter Mönchen, die in unserer Zeit noch am Leben sind, weiß ich (weil es mir schriftlich mitgeteilt wurde), dass die beiden letzten Nonnen um das Jahr 1582 zur Zeit des Abtes Johannes IV. gestorben sind, und dass man keine weiteren mehr aufgenommen hat. Das Klostergebäude wurde in ein Armen-Spital umgewandelt (hospitale pauperum conversum), das man bis heute in geringer Entfernung vom Stift Admont sehen kann.
So siehst Du, Leser, wie der beklagenswerte Wandel der menschlichen Dinge (misera vicissitudo rerum humanarum) auch dieses ehemals in großer Blüte stehende Frauenkloster ausgelöscht und vernichtet hat (extinxisse et consumpsisse).[15]

Am 13. Mai 1619 wurde das Stift Admont durch den Seckauer Bischof Jakob Eberlein visitiert:[16]

Die Kirche, dem heiligen Rupert geweiht und außerhalb des Klosters gelegen, ist groß und geräumig (ampla et spatiosa). Sie hat eine große Empore, auf der sich ein profanierter Altar befindet, der beseitigt werden kann. In dieser Kirche, in der einst Nonnen aus dem Orden des heiligen Benedikt beziehungsweise der heiligen Scholastica waren, gibt es fünf Altäre, die mit dem nötigen Zubehör versehen werden sollen. Von dem Kreuz, das in der Kirche hängt, sollen die Seraphim, die es gleichsam auf ihren Flügeln tragen, weggenommen werden. Gottesdienste werden hier nur am Kirchweihtag und am Festtag des Kirchenpatrons gefeiert.[17]

Diese Kirche wurde 1686 abgerissen und der stiftische Getreidekasten ausgebaut. Im Inneren des Getreidekastens wurde jedoch eine Kapelle eingerichtet, die an die frühere Kirche erinnern sollte.

Das Gebäude, in dem die Nonnen gelebt hatten, erhielt im 17. Jahrhundert eine neue Verwendung. Damals wurde dort ein Spital (Xenodochium) eingerichtet, in dem 14 Arme vom Stift verpflegt wurden. Später wurde dort ein Hühnerhof installiert, woraus sich der heute noch gebräuchliche Name „Hühnerspital" ableitet.[18]

## Anmerkungen

1   Zur Durchführung der landesfürstlichen Visitation und Inquisition von 1526 siehe Albrechter, Anton: Die Visitation und Inquisition von 1528 in der Steiermark. Edition der Texte und Darstellung der Aussagen über die kirchlichen Zustände, Graz 1997 (Quellen zur geschichtlichen Landeskunde der Steiermark, 13), S. 63–66.
2   Ebd., S. 397.
3   Ebd., S. 355.
4   Lutter, Christina: Geschlecht & Wissen, Norm & Praxis, Lesen & Schreiben. Monastische Reformgemeinschaften im 12. Jahrhundert, Wien–München 2005 (Veröffentlichungen des Instituts für Österreichische Geschichtsforschung, 43), S. 55.
5   Sommerer, Sabine: Sub uno tecto? Überlegungen zu den Doppelklosteranlagen von Engelberg, Interlaken und Königsfelden, in: Rywiková, Daniela/Lavička, Roman (Hg.): Ordo et paupertas. Českokrumlovský klášter minoritů a klarisek ve středověku v kontextu řádové zbožnosti, kultury a umění, Ostrava 2017, S. 27–42, hier S. 28.
6   Haarländer, Stephanie: „Schlangen unter den Fischen". Männliche und weibliche Religiosen in Doppelklöstern des hohen Mittelalters, in: Schmitt, Siegrid (Hg.): Frauen und Kirche, Stuttgart 2002 (Mainzer Vorträge, 6), S. 55–69, hier S. 63.
7   Küsters, Urban: Formen und Modelle religiöser Frauengemeinschaften im Umkreis der Hirsauer Reform des 11. und 12. Jahrhunderts, in: Schreiner, Klaus (Hg.): Hirsau. St. Peter und Paul. Geschichte, Lebens- und Verfassungsformen eines Reformklosters (= Teil 2), Stuttgart 1991, S. 195–220, hier S. 209 f.

8   Buhlmann, Michael: Das Admonter Frauenkloster vornehmlich im 12. Jahrhundert, St. Georgen 2006 (Vertex Alemanniae. Schriftenreihe des Vereins für Heimatgeschichte, 23), S. 17.
9   Naschenweng, Hannes P.: Admont, Frauenkloster, in: Die benediktinischen Mönchs- und Nonnenklöster in Österreich und Südtirol, bearbeitet von Ulrich Faust und Waltraud Krassnig, St. Ottilien 2000 (Germania Benedictina, III/1), S. 189–212, hier S. 193.
10  Kemper, Joachim: Das benediktinische Doppelkloster Schönau und die Visionen Elisabeths von Schönau, in: Archiv für mittelrheinische Kirchengeschichte 54 (2002), S. 55–102, hier S. 76 f.
11  Naschenweng: Frauenkloster, S. 197.
12  Stiftsarchiv Admont, Sig. Uk-2029.
13  Wichner, Jakob: Das ehemalige Nonnenkloster OSB zu Admont in Steiermark (Oesterreich), Brünn 1881, S. 27.
14  Rainer, Johann/Weiss, Sabine: Die Visitation steirischer Klöster und Pfarren im Jahre 1581, Graz 1977 (Forschungen zur geschichtlichen Landeskunde der Steiermark, 30), S. 38.
15  *Chronicon Admontense*, AT-ABBA A 109. Übersetzung von Dr. Johann Tomaschek.
16  Naschenweng, Hannes P.: Die kirchliche Visitation des Bischofs Jakob Eberlein von Seckau in den Salzburger Pfarren des Herzogtums Steiermark 1617–1619. Edition der Texte und kurzer Kommentar zu den Berichten über die kirchlichen Zustände, Graz 2015 (Quellen zur geschichtlichen Landeskunde der Steiermark, 26), S. 609.
17  Übersetzung von Dr. Johann Tomaschek.
18  Naschenweng: Frauenkloster, S. 209.

# Die mittelalterliche Bibliothek des Stiftes Admont

Martin Haltrich

Um das Jahr 1288 beendet Engelbert Pötsch nach fast zwei Jahrzehnten seine Studien an den Universitäten Prag und Padua und kehrt in sein Heimatkloster Admont zurück. Er will dort in der Bibliothek wieder Originaltexte lesen und seine Studien vertiefen.[1] Wir wissen das aus einem Brief, den er um 1325 – da ist Engelbert schon fast 30 Jahre lang Abt des Klosters Admont und zählt zu den führenden Geistesmenschen in Europa – seinem Freund Ulrich, dem Rektor der Domschule zu St. Stephan in Wien, schreibt.[2]

## Von Augustinus bis Zacharias

Was also liest der hochgebildete Engelbert von Admont und was davon findet er in der Bibliothek seines Klosters? Unter Originaltexten werden zu dieser Zeit Schriften von hoher Autorität, allen voran jene der spätantiken griechisch-lateinischen Kirchenväter und frühmittelalterlichen Theologen verstanden. Das sind hauptsächlich Ambrosius von Mailand mit seinen Erklärungen zu den Evangelien oder Augustinus von Hippo, dessen Schriften fast vollständig in Admont vorhanden sind und zu Duzenden von Engelbert zitiert und kommentiert werden. Die Predigten und Dialoge von Papst Gregor dem Großen und seine Interpretationen der Bücher Hiob und Ezechiel gehören ebenso dazu wie Hieronymus, dem wir die Übersetzung der Bibel ins Lateinische – die sog. Vulgata – verdanken, oder die Studien über die Natur und Kalenderberechnungen des englischen Benediktiners Beda Venerabilis wie auch die Enzyklopädien über das Weltwissen des Spaniers Isidor von Sevilla.

Als sich Engelbert wieder dem Lesen zuwendet, liegen die Bücher dieser Autoren schon seit fast zwei Jahrhunderten in den Admonter Bücherschränken. Denn auf Basis der Bibeltexte haben die Kirchenväter und -lehrer das Christentum in seiner praktischen Ausformung geschaffen und die Kirche als Institution mit ihren Glaubensinhalten, ihrem Kult und ihren Heilsvorstellungen definiert. An ihren Bibelauslegungen arbeiten sich Generationen weiter ab und die Exegese der heiligen Texte wird von Klerikern und Theologinnen bis heute praktiziert.

Während Studien zu Bibel und den Kirchenvätern bis ins 12. Jahrhundert die Theologie beherrschen, entsteht mit dem Aufkommen der Domschulen und später der Universitäten – vor allem jener in Paris – ab etwa 1100 ein neues Verständnis von Wissenschaft, das wir heute unter Scholastik zusammenfassen. Diese Art des Denkens und Kommunizierens bezieht sich u. a. auf die Schriften des griechischen Philosophen Aristoteles und ist eine wesentliche Leistung der mittelalterlichen Geisteswelt, die sich dementsprechend breit in den Büchersammlungen niederschlägt. Es geht darum, die Widersprüche zwischen den Autoritäten zu diskutieren und im Dialog

Argumente auszutauschen. Anselm von Canterbury ist einer der Vordenker dieser Strömung und seine Texte sind genauso in Admont vorhanden wie jene des für seine Erkenntnislehre berühmten Hugo von St. Viktor oder des Petrus Lombardus von der Domschule Notre Dame in Paris, der Sentenzen – das sind prägnante, scheinbar allgemein gültige Sinnsprüche – als Diskussionsgrundlage formuliert; oder Albertus Magnus und sein Schüler Thomas von Aquin, die versuchen, den katholischen Glauben an das Denken des Aristoteles anzupassen. Diese neue Methode hat aber auch eine manchmal als „deutscher Symbolismus"[3] bezeichnete Gegnerschaft, die zum Beispiel von Gerhoch von Reichersberg oder Rupert von Deutz vertreten wird und Bernhard von Clairvaux nahesteht. Für diese letztere interessiert sich Engelbert nicht besonders, nur mit Bernhard hat er sich auseinandergesetzt. Vielmehr widmet er sich Anselm, den Viktorianern und dem Lombardus-Schüler und Scholastiker Petrus Comestor. Sein Beiname heißt übersetzt „der Verzehrer" was sich auf sein Leseverhalten bezieht.

Sicherlich würde die Bezeichnung *Comestor* auch für Engelbert passen, denn die Interessen des hochgebildeten Abtes reichen weit über die Theologie hinaus und er beschäftigt sich mit dem gesamten damals vorhandenen Weltwissen: Sein Geschichtswissen erwirbt er aus Weltchroniken und von Historiografen wie Cassiodor, Gregor von Tours oder Otto von Freising, dem Zisterzienser aus dem Geschlecht der Babenberger. Er kennt sich in der Juristerei aus und studiert Astronomie in den Büchern von Albumasar und Alfraganus, Kosmografie bei Aethicus Ister – ein etwas skurriler karolingischer Fantast[4] – und rezipiert medizinische Kompendien der antiken Ärzte Hippokrates und Galenus genauso wie jene der arabischen Mediziner Rhazes und Avicenna.

## Aristoteles aus Padua

Engelberts Leidenschaft liegt aber in der antiken Philosophie, vor allem jener des Aristoteles. Hier bringt er die Bibliothek auf den neuesten Stand und erweitert sie um zahlreiche Handschriften, die er für seine Studien braucht: Noch aus Padua hat er zwei Bücher mit Texten von Aristoteles nach Admont gebracht,[5] sie sind von ihm kommentiert und geben Einblicke in die universitäre Praxis des späten 13. Jahrhunderts. Mindestens 37 Texte von Aristoteles scheint er besorgt bzw. rezipiert zu haben, viele von ihnen sind immer noch im Stift Admont.[6] Wir wissen das so genau, weil Engelbert einerseits „mit der Feder in der Hand"[7] gelesen hat und in den Büchern überall seine Anmerkungen, Korrekturen oder Hervorhebungen in Form von sog. Notamonogrammen (Abb. 1) erhalten sind. Andererseits war er auch an der Herstellung neuer Abschriften beteiligt und außerdem war Engelbert nicht nur Leser, sondern selbst ein bedeutender Schriftsteller. Im erwähnten Brief an Ulrich teilt er nicht nur seine Interessen und Gedanken mit, sondern auch eine Liste mit 37 von ihm verfassten Texten.[8]

## Kataloge und Fragmente

Mit Engelbert von Admont haben wir einen mittelalterlichen Leser, Schriftsteller und Bibliotheksbenutzer vor uns, der uns Einblicke in das gelehrte Leben und die Verwendung und Entwicklung einer Klosterbibliothek im Spätmittelalter gibt. Aber wie funktioniert ihr Aufbau und wie wird sie verwaltet? In Admont gibt uns der Mönch und Bibliothekar Peter von Arbon Auskunft. Er wird um 1370 von seinem Abt beauftragt, ein Inventar der Bücher in seinem Kloster anzufertigen, und etwa sechs Jahre später ist die erste Fassung in Reinschrift mit 623 Werken in 391 Bänden

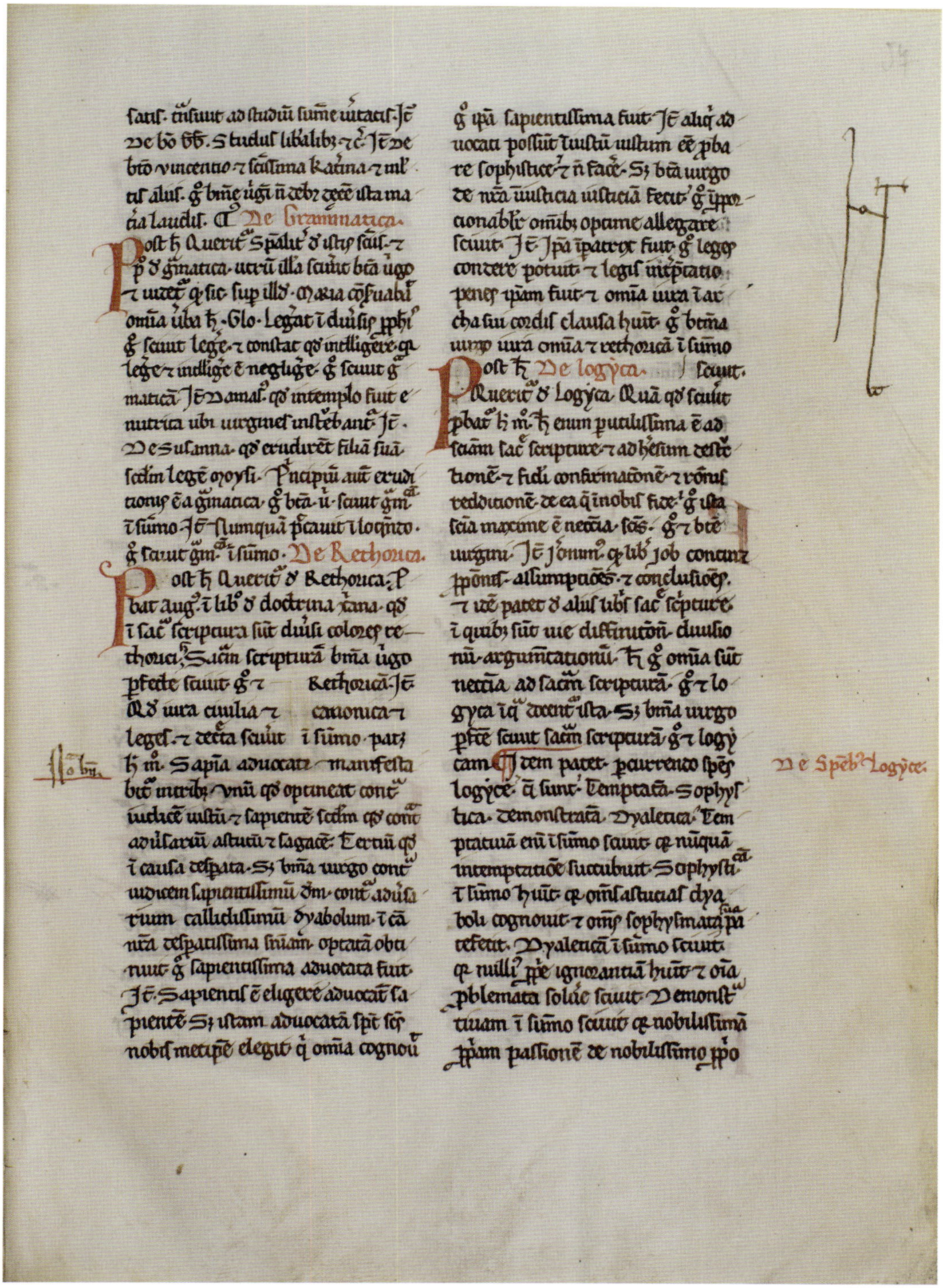

**Abb. 1:** Eine Seite aus dem Albertus Magnus zugeschriebenen Mariale mit einem Notamonogramm, das auf die Stelle zur Logik hinweist (Cod. 272, f. 57r, Admont, 1. Hälfte 13. Jahrhundert).

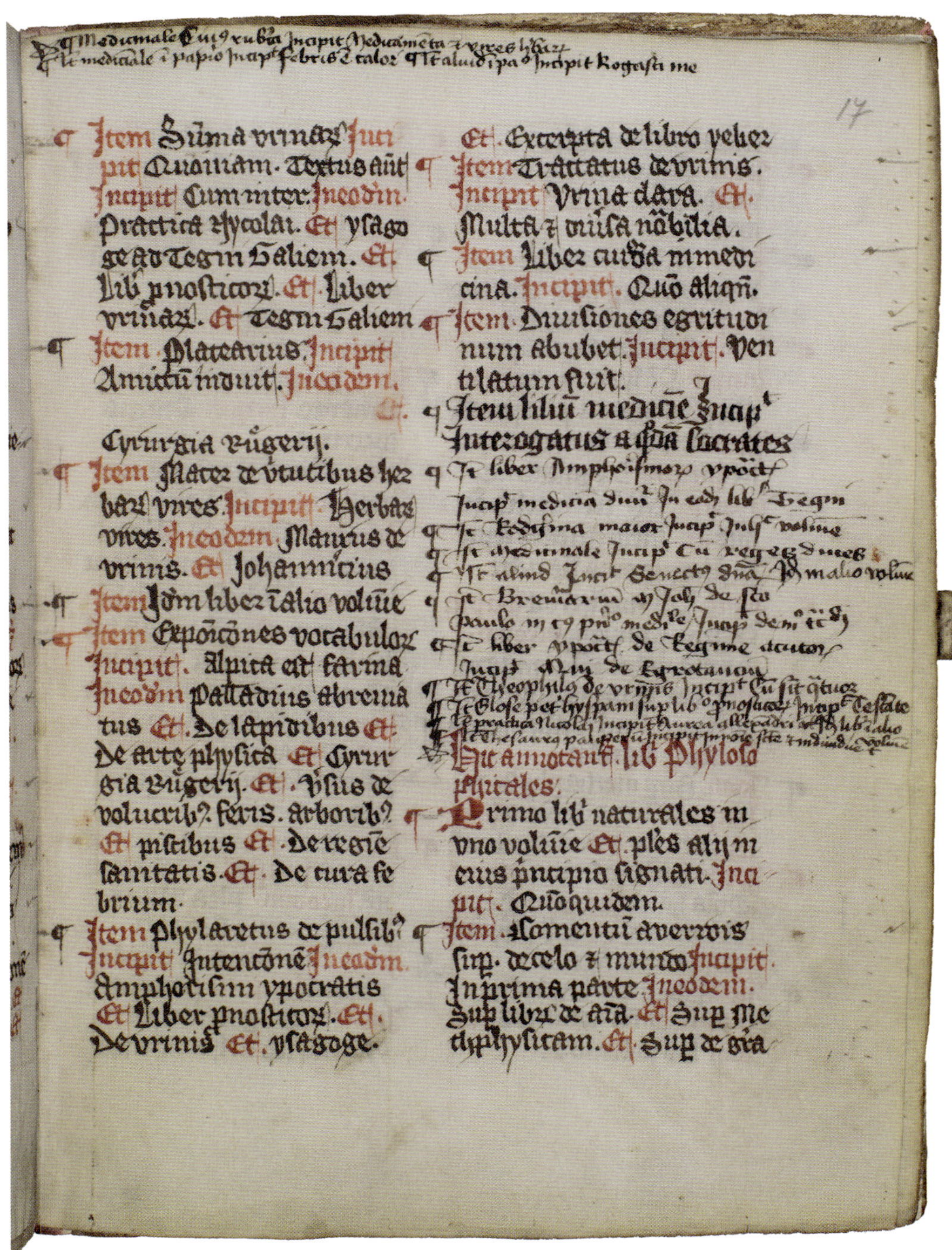

**Abb. 2:** Übergang von den medizinischen zu den philosophischen Texten in der jüngeren Fassung des Bibliothekskatalogs des Peter von Arbon mit zahlreichen Nachträgen (Cod. 392, f. 17r, Admont 1380).

fertig.[9] Diese beiden Zahlen zeigen u. a. auch, dass mittelalterliche Bücher oft sehr individuell arrangiert sind. Jeder Codex ist eine einzigartige Zusammenstellung oder Kompilation unterschiedlicher Texte und liefert abgesehen von seinem Inhalt auch Informationen über die Überlegungen seiner Kompilatoren oder den Bedarf für die Benutzenden, genauso wie auch der aus 30 Pergamentblättern bestehende Bücherkatalog selbst: Am Beginn steht ein Prolog, in dem erklärt wird, was eine Bibliothek ist und welche Aufgaben und Zuständigkeiten der Bibliothekarius hat. Er wird wohl auch im Kopf gehabt haben, wo die Bücher zu finden sind, denn Signaturen oder Standortbestimmungen sucht man vergeblich.[10] Das Konzept für die Einteilung des Katalogs übernimmt Peter vom frühmittelalterlichen Enzyklopädisten Isidor von Sevilla – seine Texte gibt es ja in Admont – und er strukturiert die Liste beginnend mit den Kirchenvätern, den Bibeln und ihren Auslegungen bzw. Kommentaren, weiters Predigten, gefolgt von kirchenrechtlichen Werken sowie Legenden und Geschichtsschreibung. Jede Kategorie hat eine rote Überschrift und am Ende ist Platz für Nachträge freigelassen. Nach dem Verzeichnis folgen der schon erwähnte Brief Engelberts an Ulrich mit der Liste seiner Werke und abschließend Notizen über Bücherstiftungen eines gewissen Friedrich im Jahr 1376 – daher auch die Datierung der Handschrift nach diesem Zeitpunkt.

Bereits vier Jahre später folgt allerdings ein neuer Katalog[11] mit 805 Werken in 640 Bänden (Abb. 2). Es ist kaum anzunehmen, dass sich der Bibliotheksbestand in vier Jahren fast verdoppelt hat, und wiederum können wir aus dem Buch selbst auf seine Verwendung schließen. Die Schrift ist identisch mit der älteren Fassung, was für Peter von Arbon als Verfasser spricht. Der Katalog führt aber nach der Stelle mit den Werken Engelberts neue Kategorien ein, nämlich die medizinischen Bücher, die Philosophen, jene für den Unterricht und schließlich die *libri poetarum* – jene der Dichter. Es dürften demnach einige Buchbestände mit profanerem Inhalt, vielleicht aus der Krankenstation, der Abtei oder der Schule in die Bibliothek eingegliedert worden sein. Es wäre nachvollziehbar, dass ein Inventarisierungsprojekt die Zusammenführung aller dislozierter Buchnester nach sich zieht, das ist auch heute noch oft so in Klosterbibliotheken. Dieser Katalog wird von den Nachfolgern Peters bis weit ins 15. Jahrhundert weitergeführt und zeigt so den Umfang der Bibliothek am Ende des Mittelalters.


## Am Anfang war das Bibelwort

Aber noch ein Detail im Katalog des Peter von Arbon ist für die Bibliotheksgeschichte von Admont bedeutend: In der älteren Fassung war ursprünglich eine Notiz auf der Innenseite des Hinterdeckels geklebt, die in die Anfangszeit der Admonter Bibliothek zurückführt.[12] Es heißt dort, dass unter Abt Gottfried im Jahr 1152 die Bücher gezählt und katalogisiert wurden. Auch hier liegt der Grund nahe, denn am 10. März 1152 – so berichten es die Admonter Annalen[13] – hat ein Brand das Kloster zerstört und, wie 700 Jahre später beim großen Brand 1865, war auch damals die Bibliothek nicht betroffen.[14] So sind in Admont die Bücher aus der Anfangszeit des Klosters noch immer vorhanden und man könnte von Glück reden oder auch davon, dass sich die Gemeinschaft der Admonter Mönche seit der Gründung mit dem Bücherschatz bzw. der Bibliothek identifizierte und ihm daher besondere Aufmerksamkeit widmete. Die später errichtete prächtige Barockbibliothek wäre ein weiteres Indiz dafür.[15]

Vielleicht geht diese Bibliophilie auch auf den Gründer Erzbischof Gebhard zurück, der seinem Kloster bei der Gründung im Jahr 1074 von Salzburg aus wertvolle Schmuckstücke aus Gold, Silber und Seide geschenkt hat, dazu Priestergewänder, Kelche und Bücher.[16] Elf Codices aus der Gründungszeit sind heute noch in Admont, darunter drei Riesenbibeln,[17] die ursprünglich aus

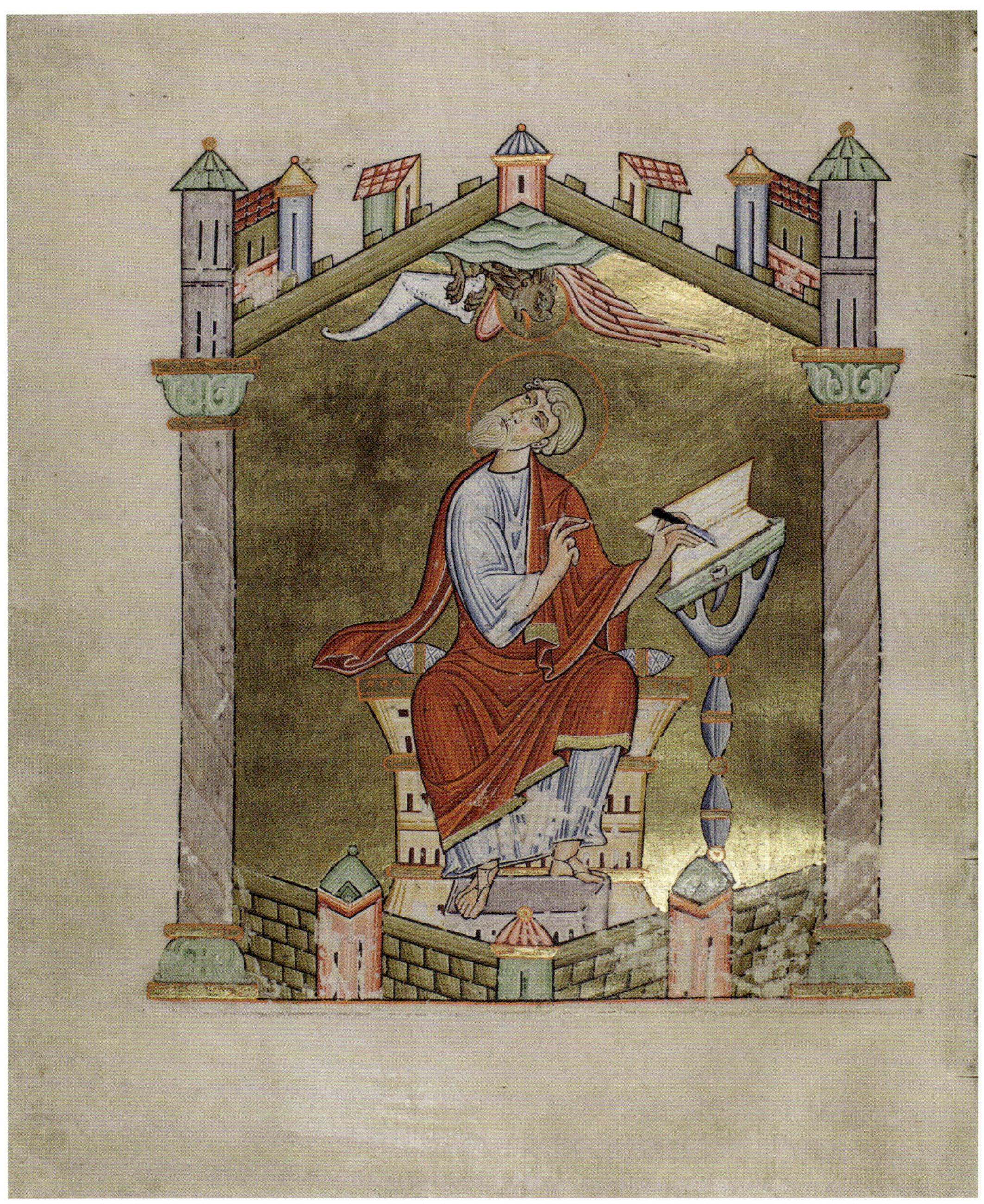

**Abb. 3:** Eine ganzseitige Darstellung des Evangelisten Markus in einem Architekturrahmen aus dem Evangeliar des Berthold (Cod. 511, f. 85v, Salzburg, um 1070/80).

Italien stammen, ein Psalterium mit Hymnen und Litaneien[18] sowie das berühmte Evangeliar,[19] das vom Salzburger Kustos Berthold um 1070/80 hergestellt wurde und ein Höhepunkt romanischer Buchmalerei in Salzburg ist (Abb. 3).

## Reform ist Bildung

Auf dieser Basis wird das von Gebhard intendierte Reformzentrum aufgebaut, das lange sehr eng mit Salzburg verbunden bleibt und als Ausbildungszentrum für ein vorbildhaftes Mönchtum mit klaren Regeln, würdigem Gottesdienst und perfekter Organisation gilt. Vielleicht kann man eine Ausbildung im Admont des 12. Jahrhunderts heutzutage mit einem Studium an einer internationalen Eliteuniversität oder einem Forschungsaufenthalt im Schweizer CERN vergleichen. Hier wird eine geistige Elite erzogen und auf den Dienst in der Kirche, vor allem in den Klöstern, vorbereitet. Es wundert also nicht, dass die ursprünglich aus St. Peter in Salzburg nach Admont berufenen Mönche sehr schnell beginnen, ein eigenes Skriptorium für den Aufbau ihrer Bibliothek einzurichten.

Ein Skriptorium ist ein hochkomplexes Unternehmen, das Kompetenzen in der Verarbeitung verschiedenster Materialien wie Pergament, Seide, Hanf, Metall oder Holz und Kenntnisse in Chemie für die Herstellung von Tinten und Klebstoffen genauso verlangt wie Text- und Sprachverständnis – und vor allem die Fähigkeit zu schreiben und zu malen. Hier spielt auch das um 1120 gegründete Nonnenkloster für das Admonter Skriptorium eine nicht zu unterschätzende Rolle, denn die Frauen waren an der Handschriftenproduktion auf unterschiedliche Weise beteiligt.[20]

Für das Bildungszentrum Admont mit seiner entstehenden Universalbibliothek sind die beiden Brüder Irimbert und Gottfried – er veranlasste 1152 den Katalog der Bibliothek – von großer Bedeutung.[21] Irimbert dürfte um 1111 bereits als Laienknabe ins Kloster gekommen sein und Gottfried, der zuvor Vorsteher in unterschiedlichen Klöstern war, wird 1139 in Admont zum Abt gewählt. Er nutzt seine weitverzweigten Verbindungen, um neue Literatur zu besorgen und schreibt zum Beispiel im Jahr 1150 an einen ehemaligen Mitbruder, er solle ihm aus Tegernsee das Werk des antiken Historikers Josephus Flavius[22] zur Abschrift besorgen, und überhaupt wäre er sehr dankbar, wenn er alles übermittle, was in Admont nicht vorhanden sei – „damit unser Mangel aus deinem Überfluss gestillt werden kann".[23]

Gottfried hat während seiner 27 Jahre dauernden Amtszeit als Abt von Admont nicht nur seine Bibliothekare – namentlich bekannt sind die Mönche Lambert, Gottschalk, Salmann, Reinbert und Friedrich – unterstützt, sondern sein Kloster zu einem überregionalen Reformzentrum gemacht, das zahlreiche Mönche für Karrieren in anderen Klöstern ausbildet. Sein Programm wird u. a. in seinen Predigten sichtbar, die sehr stark von Kirchenvätern beeinflusst sind, aber durch seine gelebte Praxis des monastischen Lebens eine gewisse Eigenständigkeit bieten (Abb. 4).[24]

## Der Himmel auf Erden

Während sich Gottfried kirchenpolitisch engagiert, arbeitet Irimbert an Kommentaren zu den biblischen Büchern Könige, Richter, Josua, Ruth und zum Hohelied. Er schreibt nicht selber, sondern die Nonnen Regilind und Irmgard verschriftlichen seine Gedanken teilweise aus dem Gedächtnis.[25] Wie so viele Admonter Mönche wird auch Irmibert in andere Klöster berufen und kehrt 1172 als Abt nach Admont zurück, das in der Mitte des 12. Jahrhunderts als intellektuelles Zentrum in den ganzen süddeutschen Raum wirkt. Ob es Irimbert war oder sein Nachfolger Isinrik, einer der beiden könnte höchstwahrscheinlich – so ganz genau wissen wir das noch nicht – ein religionspolitisches Großunternehmen gestartet haben, nämlich nichts weniger als die Vermessung des gesamten Heiligenhimmels!

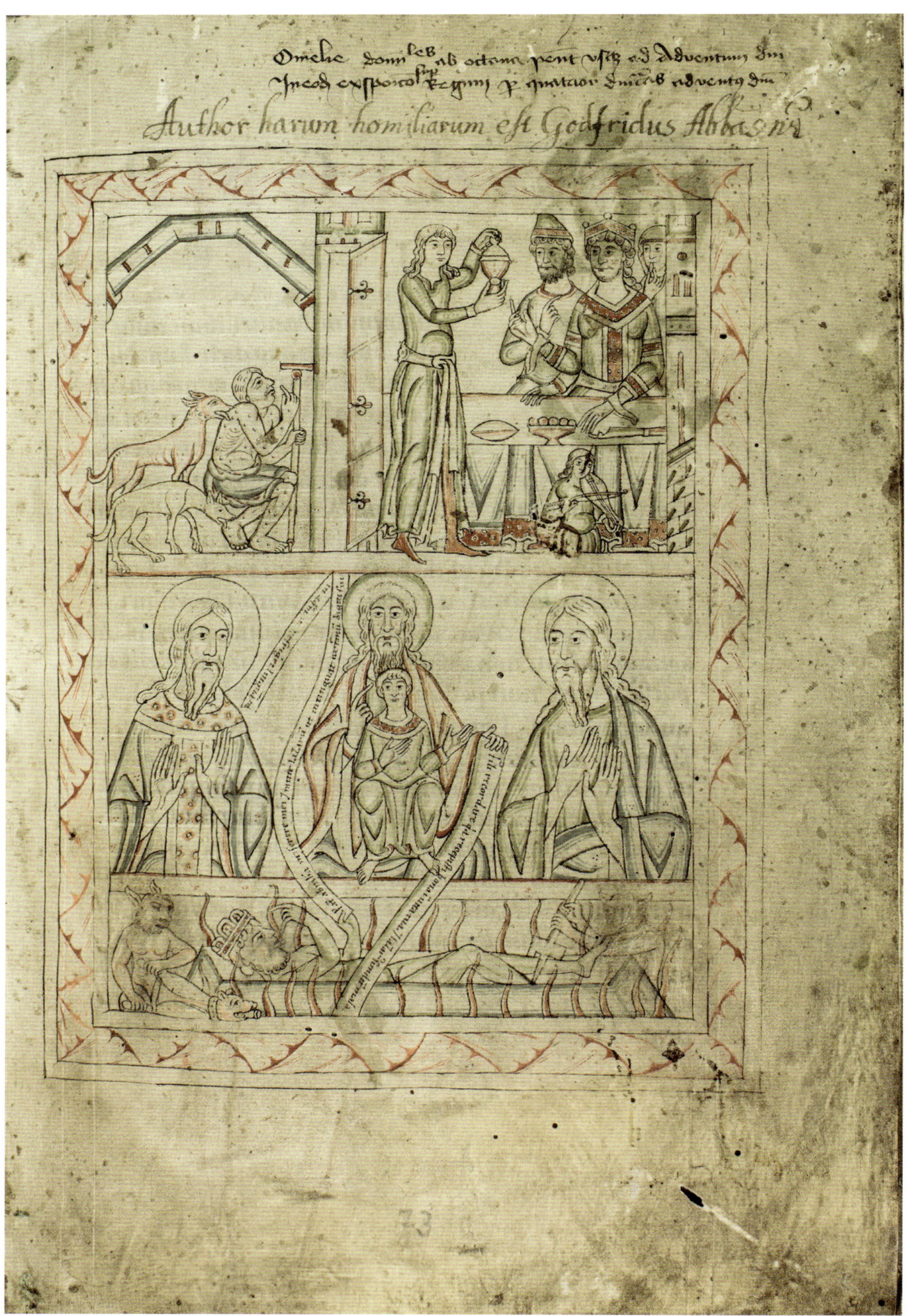

**Abb. 4:** Die Illustration am Beginn von Gottfrieds Predigten zeigt das Gleichnis vom reichen Prasser und armen Lazarus (Cod. 73, f. 1r, Admont, um 1160).

Ausgehend von den alten Legendarien aus der Zeit vor der Klostergründung wird eine Legendensammlung – die Historiker des 19. Jahrhunderts werden sie *Magnum Legendarium Austriacum* (kurz MLA), also großes österreichisches Legendenbuch nennen – mit über 530 Heiligengeschichten in vier großformatigen Bänden zusammengestellt.[26] Für das Pergament jeder einzelnen Ausgabe wird die Haut von mehr als tausend Kälbern benötigt; die philologische Leistung ist kaum vorstellbar. Die Sammlung verbreitet sich schnell in der steirisch-österreichischen Klosterlandschaft und heute noch sind Teile in den Stiften Göttweig, Heiligenkreuz, Klosterneuburg, Lilienfeld, Melk und Zwettl überliefert. Man geht derzeit davon aus, dass das große Legendar im Zusammenhang mit der bevorstehenden Übernahme der Steiermark durch die Babenberger, die ab den 1160er-Jahren die Vogtei über Admont erlangten, entstanden sein könnte. Im Mittelalter wird zwischen Hagiografie und Historiografie nicht unterschieden. Die menschliche Vergangenheit wird als Heilsgeschichte in Verbindung mit dem Göttlichen gesehen und in diesem Zusammenhang könnte man über eine heilsgeschichtliche Einordnung des neu entstehenden Länderkomplexes in das Gesamte nachdenken.[27]

## Digital Age

Das MLA gibt der Forschung immer noch viele Fragen auf und die Möglichkeiten der Digitalisierung mit ihren weiterführenden Methoden lassen neue Ansätze zu, um die alten Bibliotheken, ihre Aufgaben und Wirkungen in der jeweiligen Gesellschaft besser zu verstehen. Das Stift Admont hat sich früh zu einer Digitalisierung seiner Handschriften entschlossen und kann rechtzeitig zum 950-Jahr-Jubiläum die mittelalterliche Bibliothek digital der Öffentlichkeit zur Verfügung stellen. Mehr als 300.000 Bilder wurden von den 752 mittelalterlichen Codices angefertigt, aufbereitet und werden sukzessive zur Forschung bereitgestellt. Die Digitalisierung bietet auch Möglichkeiten, die 93 nicht mehr in Admont befindlichen Manuskripte – vor allem jene, die in der Zwischenkriegszeit verkauft werden mussten – zusammenzuführen. So ist zum Beispiel ein Digitalisat des ehemaligen Codex 355 mittlerweile auf der Seite der Bodleian Library in Oxford verfügbar und damit eine medizinische Handschrift mit Texten des arabischen Arztes Rhazes, die wahrscheinlich von Engelbert aus Padua mitgebracht und wohl auch von ihm gelesen wurde, wieder gemeinsam mit den Admonter Handschriften einsehbar.[28]

Die Mönchsgemeinschaft in Admont hat immer um die Bedeutung ihrer mittelalterlichen Bibliothek gewusst, was auch der eigene Raum neben dem barocken Prunksaal genauso ausdrückt wie die Anfang der 2000er-Jahre großzügig gestalteten Benutzerräume. Ihre Handschriften waren und sind immer für Forschende und Interessierte geöffnet und eine lange Liste an Publikationen über ihre Bestände bezeugt ihre Bedeutung für unser kulturelles Erbe.[29]

Das Alte Buch scheint sich immer weiter mit Informationen aufzuladen, indem es als materielles Objekt in vielfältiger Beziehung zu den Menschen bleibt. Es speichert versprachlichtes menschliches Denken, aber auch die DNA von Pflanzen und Tieren. Fast nirgendwo anders werden Farben so lange unversehrt konserviert. Jedes einzelne Blatt kann eine eigene Geschichte erzählen, selbst dann, wenn es scheinbar unbrauchbar aus der ursprünglichen Lage entfernt und als Makulatur weiterverarbeitet wird. So können zwei von einer Buchrestauratorin sorgfältig in einem unbeschrifteten Umschlag verstaute Blätter ganz ungestört 60 Jahre lang warten, bis sich herausstellt, dass es sich um über 1200 Jahre alte Fragmente des Abrogans, einem der ältesten Bücher deutscher Sprache, handelt. Aber das ist eine andere Geschichte.[30]

## Anmerkungen

1 Ubl, Karl: Engelbert von Admont. Ein Gelehrter im Spannungsfeld von Aristotelismus und christlicher Überlieferung (MIÖG, Ergänzungsband, 37), Wien/München 2000; Ders.: Zur Entstehung der Fürstenspiegel Engelberts von Admont († 1331), in: Deutsches Archiv für Erforschung des Mittelalters 55 (1999), S. 499–548; Auer, Leopold: Zum geistigen Profil Engelberts von Admont, in: Sonderbände der Zeitschrift des Historischen Vereines für Steiermark 26 (2010), S. 60–70. Zur Person Engelberts siehe Baum, Wilhelm (Hg.): Engelbert von Admont. Vom Ursprung und Ende des Reiches und andere Schriften, Graz 1998 sowie die ältere Darstellung von Wichner, Jacob: Geschichte des Benediktiner-Stiftes Admont, Bd. 3, Graz 1878, S. 1–30 und 511–545.

2 Die mittelalterliche Admonter Überlieferung in AT-ABBA Cod. 392, f. 13r–15v und Cod. 589, f. 17r–19v. Ediert in Fowler, George B.: Letter of Abbot Engelbert of Admont to Master Ulrich of Vienna, in: Recherches de théologie ancienne et médiévale 29 (1962), S. 298–306, eine deutsche Übersetzung bei Baum, Wilhelm: Engelbert von Admont. Vom Ursprung und Ende des Reiches und andere Schriften, Graz 1998, (Grazer Beiträge zur Theologiegeschichte und Kirchlichen Zeitgeschichte, 11), S. 198–211. Eine Zusammenfassung der Zuschreibungen der Schriften bei Ubl: Engelbert, S. 21–24.

3 Ubl: Engelbert, S. 19.

4 Stelzer, Winfried: Ein Alt-Salzburger Fragment der Kosmographie des Aethicus Ister aus dem 8. Jahrhundert, in: MIÖG 100 (1992), S. 132–148.

5 Ubl: Engelbert, S. 17; AT-ABBA Cod. 482 (https://manuscripta.at/?ID=26309) und Cod. 623 (https://manuscripta.at/?ID=26435); alle Zugriffe überprüft am 18.11.2023.

6 Einige dieser Hss. wurden nach dem Ersten Weltkrieg verkauft und sind heute v.a. in den USA, siehe http://manuscripta.at/m1/lib.php?libcode=AT1000. Eine Liste der Hss. bei Möser-Mersky, Gerlinde (Bearb.): Admont, in: Mittelalterliche Bibliothekskataloge Österreichs 3: Steiermark, Graz–Wien–Köln 1961, S. 1–65, hier S. 7–12 (= MBKÖ); zu den Verkäufen allgemein Egger, Christoph/Kaska, Katharina (Hg.): dass die Codices finanziell unproduktiv im Archiv des Stiftes liegen. Bücherverkäufe österreichischer Klöster in der Zwischenkriegszeit, Wien 2022 (Veröffentlichun-

gen des Instituts für Österreichische Geschichtsforschung, 77).

7 Ubl: Engelbert, S. 16.

8 AT-ABBA Cod. 608 (Digitalisat auf https://manuscripta.at/?ID=26421), Cod. 676 (Digitalisat auf https://manuscripta.at/?ID=26481) sind Materialsammlungen Engelberts zu den Arbeiten De summo bono, De regimine principum, Speculum virtutum, siehe Auer: Zum geistigen Profil, S. 60–70. Handschriftenliste zu sämtlichen Werken Engelberts bei Schmitz, Max: Zur Verbreitung der Werke Engelberts von Admont (ca. 1250–1331), in: Codices manuscripti 71/72 (2009), S. 1–26.

9 AT-ABBA Cod. 589; Rzihacek-Bedő, Andrea: Medizinische Wissenschaftspflege im Benediktinerkloster Admont bis 1500, Wien–München 2005 (MIÖG Ergänzungsband, 46), S. 28–31.

10 Möser-Mersky: MBKÖ, S. 17–18.

11 AT-ABBA Cod. 392 (Digitalisat auf https://manuscripta.at/?ID=26922).

12 Stelzer, Wilfried: Die verschollenen Notizen zur Admonter Klosterbibliothek unter den Äbten Gottfried I. (1152) und Albert Lauterbeck (1370), in: Zeitschrift des Historischen Vereines für Steiermark 105 (2014), S. 179–186, hier S. 182; Fragm. aus Cod. 589.

13 AT-ABBA Cod. 501, f. 24v (Digitalisat auf https://manuscripta.at/?ID=26937).

14 Der Bericht des Irimbert von Admont ediert bei Lutter, Christina: Geschlecht & Wissen, Norm & Praxis, Lesen & Schreiben. Monastische Reformgemeinschaften im 12. Jahrhundert, Wien–München 2005 (Veröffentlichungen des Instituts für Österreichische Geschichtsforschung, 43), S. 222–225.

15 Die Geschichte der mittelalterlichen Bibliothek in Möser-Mersky: MBKÖ, S. 1–15; Naschenweng, Hannes: Admont, in: Faust, Ulrich/Krassnig, Waltraud (Bearb.): Die Benediktinischen Mönchs- und Nonnenklöster in Österreich und Südtirol, St. Ottilien 2000 (Germania Benedictina, III/1), S. 141–148; Rzihacek-Bedő: Medizinische Wissenschaftspflege, S. 37–46; Wichner, Jakob: Die Bibliothek der Abtei Admont mit besonderer Berücksichtigung des Zustandes derselben in der zweiten Hälfte des 14. Jahrhunderts, in: Mittheilungen des Historischen Vereines für Steiermark 20 (1873), S. 67–90.

16 Wattenbach, Wilhelm (Ed.): Vita Gebhardi et

successorum eius, in: MGH, Scriptores, Bd. 11, S. 36 Z. 35 f., online unter https://www.dmgh.de/mgh_ss_11/index.htm#page/36/mode/1up.

17 AT-ABBA Cod. C (https://manuscripta.at/?ID=26775), Cod. D (https://manuscripta.at/?ID=26774), Cod. E (https://manuscripta.at/?ID=26776).

18 AT-ABBA Cod. 513 (Digitalisat unter https://manuscripta.at/?ID=26341).

19 AT-ABBA Cod. 511 (Digitalisat unter https://manuscripta.at/?ID=26339). Krause, Adalbert: Das Admonter Evangeliar und sein neuer Emaileinband, in: Biblos 6 (1957), S. 61–69.

20 Seeberg, Stefanie: Die Illustrationen im Admonter Nonnenbrevier von 1180. Marienkrönung und Nonnenfrömmigkeit – Die Rolle der Brevierillustration in der Entwicklung von Bildthemen im 12. Jahrhundert Wiesbaden 2002, (Imagines Medii Aevi, 8), S. 21 f.; Möser-Mersky: MBKÖ, S. 2 f.; Brunner, Karl: ‚Quae est ista, quae ascendit per desertum'. Aspekte des Selbstverständnisses geistlicher Frauen im 12. Jahrhundert, in: MIÖG 107 (1999), S. 271–310.

21 Honemann, Volker: Irimbert von Admont, in: Verfasserlexikon, Bd. 4, Sp. 417–419; Braun, Johann W.: Irimbert von Admont, Frühmittelalterliche Studien 7 (1973), S. 266–323; Ders.: Gottfried von Admont, in: Verfasserlexikon, Bd. 3, Sp. 118–123; Ders.: Einige Bemerkungen zur Beurteilung der „Admonter Reform" sowie der Äbte Gottfried und Irimbert von Admont in der neuen Literatur, in: Studien und Mitteilungen zur Geschichte des Benediktinerordens 87 (1976), S. 431–434.

22 Die beiden Handschriften AT-ABBA Cod. 71 (Digitalisat auf https://manuscripta.at/?ID=26967) und Cod. 72 (Digitalisat auf https://manuscripta.at/?ID=26829) dürften das Ergebnis dieser Bemühungen sein, der *Bellum Iudaicum* befindet sich in Cod. 72, f. 103r (https://manuscripta.at/diglit/AT1000-72/0207/).

23 München, BSB, Clm 19811, f. 109v, abgedruckt in Möser-Mersky: MBKÖ, S. 1 f.

24 AT-ABBA Cod. 58 (Festtagshomilien) (https://manuscripta.at/?ID=26955), Cod. 40 (Festtagshomilien) (https://manuscripta.at/?ID=26941), Cod. 62 (28 Predigten und exegetische Werke) (https://manuscripta.at/?ID=26958), Cod. 63 (Sonntagshomilien und Festtagspredigten) (https://manuscripta.at/?ID=26959), Cod. 455 (43 Predigten) (https://manuscripta.at/?ID=26285) sind voll digitalisiert online verfügbar.

25 AT-ABBA Cod. 16 (https://manuscripta.at/?ID=26873), Cod. 17 (https://manuscripta.at/?ID=26874), Cod. 530 (https://manuscripta.at/?ID=26352). Die beiden Bände Cod. 650 (https://manuscripta.at/?ID=26457), Cod. 682 (https://manuscripta.at/?ID=26487) sind nachweislich von Regilind und Irmgard geschrieben; alle Hss. sind voll digitalisiert online verfügbar.

26 AT-ABBA Cod. 24 und 25. Alle verfügbaren Handschriften sind online unter https://mla.oeaw.ac.at; Ó Riain, Diarmuid: Neue Erkenntnisse zur Entstehung und Überlieferung des Magnum Legendarium Austriacum, in: MIÖG 128 (2020), S. 1–21; Brunner, Karl: „Und den Zweifler befällt der Dämon …". Anmerkungen zu einer Salzburger Gruppe im Magnum Legendarium Austriacum (MLA), in: Jahrbuch des Stiftes Klosterneuburg NF 24 (2023), S. 139–147.

27 Tomaschek, Johann: Geschichtsbewusstsein und monastische Reform. Das geistige Profil des Stiftes Admont im 12. Jahrhundert im Spiegel seiner historiographischen Handschriften, in: Haltrich, Martin/Stieglecker, Maria (Hg.): Code(x). Festgabe zum 65. Geburtstag von Alois Haidinger, Purkersdorf 2010 (Codices Manuscripti. Supplementum 2), S. 158–167.

28 https://manuscripta.at/?ID=26200.

29 Es sei verwiesen auf Naschenweng: Admont, S. 160–184, S. 189–212, hier besonders S. 211 f.

30 Haltrich, Martin/Schamberger, Karin (Red.): Von Abrogans und Nibelungen. Sensationsfunde deutscher Literatur in Österreichs Klöstern. Sonderausstellung in der Stiftsbibliothek Admont vom 25. März bis 15. November 2018. Konzept und Redaktion, Passau 2018; Haubrichs, Wolfgang/Müller, Stephan: Der Admonter Abrogans. Edition und Untersuchungen des Glossarfragments der Stiftsbibliothek Admont (Fragm. D1). Mit Beiträgen von Brigitta Bulitta, Martin Haltrich, Sarah Hutterer, Edith Kapeller, Daniela Mairhofer, Karin Schamberger, Berlin–Boston 2021 (Lingua Historica Germanica. Studien und Quellen zur Geschichte der deutschen Sprache und Literatur, 24).

# Zimelien aus
# Stift Admonts jungen Tagen
## Bemerkungen zum Gebhard-Stab
## und zur Gebhard-Mitra

Michael Richter-Grall

Im Folgenden wird auf zwei altehrwürdige Gegenstände eingegangen, die von der Tradition des Benediktinerstiftes Admont mit ihrem in der Stiftskirche begrabenen Gründer, Erzbischof Gebhard von Salzburg (gest. 1088), in Verbindung gebracht werden und aus der Frühzeit des Stiftes stammen. Es sind dies der sog. Gebhard-Stab (12. Jh.)[1] und die sog. Gebhard-Mitra (6. Jahrzehnt des 14. Jh.).[2] Die kunsthistorische, stilistische Analyse schließt eine Entstehungszeit dieser bemerkenswerten mittelalterlichen Objekte zu Lebzeiten des Gründers freilich eindeutig aus, doch stehen Stab und Mitra hinsichtlich des teils bis auf den heutigen Tag gelebten Umganges und Gebrauches in der feierlichen Liturgie beispielhaft für die Verehrung des Gründers, dessen Wirken und Wirkung sich auch mit diesen besonders alten und ehrwürdigen Gegenständen ausdrückt.[3] Das heißt, dass einst zu Ehren des Gründers Mitra (Abb. 1) und Stab (Abb. 2) nach ihm benannt wurden.[4] Nicht zuletzt spricht der gute Erhaltungszustand bei der Gebhard-Mitra dafür, dass dieses In-Verbindung-Bringen mit dem Gründer die Erhaltung bis in die heutige Zeit überhaupt ermöglichte, spielten doch gerade bei geistlichen Gewändern die sich wandelnden Moden eine große Rolle. Im Falle der sog. Rupertus-Mitra (12. Jh.) des Salzburger Domschatzes ist etwa davon auszugehen, dass die Kopfbedeckung einst das Haupt einer Figur des Heiligen zierte und sich so eine Tradition, eine Verbindung mit dem Salzburger Heiligen ergab, weshalb sich die Mitra bis heute erhalten hat.

Im Falle von Admont unterrichtet die Hausgeschichtsschreibung, dass am 2. November des Jahres 1629 in der Stiftskirche Admont die Erhebung und Übertragung der Gebeine des Gründers Erzbischof Gebhards stattfand.[5] Dies war damals aufgrund von Modernisierungsarbeiten in der Amtszeit von Abt Urban Weber (reg. 1628–1659) nötig geworden; die Stiftskirche wurde barockisiert, das Gebhards-Grabmal war am ursprünglichen Standort hinderlich.[6] Ein Resultat dieser Erhebung der Gebeine war – so schreibt etwa Jakob Wichner, der sich auf Aufzeichnungen des sog. *Chronicon Admontense* von 1667 stützt –[7] das Auffinden mehrerer Objekte, die dem Gründer beigelegt wurden. Dabei soll es sich um den Stab des Gründers, dessen Mitra und um dessen Sandalen aus Leder mit eingezogenen Goldplättchen gehandelt haben.[8] Im Falle der Ledersandalen ist man von deren Aussehen durch einen Kupferstich des 17. Jahrhunderts unterrichtet.[9] Ein Fragment der Sandalen überreichte Abt Urban dem Abt von St. Peter, Albert III. Keuslin.[10] Auch davon berichtet das *Chronicon Admontense* von 1667, das der Nachfolger des Abtes Albert III., Abt Amandus Pachler (reg. 1657–1673), verfasste. Pachler erachtete den Gründer von Admont als Heiligen und trug Unterlagen für eine Lebensbeschreibung des Gründers von Stift Admont zusammen.[11]

Drei Jahrzehnte zuvor, im besagten Jahr 1629, sind Bestrebungen des Salzburger Erzbischofs Paris von Lodron bezeugt, Erzbischof Gebhard heiligsprechen zu lassen, was allerdings nicht umgesetzt wurde.[12] Es besteht also jedenfalls ein zeitlicher Zusammenhang zwischen diesen Bestrebungen, der Erhebung der Gebeine und Amandus Pachlers Bericht.

Es ist nicht die einzige Nachricht von der Entnahme von Pontifikalien aus dem Grab des Gründers eines österreichischen Benediktinerklosters. Ebenfalls im 17. Jahrhundert wurde im Stift Göttweig in der Amtszeit von Abt Gregor Heller (reg. 1648–1669) die sog. Altmanni-Krümme (letztes Viertel 12. Jh.) aus Altmanns Grab entnommen.[13] Ob es sich hier um einen Topos von der Auffindung eines mit dem Gründer verbundenen Gegenstandes handelt oder um eine tatsächliche Begebenheit, lässt sich nicht abschließend klären.[14] Für Göttweig wird angenommen, dass die sog. Altmanni-Krümme seit Abt Gregor Heller, also ab dem 18. Jahrhundert wieder in Verwendung ist.

Auch im Stift Admont sind wir von einer Verwendung der angeblich 1629 aus dem Grab entnommenen Objekte, hier jedoch speziell im Rahmen des Totengedenkens an den Gründer, aus dem 18. Jahrhundert durch eine Quelle unterrichtet. In ihr wird beschrieben, wie der Tag zum Gedenken an den Gründer, der 15. Juni, und die Vorbereitungen am Tag zuvor, am 14. Juni, vonstattengingen. Zu lesen ist dies im *Liber ceremoniarum* von 1773, verfasst von P. Bonaventura Schrägl, dem Sakristan der Stiftskirche.[15] So schreibt P. Bonaventura, dass am Tag vor dem Gründergedenken in der Sakristei die „Mitra fundatoris parva", also die kleine Mitra des Gründers, vorbereitet werden solle, genauso wie dessen hölzerner Hirtenstab, „ligneo pastorali[16]". Verwendung fanden Mitra und Stab im liturgischen Totengedenken. Hierfür wurde ein „Castrum doloris", also ein aufwendiges temporäres Trauergerüst im Chor der Stiftskirche aufgestellt. Hier wurde an der Kopfseite des mit einem schwarzen Tuch bedeckten Katafalken, also der Sargattrappe, die den Mittelpunkt des „Castrum doloris" bildete, ein schwarzer Seidenpolster platziert und darauf die Mitra des Gründers, die „Mitra fundatoris" gestellt. Die Mitra war auf die linke Seite zur Sitzbank des Abtes gerichtet. Auf den mit Tuch bedeckten Katafalken nun wurde der eingangs erwähnte Hirtenstab, „memoratum Pastorale", des Gründers gelegt. An dieser Stelle des *Liber ceremoniarum* schildert P. Bonaventura sehr eindrücklich und exakt, wie die weitere Gestaltung des „Castrum doloris" im Jahre 1773 ausgesehen hat: So wurde u. a. liturgisches Gerät (Kelch und Patene), eine Skulptur (Statue der seligsten Jungfrau der Rosenkranzbruderschaft) und Bilder sowie die Gründungsurkunde in den Aufbau des „Castrum Doloris" integriert. Auf dem Katafalk standen zwei Kandelaber. Das Tuch am Katafalk wurde vom tropfenden Wachs der Kerzen mittels untergelegter Papierstücke geschützt. Dem Katafalk wurden 28 (!) Leuchten aus Zinn beigestellt. Leider wissen wir nicht, wann diese spezifische Ausgestaltung des Gedenkens durch das „Castrum doloris" einsetzte und wie lange es Jahr für Jahr aufgebaut wurde.[17] Da es sich um ephemere Architektur handelt, sind derartige Trauergerüste im nicht-königlich-kaiserlichen Kontext wenig beforscht.[18] Die exakte Beschreibung im *Liber ceremoniarum* ist in dieser Hinsicht wohl ein Glückfalls, das gilt auch für die Beschreibungen der liturgischen Handlungen an jenen zwei Tagen.[19]

Dass mit der Mitra und dem Pastorale des Gründers auch tatsächlich in der Barockzeit jene Gegenstände, die wir heute damit in Verbindung bringen, gemeint waren, lässt sich eindeutig mit einer Bildquelle des 18. Jahrhunderts bezeugen. Es handelt sich hierbei um das barocke Gründungsbild (Abb. 3) mit dem Erzbischof Gebhard, dem der geeignete Ort der Klostergründung durch einen auf wundersame Weise sprechenden Taubstummen vermittelt wird.[20] Die Malerei auf Leinwand aus dem frühen 18. Jahrhundert zeigt links den Bischof und Gründer in Pontifikalgewand gekleidet und mit den Bischofsinsignien versehen. Bemerkenswert ist, dass hier tatsächlich reale Objekte, nämlich Gebhard-Mitra und -Stab detailgetreu abgebildet sind. Das heißt, dem Maler waren sie sicherlich aus unmittelbarer Anschauung bekannt. Die Krümme, die Bekrö-

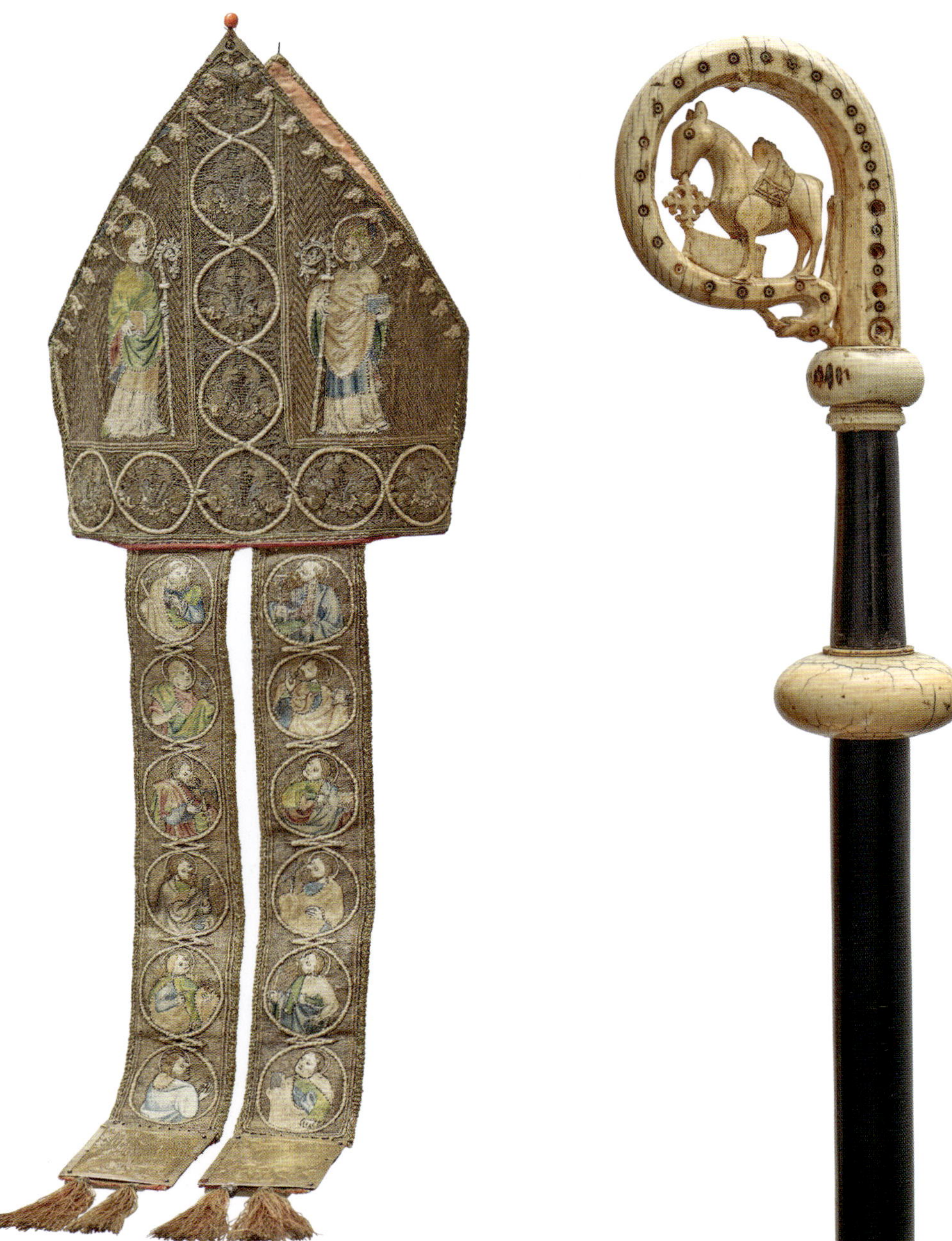

**Abb. 1:** Gebhard-Mitra, 6. Jahrzehnt des 14. Jh.    **Abb. 2:** Gebhard-Stab, 12. Jahrhundert.

nung des Stabes, besteht aus geschnitztem Elfenbein mit Aussparungen für Edelsteinbesatz und figürlichen Elementen. Sie geht in einer Windung in einen abwärts gerichteten Drachenkopf über, gleichsam Symbol für die Überwindung der Gefahren des Bösen als auch ein ständiges Erinnerungsrufen dieser. Im Inneren der Krümmung ist wie am Original ein geflügeltes Pferd zu sehen, dessen Maul eine Kreuzblume berührt. Das Leinwandbild führt uns den barocken Zustand dieses „[…] Krummstab[es] aus Holz und Elfenbein, [der] die Schnitzkunst in ihrer Kindheit"[21] zeigt,

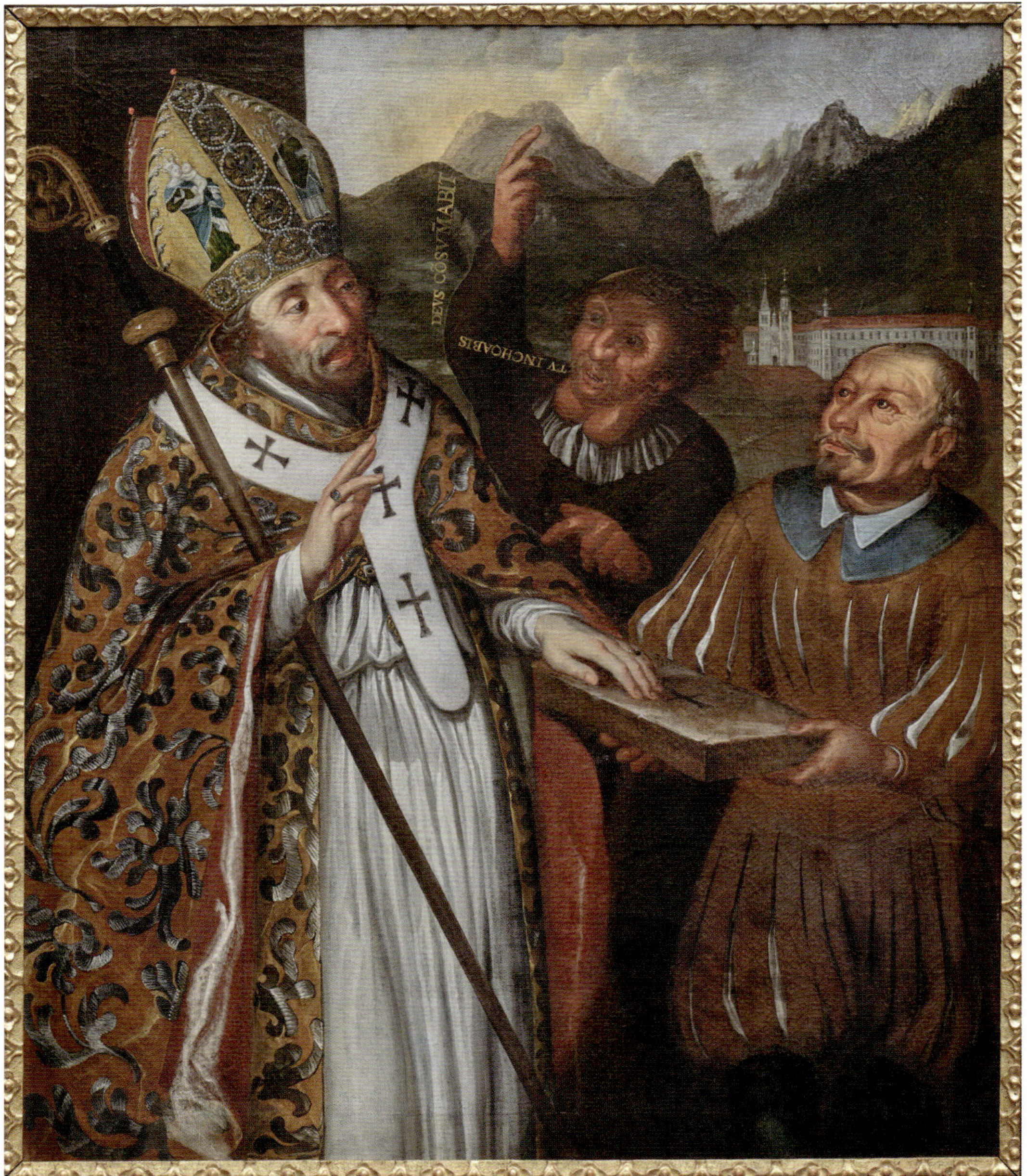



**Abb. 3:** sog. Gründungsbild des Stiftes Admont, um 1700.

vor Augen, wie es der Admonter Benediktiner und bedeutende Landeshistoriker P. Albert Muchar treffend formulierte. Bemerkenswert ist zudem der Umstand, dass das Haupt des Bischofs und Gründers keine Barockmitra ziert, sondern die mittelalterliche, in den 1360er-Jahren entstandene, künstlerisch herausragende Gebhard-Mitra, welche in ihren Bildfeldern einerseits Maria mit Kind und andererseits wohl den hl. Bischof Blasius zeigt.

Im 18. Jahrhundert war demnach wohl die Überzeugung vorherrschend, dass diese beiden Objekte vom Gründer verwendet wurden. Das Leinwandbild und die Aufzeichnungen über das

Totengedenken an den Gründer zeigen die herausragende Bedeutung von Stab und Mitra im Kontext der Verehrung und der Erinnerung an die Gründungspersönlichkeit, die bis heute anhält, wird doch etwa Jahr für Jahr der Gebhard-Stab am Tag des Gründers, dem 15. Juni, verwendet.[22]

## Anmerkungen

1 Siehe Nr. 1.1.06 des Kataloges und den dort angeführten Literaturhinweis.

2 Siehe Nr. 1.1.07 des Kataloges und den dort angeführten Literaturhinweis.

3 Stiftsarchiv P. Jakob Wichner sah sich im Jahre 1874 ob der aufkommenden Zweifel am „wahren" Alter von Stab und Mitra durch die damals noch recht junge Kunstwissenschaft zu einem pikanten Seitenhieb auf jene veranlasst: „Die ‚unfehlbare' Wissenschaft der kritischen Kunsthistorie hat ihr peremtorisches ‚Dixi' gesprochen, und an uns wäre also, auf die Worte des Meisters zu schwören, und vor dem absoluten Urtheile der Kunstkritik das Knie zu beugen. Aber man trennt sich nicht so leicht und gerne von den liebgewordenen Ueberlieferungen der Väter, und uns werden Gebhard's Infel und Stab stets werthe Andenken an den Stifter bleiben." (Wichner, Jakob: Geschichte des Benediktiner-Stiftes Admont, Bd. 1, Graz 1874, S. 47).

4 Dies ist keine unbekannte Praxis: Man denke etwa an die sog. Vitalis-Kasel aus dem Erzstift St. Peter, eine Glockenkasel des 11. Jahrhunderts, die mit dem hl. Vitalis, der im 8. Jh. lebte, in Verbindung gebracht wurde.

5 Ursprünglich war Erzbischof Gebhard wohl in der Mönchsgruft bestattet. Seine Gebeine wurden mit der Ausführung eines wohl spätgotischen Hochgrabes gehoben und in dieses überführt. Tomaschek, Johann: ‚Du wirst beginnen, Gott wird vollenden'. Leben und Werk des Erzbischofs Gebhard von Salzburg, des Gründers unseres Stiftes (2. Teil), in: Du und das Stift, Jg. 1988, S. 17. Siehe auch die Studie von Schiefermüller, Maximilian: Der Brand von 1865 und der Neubau des steirischen Benediktinerstiftes Admont. […], St. Ottilien 2023, S. 73–76. Hier auch Quellenangaben und der Verweis auf ältere Literatur.

6 Wichner: Geschichte, S. 46.

7 AT-ABBA A 109 (*Chronicon Admontense* des Amandus Pachler), S. 173 – Es handelt sich um eine Abschrift der handschriftlichen Überlieferung von Pachler in Salzburg: Stiftsbibliothek St. Peter, b XI 44.

8 Wichner: Geschichte, S. 47.

9 Überliefert im *Chronicon Admontense*, vmtl. eine Arbeit des Stechers Paul Seel, der auch das ehemalige barocke Grabmonument Gebhards in Admont in Kupfer stach. Auch dieses findet sich im *Chronicon Admontense* abgebildet.

10 Wichner bezieht sich auf S. 173 des *Chronicon* (AT-ABBA A 109), wo diese Begebenheit festgeschrieben wurde.

11 Hausmann, Friedrich: Die Admonter ‚Saalbücher I–IV'. Ihre Vernichtung und die Wiederherstellung ihres Inhaltes in Übersicht, in: Zeitschrift des Historischen Vereins für Steiermark 91/92 (2000/01), S. 153.

12 Wichner: Geschichte, S. 49.

13 Siehe dazu Kat.-Nr. 29, in: Stift Göttweig (Hg.): 900 Jahre Stift Göttweig. 1083–1983. Ein Donaustift als Repräsentant Benediktinischer Kultur, Ausst.-Kat. 1983, Göttweig 1983.

14 Im Falle von Göttweig soll sich auch ein Ring aus vergoldetem Kupfer mit Glassteinen im Grab des Bischofs befunden haben. Dieser stammt wohl aus dem 16. Jahrhundert. (Siehe Freiherr von Sacken, Eduard: Archäologischer Wegweiser durch das Viertel ober dem Wiener-Walde von Nieder-Oesterreich, in: Berichte und Mittheilungen des Alterhums-Vereins zu Wien, Bd. 17, S. 75–218, hier S. 110). Dass Bischöfen des Mittelalters tatsächlich Gegenstände ihrer Amtswürde beigelegt wurden, zeigt etwa das Beispiel einer Elfenbeinkrümme (Anfang 13. Jh.) aus Torcello, die bei der Öffnung des Grabes von Bischof Bono Balbi (gest. 1215) im Jahre 1893 in der Basilika von Torcello aufgefunden wurde.

15 2019 wurde der Text des *Liber ceremoniarum* (AT-ABBA K 17 a) von P. Gebhard Grünfelder OSB transkribiert. Eine Übersetzung findet sich in der ungedr. Diplomarbeit von (damals noch: fr.) Vinzenz Schager OSB aus dem Jahr 2021 (fr. Vinzenz Schager OSB: Die liturgische Verehrung des Salzburger Erzbischofs Gebhard im Benediktinerstift Admont. Diplomarbeit Salzburg 2021).

16 Die Bezeichnung Pastorale ist mit Krumm-, Hirten-, Abts- oder Bischofsstab gleichzusetzen.

17 In Mariazell hat sich ein „Castrum Doloris" aus dem 18. Jahrhundert erhalten, das 2008 aufwendig restauriert der Öffentlichkeit zum Fest Allerheiligen und Allerseelen präsentiert wurde.

18 Siehe dazu auch den Artikel von Braun, Edmund Wilhelm: Castrum doloris, in: Reallexikon zur Deutschen Kunstgeschichte, Bd. III (1952), Sp. 372–379.

19 Siehe Kapitel 6.2.6 der Studie von (damals noch: fr.) Vinzenz Schager OSB, mit Transkription und Übersetzung dieses Abschnittes des *liber ceremoniarum* (S. 67–74).

20 Unbekannter öst. Maler um 1700, sog. Gründungsbild des Stiftes Admont, Öl auf Leinwand, 131 x 112 cm, siehe Katalognummer 1.1.04.

21 Muchar, Albert: Geschichte des Herzogthums Steiermark, Bd. 3, Graz 1846, S. 146.

22 Eine Zusammenfassung der liturgischen Verehrung lässt sich der Studie von Vinzenz Schager entnehmen (siehe Anm. 15).

# Die Grundherrschaft des Stiftes Admont im Mittelalter

Martin Haltrich

Jeweils 30 Metzen Korn und Hafer, 2 Metzen Hirse und Bohnen, 1 Metzen Mohn sowie 5 Schweine, 6 Hühner, 2 Gänse, weiters 100 Eier, 55 Zechling Flachs, 3 Ochsen und eine Steuer von 100 Denaren liefert allein der Stadhof im Paltental jedes Jahr an das Stift Admont ab. Die Güter im *Zelzthal* bringen 720 große Stück Käse, 36 Weisod Käse und Schweinefett sowie 9 Stück Hornvieh mit 2 Ochsen. Dazu wirft die Mühle 60 Denare ab und zu Ostern gibt es Schafsmagen sowie zu Weihnachten zwei große Laib Brot.[1]

Diese Informationen stammen aus dem ältesten Urbar des Stiftes Admont, das kurz nach dem Jahr 1275 angelegt wurde und als Fragment im Stiftsarchiv überliefert ist.[2] Urbare sind Verzeichnisse von Grundstücken, Höfen, Wirtschaftsbetrieben und deren Ertrag in Form von Naturalien, Dienstleistungen oder Geld, die von den Untertanen und Dienstleuten an die Besitzer zu bringen sind. Sie sind ein zentrales Verwaltungsinstrument einer Grundherrschaft und werden im Spätmittelalter auf Basis der im Archiv gesammelten Urkunden von Schenkungen, Tausch, Käufen oder Übertragung von Rechten zusammengestellt.[3]

## Feudalismus

Das mittelalterliche Wirtschaftssystem des Feudalismus beruht auf einem gegenseitigen Abhängigkeitsverhältnis zwischen Grund- bzw. Feudalherren und Untertanen und wird in den habsburgischen Ländern im Kern bis zur Revolution des Jahres 1848 praktiziert. Die kleinste Zelle in diesem System bildet das Dorf mit seinen Höfen und Betrieben, das einem geistlichen oder weltlich-adeligen Grundherrn unterstellt ist, der auch die Gerichtsbarkeit ausübt. Adel und Geistlichkeit sind wiederum dem Landesherrn und dieser dem König oder Kaiser verantwortlich, der seine Macht von Gott erhält und damit von der hohen Geistlichkeit kontrolliert werden kann. Die Grundbesitzer überlassen den bäuerlichen Eigenleuten ihren Boden oder auch Betriebe zur Bewirtschaftung und erhalten im Gegenzug Abgaben in Form von Naturalien, Arbeitsleistungen und Geld. Die Bauern versorgen somit alle mit den notwendigen Gütern und die Obrigkeit gewährleistet militärische, rechtliche und soziale Sicherheit für alle. Grundherrschaft bedeutet demnach nicht nur Herrschaft über Grund- und Boden, sondern auch weitgehende Rechte über die dort wohnenden Menschen – egal, ob sie wirtschaftlich abhängig sind oder selbst Grundbesitz halten.[4]

Dieses grundherrliche System mit der ursprünglich vollkommenen, auch leiblichen Abhängigkeit der Untertanen vom Grundherrn beginnt sich zur Zeit der Gründung des Stiftes Admont in Europa bereits aufzulösen. Die von der Herrschaft betriebene Eigenwirtschaft und die damit verbundenen Arbeitsdienste der Bauern für den Grundherrn werden zunehmend durch Geldabgaben

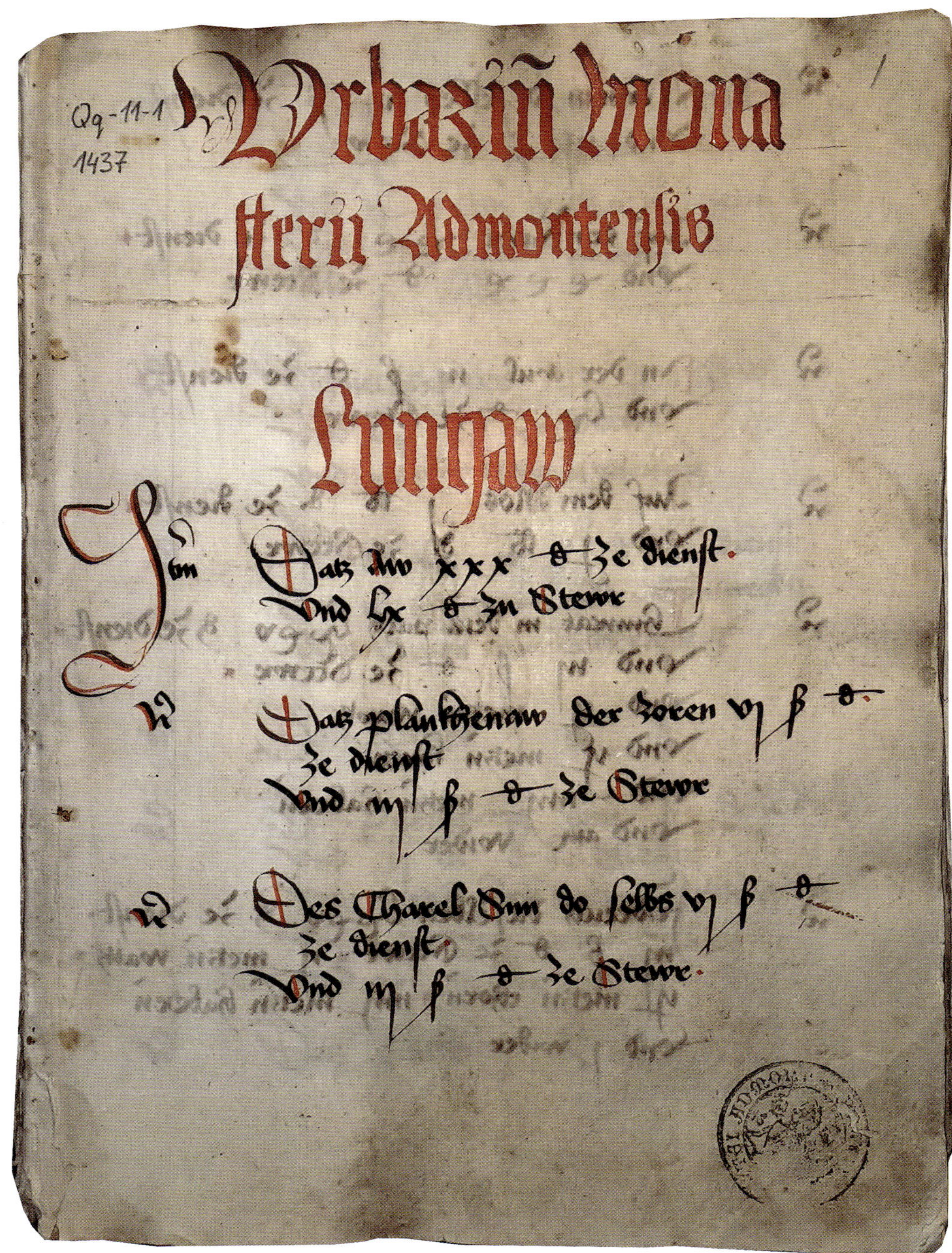

**Abb. 1:** Die erste Seite des 1437 kopierten Gesamturbars für die alltäglichen Verwaltungsgeschäfte in der Amtsstube des Stiftes (AT-ABBA Qq 11/1, fol. 1r).

abgelöst. Das zeigt sich auch in der immer mehr verschriftlichten Verwaltung, die heute noch im Archiv des Stiftes Admont überliefert ist.[5]

## Stiftungen und Grundbesitz

Als das Stift Admont 1074 von Erzbischof Gebhard mit dem Erbe der hl. Hemma von Gurk gegründet wird, erhält es von ihm Ressourcen zum Aufbau einer Grundherrschaft, die der geistlichen Gemeinschaft zur Erfüllung ihrer Aufgaben dient.[6] Eine klösterliche Gemeinschaft hat im Verständnis des Mittelalters u. a. die Aufgabe, für das ewige Seelenheil der sich ihr anvertrauenden Menschen zu sorgen – also zu beten. Um diesen Dienst an ihrer *familia* leisten zu können, wird die Gemeinschaft durch Stiftungen unterstützt und kann so den Gebetsdienst für die *memoria* – das Andenken – aufrechterhalten.[7] In diesem Sinne wächst die Substanz des Klosters stetig durch adelige Stiftungen und es entsteht ein weit gestreuter Grundbesitz, der knapp vier Jahrhunderte nach der Gründung kaum zu überblicken ist. Es würde hier zu weit führen, alles aufzuzählen.[8] Das Stift selbst wird bei weltlichen Rechtsgeschäften von Anfang an durch einen *advocatus*, auch Vogt genannt, vertreten.[9] Mit ihm gemeinsam stellen Abt und Konvent die notwendigen Verwaltungsstrukturen her, indem sie Territorien und Rechte in Herrschaften, Ämter und Propsteien einteilen und dort Amtsleute, Untervögte und Dorfrichter einsetzen.

## Urbare und Ämter

Die Verwaltungsorganisation des Stiftes ist schon im Mittelalter mit permanenten Veränderungen der Besitz- und Rechtsverhältnisse konfrontiert und hochdynamisch. Immer wieder werden bei Revisionen oder größeren Erwerbungen neue Verwaltungsinstrumente erstellt und auch Urbare angelegt. In Admont dürfte das erstmals in den 1270er-Jahren der Fall gewesen sein, als die Besitzungen und Abgaben in das anfangs erwähnte älteste fragmentarisch überlieferte Urbar eingetragen werden. In den nächsten eineinhalb Jahrhunderten werden sog. Teilurbare für einzelne Herrschaften oder Ämter – zum Beispiel zu den verstreuten Gütern in Salzburg oder den Weingütern in Krems – hergestellt, bis schließlich im Jahr 1434 der gesamte Besitz des Stiftes in ein zweibändiges Prachturbar mit fast 1600 Pergamentseiten aufgenommen wird (siehe Kat.-Nr. 4.1.02 mit Abb.).[10]

Dieses prunkvolle Gesamturbar wird als repräsentatives Rechtsinstrument für den Fall von Streitigkeiten – und davon gab es durch die Jahrhunderte genug[11] – zur Aufbewahrung beim Abt oder im Archiv gedient haben, denn schon drei Jahre später liegen Kopien der beiden großformatigen Bücher für die tägliche Verwaltung auf Papier vor. Dort können die Abgaben nachgeschlagen und im Bedarfsfall aktualisiert werden (Abb. 1). Für die konkreten Abrechnungen vor Ort werden aus diesem Gesamturbar einzelne Teilurbare gezogen und in die Amtsstuben der jeweiligen Herrschaften und Güter gebracht. Diese Teilurbare sind oft als schmale, längliche Büchlein ausgeführt, damit sie besser in die Satteltasche der Amtsperson passen (Abb. 2).

## Grundherrschaft online

Die grundherrschaftlichen Quellen aus den Klosterarchiven sind für die regionale Geschichtsforschung von großer Bedeutung, denn die in den Urkunden und Urbaren erstmals erwähnten

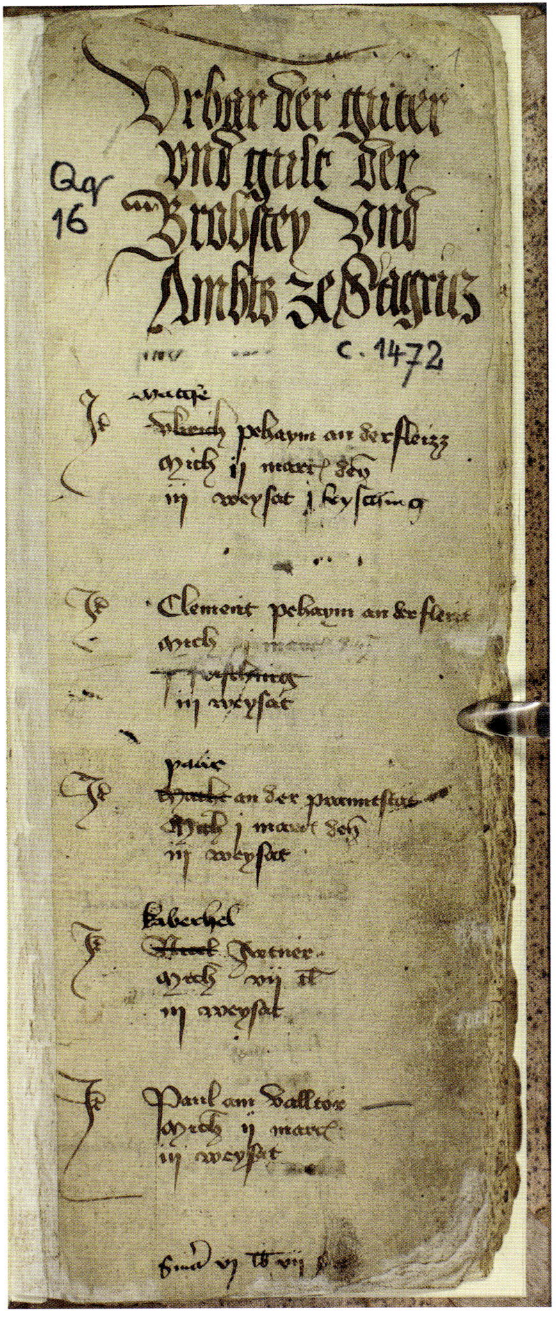

Siedlungsstrukturen und Grundparzellen existieren teilweise noch heute. Gerade für die Haus- und Hofgeschichte sind die Urbareinträge interessant und so hat sich das Stift Admont dazu entschlossen, eine eigene digitale Plattform zu entwickeln, auf der diese grundherrschaftlichen Archivquellen volldigitalisiert zur Verfügung gestellt werden. Als Basis dienen die mittelalterlichen Urbare und auch frühneuzeitliche Verzeichnisse aus dem Stiftsarchiv, deren Digitalisate mit dem staatlichen Franziszeischen Kataster aus der 1. Hälfte des 19. Jahrhunderts und aktuellen digitalen Geodaten verknüpft werden (Abb. 3).[12]

So schließt sich der Kreis zum anfangs zitierten Eintrag aus dem ältesten überlieferten Urbar des Stiftes Admont, der uns einen sehr konkreten Eindruck vom Wirtschaftsleben einer geistlichen Grundherrschaft im späten 13. Jahrhundert gibt und trotzdem in Verbindung mit unserer heutigen Welt steht. Der Stadhof im Paltental lieferte ungefähr je eine Tonne Korn und Hafer, 120 kg Hirse und Bohnen sowie etwa 30 kg Mohn. Mit dem Geldeintrag von 100 Denaren konnte man zu dieser Zeit etwa 150 kg Ziegenfleisch kaufen.[13] Wann die 100 frischen Eier abgeliefert werden mussten, geht aus dem Urbareintrag nicht hervor, obwohl es ganz klare Termine für die Abgabe unterschiedlicher Naturalien gab. Der Verzehr von Schafsmagen zu Ostern hat sich nicht breit durchgesetzt, aber die Martinigans ist noch immer fixer Bestandteil der Jahresplanung.

**Abb. 2:** Seite aus einem 1472 angefertigten Teilurbar für den Amtsmann der Admonter Propstei Sagritz in Kärnten (AT-ABBA Qq 16, fol. 1r).

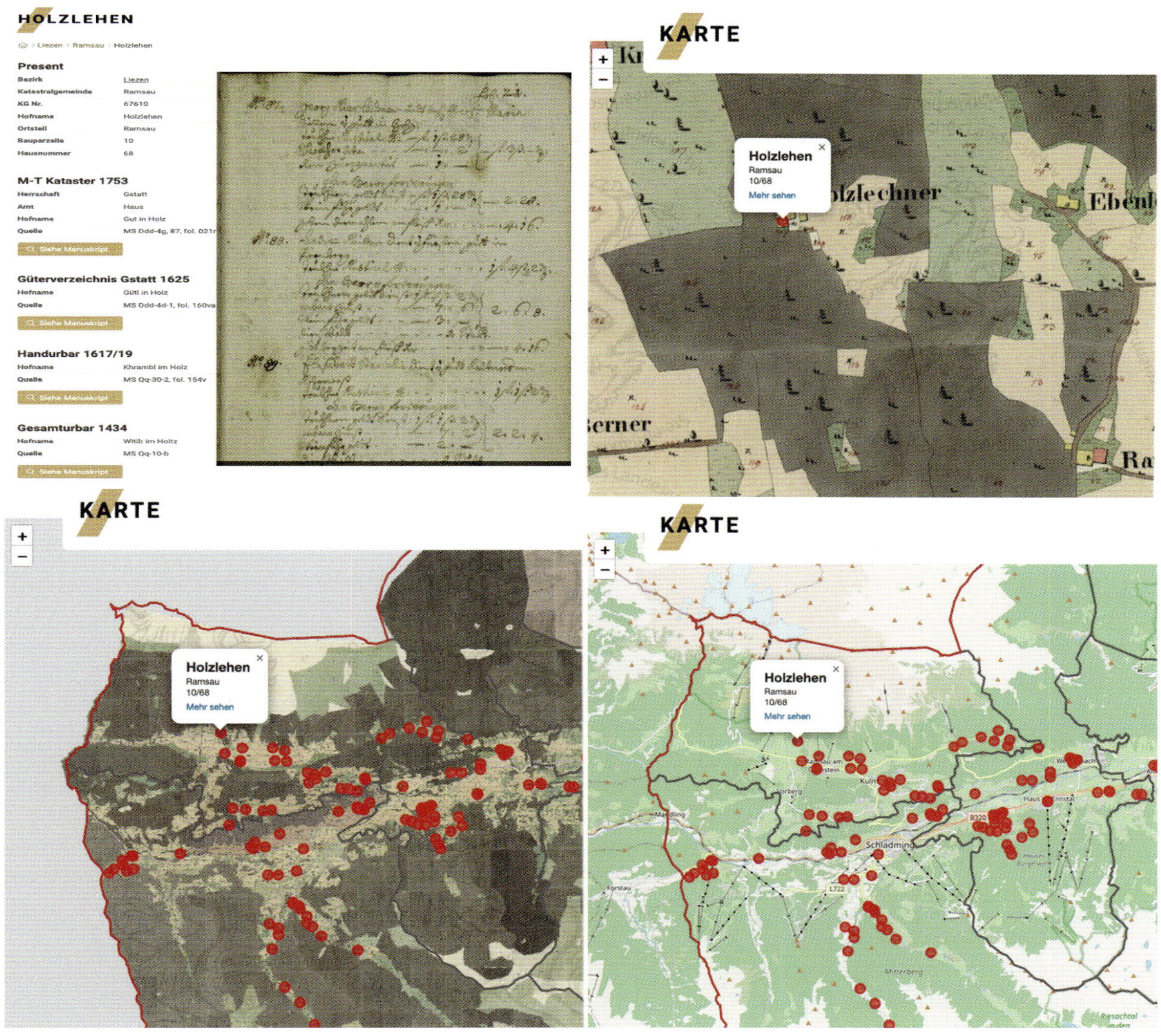

**Abb. 3:** Screenshots der Online-Präsentation der stiftlichen Urbare rund um Schladming (Stand Dezember 2023).

## Anmerkungen

1   Brunner, Walter: Das älteste Admonter Stiftsurbar von ca. 1275 – nur mehr Fragmente, in: Jahrbuch des Steiermärkischen Landesarchivs 4 (2021), S. 93–126, hier S. 111 f.; Sablonier, Roger: Verschriftlichung und Herrschaftspraxis. Urbariales Schriftgut im spätmittelalterlichen Gebrauch, in: Meier, Christel et al.: Pragmatische Dimensionen mittelalterlicher Schriftkultur, München 2002 (Münstersche Mittelalter-Schriften, 79), S. 91–120.

2   AT-ABBA Qq A., siehe Brunner, Stiftsurbar, S. 93 ff.

3   Krause, Adalbert: Das neue Stiftsarchiv in Admont, Admont [1958]; Wichner, Jakob: Ein

wiedererstandenes Klosterarchiv in Steiermark, in: Archivalische Zeitschrift 3 (1878), S. 137–163.

4 Brunner, Walter: Grundherren und Gülteninhaber. Das spätmittelalterliche Sozial- und Rechtgefüge am Land, in: Pferschy, Gerhard (Hg.): Die Steiermark im Spätmittelalter Wien–Köln–Weimar 2018 (Geschichte der Steiermark, 4), S. 191–224; Feigl, Helmuth: Die niederösterreichische Grundherrschaft vom ausgehenden Mittelalter bis zu den theresianisch-josephinischen Reformen, Wien 1998 (Forschungen zur Landeskunde von Niederösterreich 16), S. 155–161; Bloch, Marc: Die Feudalgesellschaft, Stuttgart 22019, S. 456–469 u. 575 ff.; Schreiner, Klaus: Grundherrschaft. Entstehung und Bedeutungswandel eines geschichtswissenschaftlichen Ordnungs- und Erklärungsbegriffs, in: Patze, Hans (Hg): Die Grundherrschaft im späten Mittelalter, Bd. 1, Sigmaringen 1983, S. 11–74.

5 Malanima, Paolo: Europäische Wirtschaftsgeschichte. 10.–19. Jahrhundert, Wien–Köln–Weimar 2010, S. 144–155.

6 Zusammenfassend zur Grundausstattung der Stiftung Naschenweng, Hannes: Admont, in: Faust, Ulrich/Krassnig, Waltraud (Bearb.): Die Benediktinischen Mönchs- und Nonnenklöster in Österreich und Südtirol, St. Ottilien 2000 (Germania Benedictina, III/1), S. 110–121.

7 Oexle, Otto G.: Die Gegenwart der Toten, in: Braet, Herman et al. (Hg.): Death in the Middle Ages, Leuven 1983 (Mediaevalia Lovaniensia 1/9), S. 19–77; Sauer, Christine: Fundatio und Memoria. Stifter und Klostergründer im Bild 1100 bis 1350, Göttingen 1993, S. 208 f.

8 Zusammenfassend bei Naschenweng: Admont, S. 110–121; Kremser, Franz: Besitzgeschichte des Benediktinerstiftes Admont 1074–1434 im Spiegel der Urkunden, phil. Diss. Graz 1969, online unter https://www.besitzgeschichte-admont.at; das Verzeichnis der steirischen Herrschaften ist unter dem Link https://www.landesarchiv.steiermark.at/cms/ziel/77968860/DE/ abrufbar (Zugriffe am 4.12.2023).

9 Hausmann, Friedrich: Die Vogtei des Klosters Admont und die Babenberger, in: Weltin, Max (Red.): Babenberger-Forschungen, Wien 1976, S. 95–128; Naschenweng: Admont, S. 124 f.

10 AT-ABBA Qq-10a und Qq-10b, siehe Wichner, Jakob: Über einige Urbare aus dem 14. und 15. Jahrhundert im Admonter Archiv, in: Archivalische Zeitschrift 3 (1878), S. 137–163.

11 Erwähnt sei hier exemplarisch der Streit mit den Kartäusern von Gaming bezüglich der Jagdrechte am Ötscher, Haltrich, Martin: *gut pucher und ander dinge*. Untersuchungen von Schriftlichkeit, Administration und Buchproduktion in der spätmittelalterlichen Verwaltung der Kartause Gaming, ungedr. phil. Diss., Universität Wien 2010, S. 146 f.

12 Die Seite ist derzeit im Aufbau und auf der Website des Stiftsarchivs unter https://stiftadmont.at/ueber-das-stiftsarchiv verlinkt. Die inhaltliche Aufarbeitung der Quellen für das Online-Format hat der Historiker Josef Hasitschka in langjähriger ehrenamtlicher Arbeit geleistet.

13 Alle diese Angaben über Kaufkraft und Maße sind grobe Schätzungen und ständigen Änderungen unterworfen.

# Barocke Baulust

## Schlossneubauten und -umbauten im Einzugsbereich des Stiftes Admont

Werner Telesko

Wie kaum in einer anderen Region Österreichs zeichnet sich die Baukultur des Ennstals und angrenzender Täler (Paltental) durch eine ungewöhnlich hohe Dichte an barocken Schlossbauten aus. Dies hat zum einen mit der ursprünglich exponierten Positionierung von Wehrbauten und Talsperren zu tun, die dann in der Frühen Neuzeit in der Regel zu repräsentativen Schlossanlagen umgebaut wurden. Zum anderen spielt das engere Einzugsgebiet des Stiftes Admont für die Entwicklung der barocken Bautätigkeit eine tragende Rolle. In diesem Zusammenhang ist auffällig, dass noch bis in die 70er-Jahre des 18. Jahrhunderts künstlerische Ausstattungen vonseiten des Stiftes beauftragt wurden, also in einer Periode, in der in den meisten anderen Regionen Österreichs bereits ein signifikanter Rückgang des monastischen Mäzenatentums zu beobachten ist. Vor allem die künstlerische Aktivität Admonts soll im Folgenden kurz anhand der wichtigsten Objekte beleuchtet werden. Die reich illustrierte *Topographia Ducatus Stiriae* (Graz 1681) des Georg Matthäus Vischer (1628–1696), auch bekannt als „steirisches Schlösserbuch", vermittelt in grafischer Form noch heute einen exzellenten Eindruck vom ehemals reichen barocken Glanz.

An erster Stelle ist **Schloss Röthelstein** zu nennen, das zwischen 1655 und 1657 von Abt Urban Weber am Hang des sog. Klosterkogels erbaut wurde und den Äbten als Sommerresidenz diente. Die Rechteckanlage um den heute überdachten Hof, der an drei Seiten zweigeschossige Arkaden zeigt, weist zwei polygonale Ecktürme im Westen und einen großen achteckigen Kapellenturm im Osten auf. Eine Schießschartenmauer und Rondelle mit Zeltdächern umgeben den westlichen Vorhof. Nach dem großen Stiftsbrand (1865) diente Röthelstein dem Konvent des Stiftes als Ausweichquartier. Seine Bedeutung liegt nicht zuletzt in der prunkvollen Innenausstattung, die zum Teil erhalten ist. Hervorzuheben sind im „Rittersaal" die Wandtapeten, die Abt Matthäus Offner um 1765 mit Darstellungen der Besitzungen des Stiftes anfertigen ließ. An der Decke dieses Saals ist die Glorie der Stiftspatrone Benedikt und Blasius, umgeben von reicher Architekturmalerei, wiedergegeben. Als Curiosum kann die original erhaltene Rauchkuchl angesprochen werden, die zudem die größte ihrer Art in Österreich ist. Ab 1938 diente Röthelstein dem „Bund Deutscher Mädel" als Ferienlager, ehe es nach dem Zweiten Weltkrieg (bis 1973) wieder in den Besitz des Stiftes kam, seitdem aber vom Steirischen Jugendherbergsverband nach einer Restaurierung als Jugendgästehaus genutzt wird.

Wendet man sich von Röthelstein in Richtung der Hochebene Kaiserau weiter nach Süden, dann fällt die Anlage von **Schloss Kaiserau** in den Blick. Seine Besitzgeschichte zeigt, dass ein ehemals bäuerliches Anwesen vom Salzburger Erzbischof Eberhard von Biburg bereits 1160 erstmals als *Chaeserowe* urkundlich bestätigt wurde, wobei die entsprechende Benennung sich nicht auf die „Kaiserau" beziehen dürfte, sondern vielmehr auf die dort ansässige Almwirtschaft bzw. „Käserei". Nach dem Erwerb durch Admont wurde das Anwesen im Jahr 1551 durch Abt Valentin

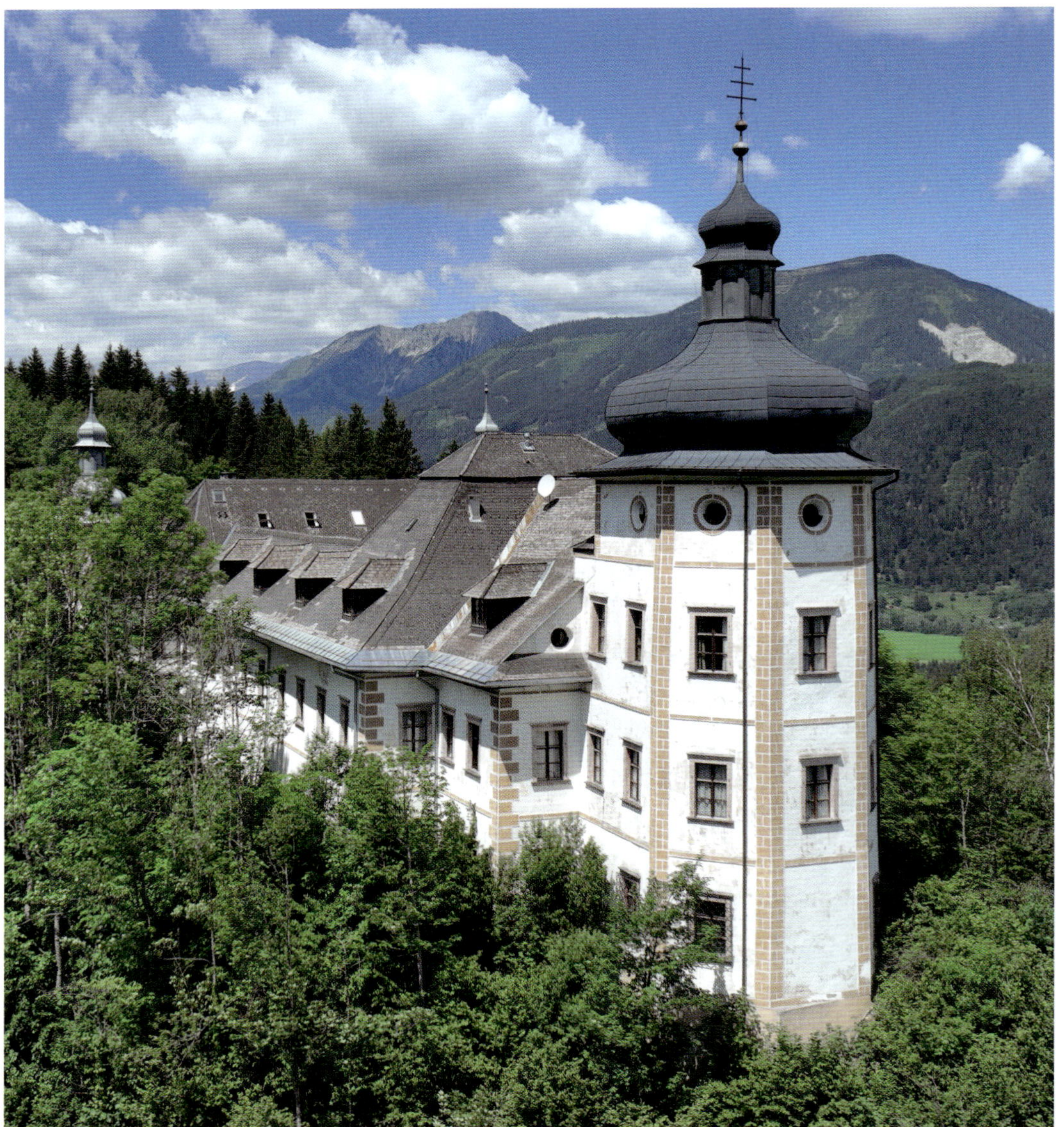

**Abb. 1:** Schloss Röthelstein, Südostansicht.

Abel zu einem Meierhof umgebaut, später um 1710 unter Abt Anselm Lürzer von Zechenthal als Jagdschloss ausgebaut, das dann 1776/77 unter dem bereits erwähnten Abt Matthäus Offner nach Plänen des Admonter Klosterarchitekten Johann Gotthard Hayberger nochmals vergrößert und ausgemalt – u. a. mit Jagd- und Genreszenen von Berthold Oeffle – wurde. Von Johann Lederwasch dürften die genreartigen Darstellungen von Bauern aus dem späten 18. Jahrhundert stammen, die zugleich einen wichtigen Übergang zu jenen Schilderungen von Land und Leuten markieren, wie sie dann in den Werken der „Kammermaler" Erzherzog Johanns häufig nachweisbar sind. Kaiserau war im späten 18. sowie im 19. Jahrhundert das Ziel prominenter habsburgischer Jagdgäste, darunter Joseph II., Kaiser Ferdinand I. und Erzherzog Johann, der bekanntlich die Steiermark besonders schätzte. Im Dritten Reich fungierte das Schloss als Außenstelle der „Reichsforschungsanstalt für alpine Landwirtschaft". Nach einem katastrophalen Brand am 3. September

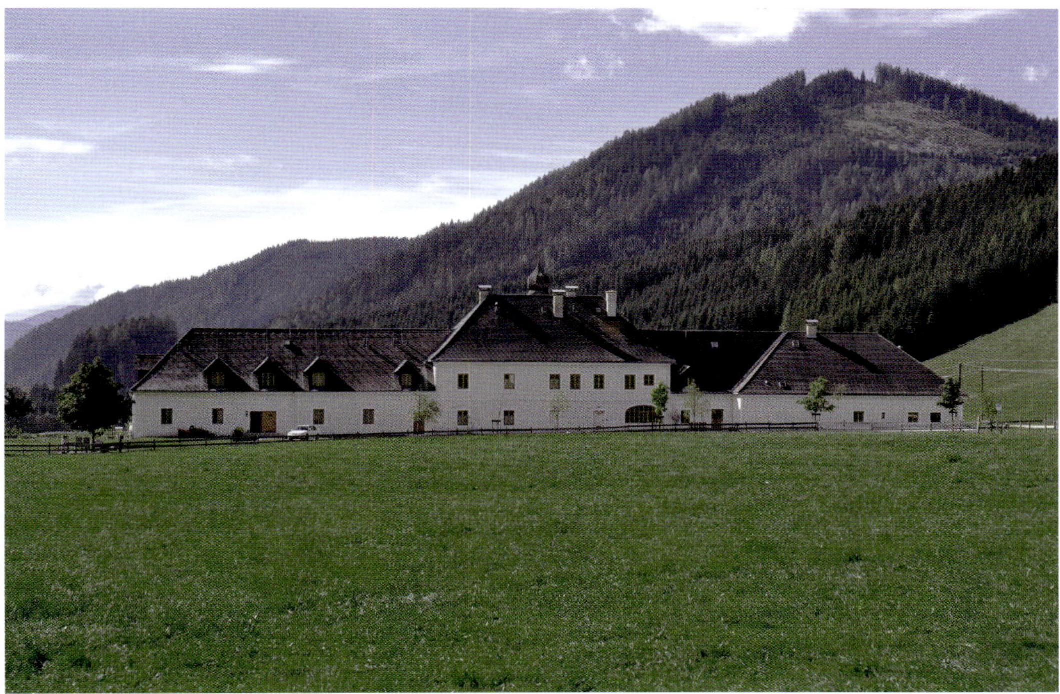

**Abb. 2:** Schloss Kaiserau, Westansicht.

1942 wurde es 1950 – leicht vereinfacht – wieder aufgebaut und wird heute als Beherbergungs-betrieb genutzt.

Eine dritte Liegenschaft, die eng mit dem Stift Admont verbunden ist, ist das **Jagdschloss Mühlau in Hall** als zweigeschossiges Herrenhaus des ehemaligen Sensenwerkes. Der Bau stammt im Kern aus dem Ende des 16. Jahrhunderts; die Türen und der Wandschrank in der Forstkanzlei sind in das 17. Jahrhundert zu datieren. Die Halle im Obergeschoss weist ein Stichkappengewöl-be auf Renaissancekonsolen auf. Das Marmorlavabo wurde 1693 angefertigt. Um die Mitte des 19. Jahrhunderts erneuerte man die Fassade und 1969 die gesamte Anlage. Die Besitzgeschichte ist hier insofern komplizierter, als Mühlau zwischen 1587 und 1842 der Familie Schröckenfux ge-hörte, die es 1842 an den Gewerken Liebl verkaufte. Aus dessen Familie ging es 1909 an das Stift Admont. Seit den 1970er-Jahren befindet sich das Jagdschloss in Privatbesitz. Eine umfassende Renovierung führte man in den Jahren 2008 und 2009 durch.

Als vorletztes mit Admont verbundenes repräsentatives Anwesen ist der **Pfarrhof der Wall-fahrtskirche Frauenberg** anzusprechen. Die exponierte Lage des Frauenbergs als bewaldeter, 130 m über dem Talboden aufragender Einzelberg, 6 km westlich von Admont am linken Ufer der Enns gelegen, war bestens geeignet, die Attraktivität des Ensembles aus barocker Wallfahrtskirche (Um- und Neubau ab 1680) und westlich anschließendem Pfarrhof zusätzlich zu steigern.

Letzterer wurde von Abt Adalbert Heuffler von Rasen und Hohenbühel (reg. 1675–1696) auf der Basis eines älteren, 1653 von Abt Urban Weber (reg. 1628–1658) erbauten Anwesens zum Lieblingssitz Abt Adalberts ausgebaut. 1967/68 restauriert, geht dieser weit über die üblichen Dimensionen eines barocken Pfarrhofs hinaus. Die langen, jeweils dreigeschossigen südlichen und nördlichen Fassadenfronten finden im sechseckigen zwiebelhelmbekrönten Westturm ihren Abschluss. Im ersten Obergeschoss befindet sich der Speisesaal mit Turmerker und Holzdecke, darüber der „Prioratssaal" mit von Antonio Maderni, dem Schöpfer der Deckenmalereien der

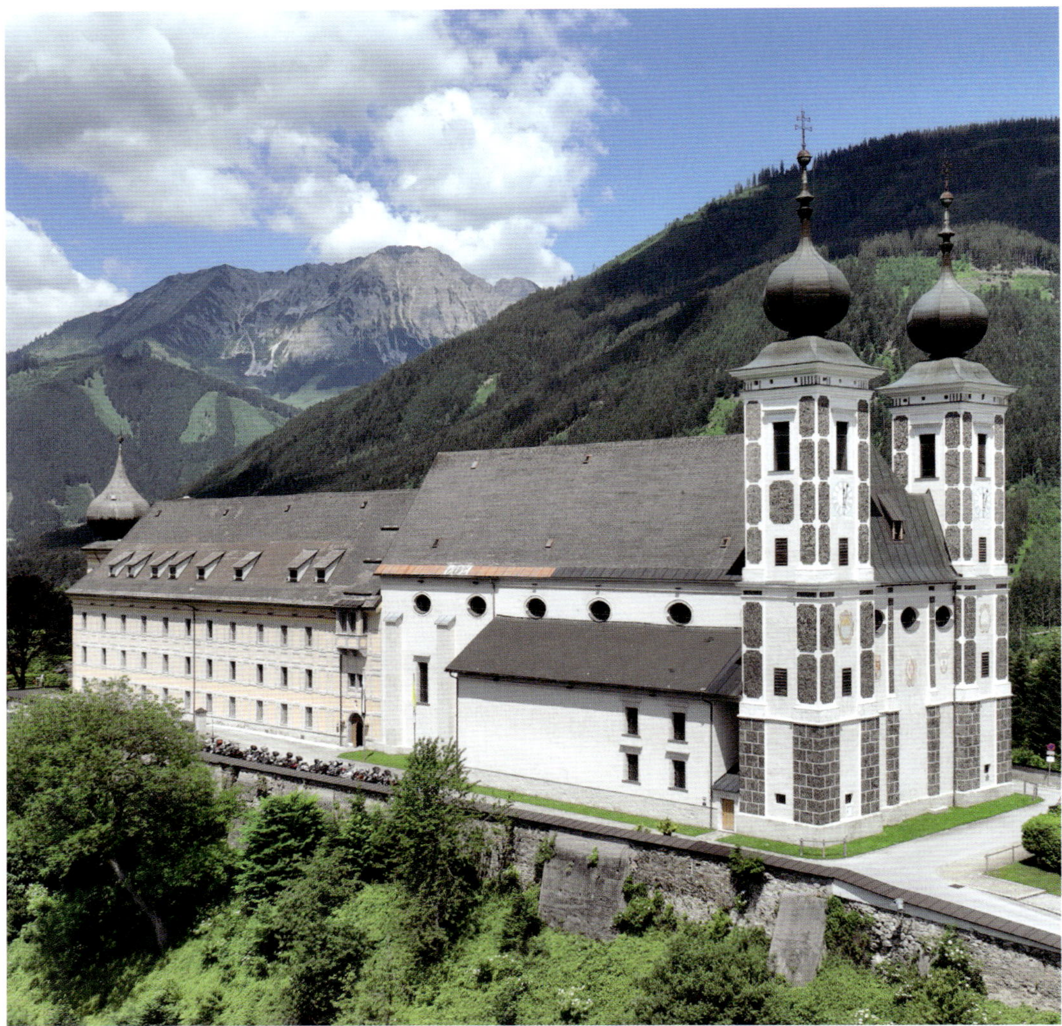

**Abb. 3:** Pfarr- und Wallfahrtskirche Frauenberg, westseitig angebauter Pfarrhof, Südostansicht.

Wallfahrtskirche, im Jahr 1695 geschaffenen Fresken: Das von Engeln gehaltene Stifts- und Abts-wappen im Zentrum ist von einer Huldigung für Kaiser Leopold I. und Herzog Karl von Loth-ringen, dem Schwager Leopolds, flankiert, die von Engelputti mit entsprechenden (Herrscher-) Attributen spielerisch vorgetragen wird. Maderni war auch im „Blauen Zimmer" (Stuckdecke mit dem Urteil König Salomos [in enger Anlehnung an Hans Adam Weissenkirchners Darstellung in Schloss Eggenberg/Graz, 1685] und den vier Kardinaltugenden) sowie in einem weiteren Raum (Stuckdecke mit Astronomie und Allegorien der vier Jahreszeiten als Deckenmalereien) als Maler tätig. An der Position des ursprünglichen Kirchturms befindet sich die Prälatur, der mittels zweier Oratorienfenster mit der Kirche in Verbindung stehende repräsentative Wohn- und Andachtsraum Abt Adalberts, der unter Abt Gottfried III. Gold von Lampoding (reg. 1696–1702) durch den Einbau vorkragender Erker Erweiterung fand. Hinsichtlich der Ikonografie steht hier das Leben des Ordensgründers im Vordergrund – rund um das Mittelfeld mit der Begegnung zwischen dem hl. Benedikt und dem Gotenkönig Totila. Die dekorativen Malereien der Wände stammen aus dem

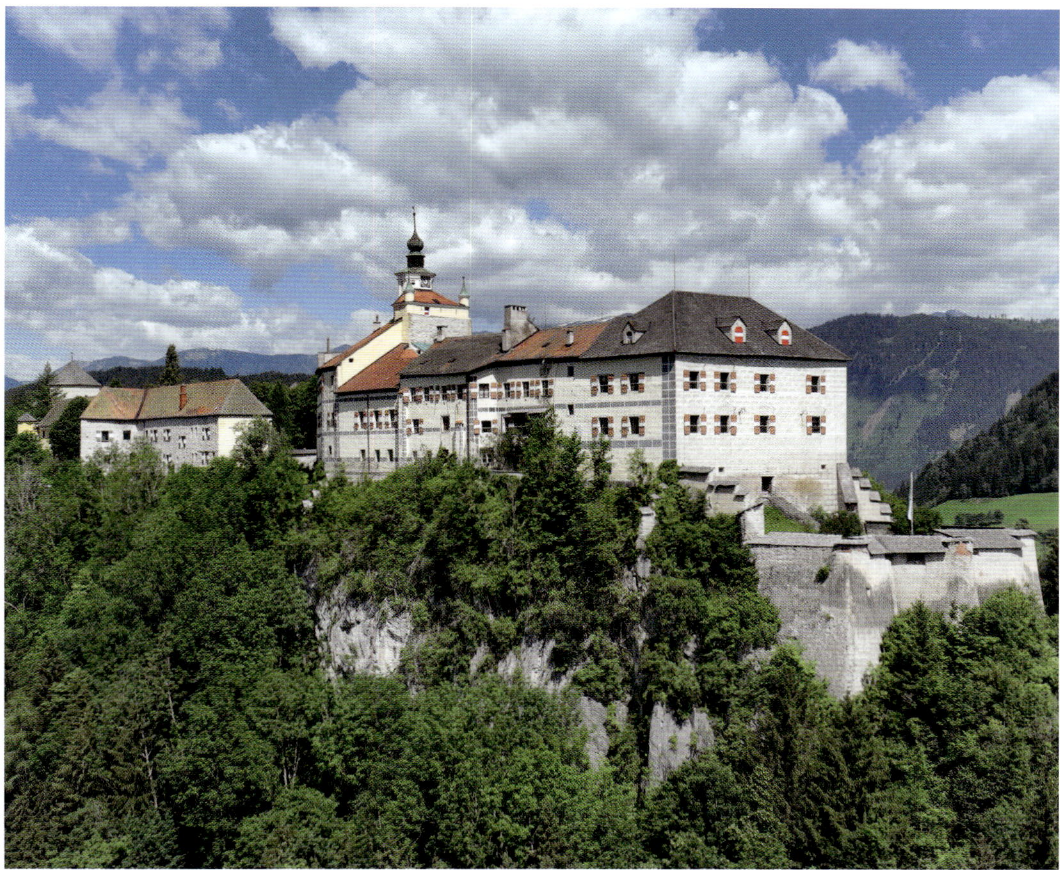

**Abb. 4:** Burg Strechau, Südostansicht.

Ende des 18. Jahrhunderts und wurden von Johann Lederwasch ausgeführt. Das malerische Programm des Pfarrhofs ist in seinem ungewöhnlich umfassenden Anspruch, der von der Huldigung des habsburgischen Kaisers über ein typisches barockes Tugend- und Wissenschaftsprogramm bis zur Benediktsvita als konkretem monastischen Ansatzpunkt reicht, beachtlich und in dieser Form in Österreich einmalig. Dem in Como gebürtigen Maderni kommt entwicklungsgeschichtlich eine besondere Rolle zu, da dieser mit seinen raumerhöhenden Frauenberger Scheinarchitekturen die Phase „autonomer Deckenmalerei"[1] in der Steiermark einleitete. Zusammen mit Carpoforo Tencallas Ausmalung des „Marmorsaals" im Schloss Trautenfels (1673) bilden Madernis Deckenmalereien in Frauenberg den Höhepunkt der frühen, deutlich italienisch bestimmten Freskenkunst in der Steiermark. An den Pfarrhof, der 1968 zu einem Bildungshaus umgebaut wurde, schließt nach Osten in unmittelbarer Umgebung das (seit 1964) Pflegeheim St. Benedikt (Pflegewohnhaus Frauenberg) an, das 1724 von Abt Anton II. von Mainersberg (reg. 1718–1751) als Pilgerherberge (Taverne) errichtet wurde.

Ebenfalls eng mit der Admonter Stiftgeschichte verbunden ist schließlich das urkundlich erstmals 1074 genannte **Strechau**, die zweitgrößte Burg der Steiermark. Nach unterschiedlichen Besitzern fiel diese durch Verkauf im Jahr 1528 an Hanns Hofmann von Grünbühel. Die neuen Eigentümer bestellten in den von ihnen verwalteten Pfarren Lassing, Liezen und Oppenberg Prediger aus Nürnberg, um den protestantischen Glauben verbreiten zu können. Im Jahr 1629 musste allerdings die letzte Besitzerin der Burg aus dem Hause Hofmann, Anna Potentiana Jörger, die Burg verkaufen und das Land verlassen. Diese Entwicklung ist im Zusammenhang mit der äußerst rigiden, von Kaiser Ferdinand II., der auch Landesfürst der Steiermark war, praktizierten Gegenreformation zu sehen: Ein Dekret des Jahres 1628 verbot allen protestantischen Adeligen den Aufenthalt und den Besitz von Gütern in den Erblanden des Landesfürsten. Auf dieser Basis wurden sie zur Konversion oder zum Verlassen des Landes aufgefordert. Als neuer Besitzer Strechaus fungierte ab 1629 das dadurch seine Besitzungen im Enns- und Paltental arrondierende Stift Admont – und dies bis zum Jahr 1892, als der Wiener Industrielle Julius Hofmeier die Anlage erwarb. Nach der Übernahme durch Admont, das dort in der Folge einen schwungvollen Weinhandel betrieb, wurden ein großer Speicher, Stallungen und ein Verwaltungsgebäude errichtet, darüber hinaus die Ausstattungen des großen Festsaals („Rittersaal", 1682) und der im Südtrakt neu errichteten Marienkapelle (Altar von Georg Remele [?], 1637) realisiert. Letzter Bau ist als bewusster katholischer Akzent gegenüber der mit einem überaus ausgefeilten protestantischen Programm (1579) versehenen Schlosskapelle im Nordtrakt zu verstehen. Die Burg fungierte als Gästehaus des Klosters für hochgestellte, geistliche und weltliche Personen sowie als Ziel von Ausflügen des Konvents. Überdies waren zwischen 1649 und 1817 zahlreiche Mönche in Strechau tätig.

Die hier kurz präsentierten Beispiele demonstrieren in eindrucksvoller Weise die beträchtliche Ausstrahlungskraft des Stiftes Admont in besitzgeschichtlicher, konfessioneller und künstlerischer Perspektive im 17. und 18. Jahrhundert.

## Auswahlbibliografie

Brucher, Günter: Die barocke Deckenmalerei in der Steiermark. Versuch einer Entwicklungsgeschichte, Graz 1973.

Krause, Adalbert: Geschichte, Kunst und Wallfahrtsbrauch von Frauenberg, in: Bildungshaus Frauenberg (Hg.): Frauenberg bei Admont. Kunst und Wallfahrtsbrauch, Ausstellungskatalog, Liezen 1976, S. 11–28.

Rabl, Gernot: Die Bau- und Ausstattungsgeschichte der Pfarr- und Wallfahrtskirche Frauenberg bei Admont, Diplomarbeit (masch.) Graz 1998.

Tomaschek, Johann: Die Erwerbung von Burg und Herrschaft Strechau durch das Stift Admont. Strechau im 17. und 18. Jahrhundert, in: Gemeinde Lassing, Land Steiermark und Evangelische Kirche in der Steiermark (Veranstalter), Burg Strechau – Glaube und Macht, Ausstellungskatalog, Katalog und Beiträge, Lassing 1992, S. 107–114.

Wichner, Jakob: Geschichte des Benediktiner-Stiftes Admont, Bd. 4, Graz 1880, S. 332, *ad indicem*.

Woisetschläger, Kurt/Krenn, Peter (Bearb.): Steiermark (ohne Graz). Dehio-Handbuch. Die Kunstdenkmäler Österreichs, Wien 1982.

## Anmerkungen

1   Brucher, Günter: Die barocke Deckenmalerei in der Steiermark. Versuch einer Entwicklungsgeschichte, Graz 1973, S. 39.

# Ein Schauspiel der Interferenzen

## Lateinische Schuldramen am Admonter Gymnasium

Katja Maierhofer

### Theaterkultur im Spiegel der historischen Entwicklungen

Einen Blick auf die am barocken Stiftsgymnasium aufgeführten Theaterstücke zu werfen, bedeutet die Auseinandersetzung mit einer Vielzahl von Prinzipien, die den damaligen schulischen Alltag prägten.

Die Gründung des Gymnasiums vor nunmehr 380 Jahren markiert einen Meilenstein in der Bildungstradition des Admonter Klosters: Abt Urban Weber (reg. 1628–1659) schuf eine Bildungsstätte zum Nutzen der Öffentlichkeit in der Region, der Schultyp Gymnasium bedeutete die klare Orientierung am Fächerkanon jesuitischer Schulen, wie sie bereits in Graz und Leoben bestanden. Das Fundament bildeten katechetischer Unterricht und die Vermittlung umfassender Lateinkenntnisse in sechs Klassenstufen. Auf Rhetorik als Krönung des lateinischen Ausdrucks wurde besonderer Wert gelegt. Neben Dialogen und argumentativen Übungen sollten die Schüler auch im Schauspiel ihre Eloquenz unter Beweis stellen. Schuldramen als feierliche Inszenierung des im Lateinunterricht Erlernten waren integraler Bestandteil des jesuitischen Lehrplans und wurden meist für die einmalige Aufführung von den Lehrern verfasst.[1]

Während die frühesten Stücke wohl noch bescheidenere szenische Ausstattung erfuhren, profitierte das Schultheater von der sukzessiven Erweiterung des Gymnasiums bis zum Ende des 17. Jahrhunderts.[2] Im Jahr 1700 widmeten die Schüler Abt Gottfried III. ein Schauspiel zum Dank für die Investitionen. Anfang des 18. Jahrhunderts war die Schule zur Ausbildungsstätte des Hochadels avanciert, Schuldramen wurden mit großer Pracht inszeniert und musikalisch untermalt. Der 1708 errichtete Theaterbau verfügte über Dekorationen und Kostüme, welche auch die Vornehmsten in Staunen versetzten. In den Jahren 1709 und 1710 wurde er erstmals bespielt, die ältesten noch vorhandenen Schuldramen datieren in der Zeit des Abtes Anton II. (reg. 1718–1751):[3]

| 1738 | Capitalis Inimicitia in Ardentissimam Charitatem Mutata seu S. Joannes Gualbertus |
| 1738 | Mors Peccatorum Pessima in Evangelico Epulone Expressa |
| 1739 | Aeneas Martis Turni et Mortis Charontis Victor |
| 1741 | Christiana Fortitudo sive Sancta Catharina Virgo & Martyr[4] |

Unter Abt Matthäus (reg. 1751–1779) intensivierte sich neben vielen weiteren Aspekten der Gelehrsamkeit auch die Dramenproduktion. Erhalten sind:

| 1754 | Illustre Juventutis Speculum Divus Edmundus |
| 1757 | Innocentia Triumphans Hirlanda |

| 1763 | Innocentia Temeraria Suspicione Nocens Iniquo Judicio Res Injusta Nece Oppresa seu Maria Stuarta […] |
| 1765 | Lux et Dux (Huldigung auf Abt Matthäus) |
| 1767 | Isaac in Agro Meditans Rebeccae Desponsatus |
| 1770 | Clementia Elvirae seu Tragoedia |
| 1774 | Scrutinium Ter Felix Admontensium Quibus Praesulem Eligentibus Prodivit ex Urna Dignissimus (Huldigung auf Abt Matthäus) |
| 1775 | Phoenix e Funere Vivus |
| 1775 | Fundator Superfundans (Huldigung auf Abt Matthäus) |
| 1776 | Mons Montium (Huldigung auf Abt Matthäus) |
| 1776 | Discordia Concors Judicio Paridis Decisa |
| 1776 | Honoris Epitome (Huldigung, gewidmet den Äbten von Kremsmünster, St. Florian, Gleink, Spital)[5] |

Die meisten Stücke liegen in mit Goldpressung verzierten Papierbänden vor und enthalten ein Verzeichnis der an der Aufführung mitwirkenden Schüler. Auf dem Titelblatt erfolgt stets eine Widmung an den Abt, häufig bildete der Abtswahltag den Anlass für Aufführungen. Gemäß jesuitischer Tradition waren die Dramen jeweils fest im Jahreskreis verankert oder wurden zu Festen oder besonderen Anlässen einstudiert.[6]

Die Schule erreichte unter Abt Matthäus den vorläufigen Höhepunkt ihres Ansehens mit der Verleihung des Öffentlichkeitsrechts 1778.[7] Die folgenden Jahre waren jedoch von ungünstigen Entwicklungen geprägt: 1786 verordnete die Schulbehörde, die Admonter Schule an den Standort des mittlerweile geschlossenen Jesuitengymnasiums in Leoben zu verlegen. Infolgedessen wurde in Admont nur noch einer kleinen verbleibenden Schar, den Sängerknaben und einigen Externen, Privatunterricht erteilt. Abt Gotthard (reg. 1788–1818) war nichtsdestoweniger um die Gelehrsamkeit bemüht und setzte Impulse für die Erweiterung dieses Privatinstituts. 1801 ließ er ein neues Haustheater mit der Ausstattung eines damals üblichen Stadttheaters erbauen.[8] Die Anpassung an das bereits 1764 festgelegte Primat der Muttersprache spiegelte sich nun bereits in der Theaterpraxis wider: Die Aufführungen der Jahre 1814 („Das neue Jahrhundert") und 1817 („Das Lied von der Glocke") zeugen vom Aufbruch zu deutschsprachigen Formen.[9] Aufgrund einer misslichen wirtschaftlichen Lage musste die Schule 1820 abermals durch Einsparungen beschnitten und auf ein privates Sängerknabeninstitut reduziert werden. Da dieser Status bis 1920 beibehalten wurde, kann die Geschichte der Admonter Schuldramen spätestens mit diesem Einschnitt als beendet gelten. Nicht nur die geringere Schülerzahl und verminderte Ressourcen, sondern auch der Zeitgeist hatte dem Genre ein Ende gesetzt: Das zeitintensive Einstudieren von Theaterstücken als Teil des Unterrichts entsprach nicht den Idealen der Bildungsreform Maria Theresias.[10]


## Form, Funktion, Stoffe

Die Zielsetzung, welche die Jesuiten mit ihrem dramatischen Ideal hegten, bestand in der Vermittlung von Moralgrundsätzen, in die sich Spielende und Publikum hineinversetzen sollten.[11] Im 17. Jahrhundert wurde das Schauspiel genutzt, um eine erzieherische Wirkung zu erzielen und Überzeugungsarbeit im Wechselspiel von Reformation und Gegenreformation zu leisten. Man berief sich auf den horazischen Grundsatz *delectare et prodesse* und entwarf im Rückgriff auf Terenz, Plautus und Seneca eine Dramentheorie, die eine Mobilisierung des Publikums gewährleisten soll-

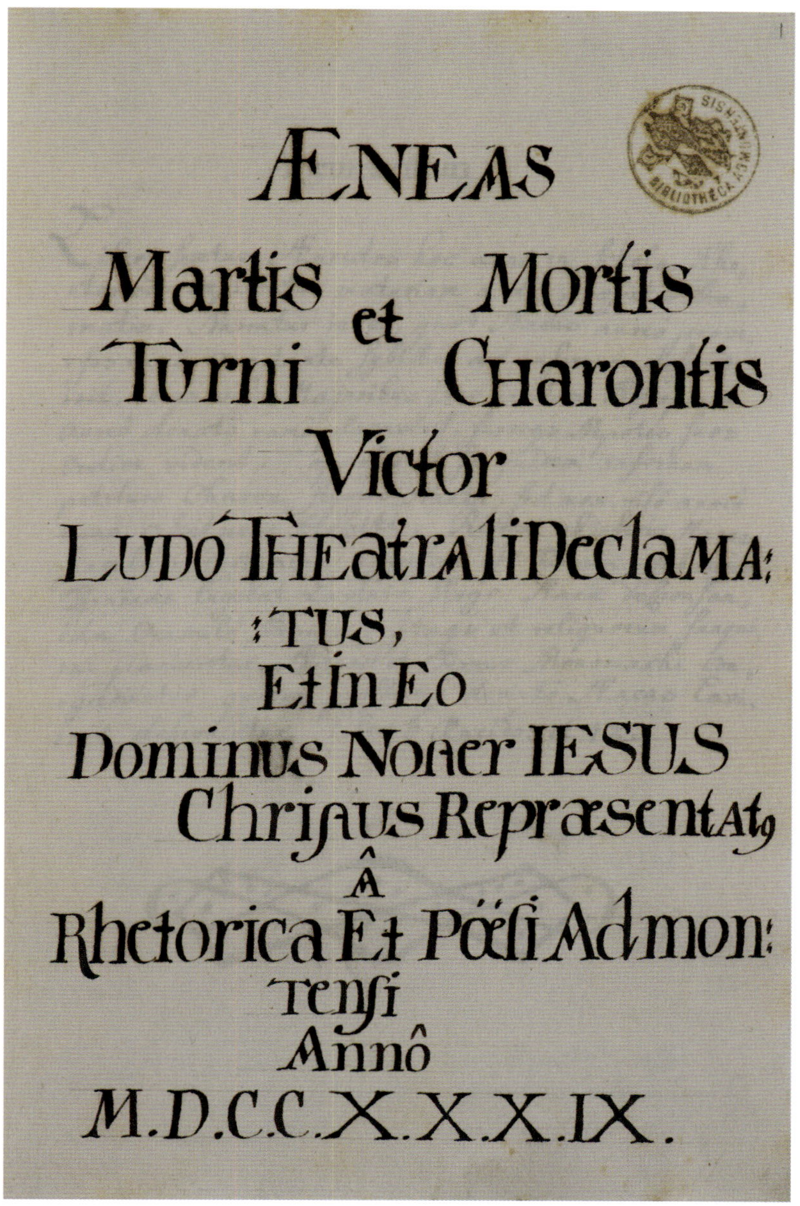



**Abb. 1:** Titelblatt des Aeneis-Stückes, Cod. 35/57.

te. Sie verband Komödien- und Tragödienelemente, setzte auf thematische Einführungen, gedruckte Programmhefte („Periocha") mit kurzen volkssprachlichen Zusammenfassungen und starke visuelle Akzente (Bühnenbild, Kostüme, Requisiten), um auch einem nicht lateinkundigen Publikum die Handlungslinien näherzubringen. Musik, Tänze, Effekte, jede Art von Pomp und eine teils drastische Darstellung von Leid und Qualen sicherten die emotionale und geistige Involvierung.[12]

Da die Benediktiner die Tradition erst später aufgriffen und die in Admont erhaltenen Stücke Mitte des 18. Jahrhunderts datieren, lag der Schwerpunkt wohl nicht mehr ausschließlich auf öffentlichkeitswirksamer Erbauung. Nichtsdestoweniger entfalteten die Aufführungen ihre Wirkung für ein Publikum außerhalb des Schulkontextes, zumal es im Ort kein anderes Theater gab. Dass sich in den Schuldramen bereits Ideale des Hoch- und Spätbarock spiegeln, bestätigt sich durch den Umstand, dass die Blüte der Theaterproduktion zeitlich mit dem Bau des Klosterbibliothekssaals zusammenfällt, dessen hell erleuchtete Gestaltung ein Zeugnis von der Ausrichtung an einem aufklärerischen Bildungsideal ablegt.[13]

Auch die behandelten Stoffe lassen auf eine differenzierte Verarbeitung der Gattung schließen. Das in den Stücken repräsentierte Personal reicht von biblischen Figuren zu Märtyrer:innen, ab der Mitte des 18. Jahrhunderts werden auch verstärkt Figuren aus antiker Literatur und Weltgeschichte aufgegriffen, deren Vitae für die Vermittlung christlicher bzw. „allmenschlicher" Moralgrundsätze (um-)gedeutet wurden.[14] Antike Vorbilder sind in Form der Reinterpretationen von Aeneis (1739) und Parisurteil (1776) vertreten. Das Leben der Maria Stuart (1763) wurde als Beispiel für „Innocentia" auf die Bühne gebracht. Zur Darstellung derselben Tugend wurde der HirlandaStoff (1757) verarbeitet, der einen weiteren Archetypus der unschuldigen Frau in der jesuitischen Dramentradition repräsentiert. Als gemeinsamer Nenner kann das heroische Sterben identifiziert werden, welches die Bezeugung der katholischen Glaubenswahrheit untermauert.[15] Die PhönixGeschichte (1775) sticht insofern heraus, als sie auf ein aktuelles Ereignis Bezug nimmt: Da die falsche Kunde vom Tod des Abtes verbreitet worden war, wurde mit dem Drama ein deutliches Signal gesetzt, um diese Gerüchte zu zerstreuen. Eine inhaltliche Überschneidung aller Stücke besteht in der Beschreibung von Tugenden im Allgemeinen (z. B. Misericordia, Caritas, Fortitudo, Innocentia, Clementia) oder als spezifische Qualitäten des Abtes. Die Gegenpole zu diesen Eigenschaften, jegliche Gräuel und Frevel sowie die dafür erlittenen Bestrafungen werden typischerweise in äußerst plastischer Manier dargestellt (s. Capitalis Inimicitia, Mors Peccatorum).[16]

Die Form der Admonter Schuldramen lässt sich trotz inhaltlicher Diversität auf zwei Schemata herunterbrechen. Entweder folgt ihr Aufbau der jesuitischen Adaption von Plautus und Terenz und besteht aus einem „Argumentum", einem Prolog, mehreren, in einzelne Szenen untergliederten Akten sowie einem Epilog oder setzt sich als Musikdrama aus Arien, Recitativen und Chorstellen zusammen.[17]

Das „Argumentum" am Anfang der Stücke dient der Kontextualisierung von Stoff und Moral. Allegorien werden nicht der Interpretation überlassen, sondern expliziert, fallweise auch am Ende des Dramas oder im unmittelbaren Anschluss an einzelne Szenen: Dem Isaac-Stück ist ein allegorischer Schlüssel nachgestellt, welcher ausführt, Abt Matthäus (Isaac) habe die „Admontana Benedictina familia" (Rebecca) zu seiner Angetrauten erwählt. Im Aeneis-Stück werden die Sinnbilder für Christus (Aeneas) und Anima (Lavinia) im Wechsel von Szene und Apodosis parallelisiert. Am Ende der Stücke treten oft erklärende Instanzen (z. B. personifizierte Pietas oder „Genius Admontensis") auf, die das Geschehen nochmals rekapitulieren und deuten. Eine mehrfach wiederkehrende Figur ist die „Musa Montium" (Muse der Berge, auch „Thalia Admontensis"). Die kreative Eingebung wird damit an die Gebirgslandschaft um Admont geknüpft. Diese spielt bisweilen eine tragende Rolle, etwa im Stück „Mons Montium", welches vermutlich ebenso wie ein im Jahr 1779 für Joseph II. einstudiertes deutsches Singspiel vor einer Bergkulisse aufgeführt wurde.[18] Durch die Gebirgsmotivik und den Bezug zum Lebensraum des Publikums dürfte ein emotional involvierender Effekt erzielt und ein natur- und heimatverbundener Zeitgeist getroffen worden sein.

Ähnliche Befunde über die Einbeziehung der Zuhörenden können auch für den gezielten Einsatz der deutschen Sprache in den primär lateinischen Texten angestellt werden. Fallweise werden „Scenae Intercalares" in regional gefärbter Volkssprache eingeschoben, die neben unterhaltsamer Abwechslung auch ein Ausgreifen in den Lebensalltag der Zuhörenden ermöglichten. Elemente und Figuren des Hauptstücks kehren in niederschwelliger Verarbeitung wieder. Am Ende des Phönix-Stücks stehen etwa Scherzgedichte, in denen wohl damals landbekannte Figu ren („Kirchen-Hieserl" und „Tyroler Jodl") auftreten und ein „Bauernrath" abgehalten wird.[19] Das Hauptthema des Dramas, die Falschnachricht, wird auch dem nicht lateinkundigen Publikum nachdrücklich vermittelt.

Auch als gezielte Akzente inmitten der lateinischen Haupthandlung tauchen deutsche Passagen auf. Sie sind vorwiegend an Figuren niederen Standes geknüpft, durch deren (oft vulgäres) Auftreten humoristische Effekte erzielt werden sollen. Der Knecht des Fährmanns Charon im „Aeneas" reagiert in deutscher Sprache auf einen lateinischen Befehl, im „Isaac" sind Redebeiträge des Kameltreibers und Unterhaltungen in der Dorfgesellschaft auf Deutsch bzw. in einem „mundartlichen" Register gehalten.

Deutsche Einschübe kommen auch zur Anwendung, um die Wirkung von Schlüsselszenen zu gewährleisten, etwa bei der Schilderung einer Bestrafung im Edmundus-Drama: Als dem Latein sprechenden Cupido eine Teufelsfigur erscheint, wechselt die gesamte Szene, einschließlich Chor und Cupido, ins Deutsche – wohl um einen gezielten Kontrast zur Kirchensprache Latein zu erzeugen. Sobald dem verwundeten Cupido die Figur „Mundus" erscheint und Gnade erbeten wird, wechselt das Geschehen wieder ins Lateinische.

Die Parallelität dieser beiden Register liest sich als Sinnbild für die Kopräsenz lateinischsprachiger Gelehrsamkeit und des aufklärerischen Bekenntnisses zur Öffnung der Wissensvermittlung, welche in den Admonter Schuldramen in einer bemerkenswerten Synthese aufgehen.

## Anmerkungen

1   Lachowitz, Engelbert: Ein Gymnasialkatalog aus dem Jahre 1708 und Notizen zur Geschichte des alten Stiftsgymnasiums Admont, in: Jahresbericht des Stiftsgymnasiums Admont (1958), S. 3–12, hier S. 3–5, 10; Tomaschek, Johann: Bildungsauftrag und Öffentlichkeitsrecht. Eine schulgeschichtliche Ausstellung im Stiftsgymnasium Admont anlässlich seines 60jährigen Bestehens als öffentlich-rechtliche Lehranstalt, in: Jahresbericht des Stiftsgymnasiums Admont (1986), S. 27–30, hier S. 27–28; Rädle, Fidel: Lateinisches Theater fürs Volk: Zum Problem des frühen Jesuitentheaters, in: Wolfgang Raible (Hg.): Zwischen Festtag und Alltag. Zehn Beiträge zum Thema „Mündlichkeit" und „Schriftlichkeit", Tübingen 1988, S. 135–159, hier S. 139; Nebgen, Christoph: Religiöses Theater (Jesuitentheater), in: Institut für Europäische Geschichte (IEG): Europäische Geschichte Online (EGO) (URL: http://www.ieg-ego.eu/nebgenc-2010-de, Zugriff am 1.10.2023), Mainz, 3.12.2010, Abs. 5–6.

2   Lachowitz: Gymnasialkatalog und Geschichte, S. 5, 11. Die ersten Dramentitel lauteten: „Misericordia Personata" (1652), „Alea seu Fortuna et Infortunium" (1653), „Conradinus, Ultimus Ducum Sueviae" (1654). 1696 wurden ein „Drama tragicum" und „Tragicomoedia" aufgeführt.

3   Wichner, Jakob: Geschichte des Benediktinerstiftes Admont, Bd. IV, Graz 1880, S. 336; Lachowitz: Gymnasialkatalog und Geschichte, S. 11.

4   Archiv und Bibliothek Benediktinerstift Admont [AT-ABBA] Cod. 35/55–35/58.

5   AT-ABBA Cod. 35/59, 35/62, 35/60, 35/42, 35/43, 35/61, 35/44–35/48, 35/50.

6   Tilg, Stefan: Die Entwicklung des Jesuitendramas vom 16. bis zum 18. Jahrhundert. Eine Fallstudie am Beispiel Innsbruck, in: Glei, Reinhold F./Seidel, Robert (Hg.): Das lateinische Drama der Frühen Neuzeit, Berlin–New York 2008, S. 183–200, hier S. 185–186, 191; Nebgen: Religiöses Theater, Abs. 6.

7   Lachowitz: Gymnasialkatalog und Geschichte, S. 12.

8   Ebd., S. 5–6.

9   Willems, Gottfried: Geschichte der deutschen Literatur, Bd. 1, Köln 2012, S. 69; Ludwig, Walther: 5. Die neuzeitliche lateinische Literatur seit der Renaissance, in: Graf, Fritz (Hg.): Einleitung in die lateinische Philologie, Berlin 1997, S. 323–356, hier S. 341.

10  Lachowitz, Engelbert: Notizen zur Geschichte des Stiftsgymnasiums Admont. II. Teil (1777–1938), in: Jahresbericht des Stiftsgymnasiums Admont (1959), S. 3–14, hier S. 7; Tilg: Entwicklung des Jesuitendramas, S. 197.

11  Lachowitz, Gymnasialkatalog und Geschichte, S. 5.

12  Brenner, Peter J.: Neue deutsche Literaturgeschichte. Vom Ackermann zu Günter Grass, Berlin 1996, S. 30; Nebgen: Religiöses Theater, Abs. 2, 6, 7, 9; Bauman, Thomas: Schuldrama, in: Oxford Music Online, 20. Jänner 2001; Szarota, Elida M.: Das Jesuitendrama im deutschen Sprachgebiet, München 1979–1987.

13  Nebgen: Religiöses Theater, Abs. 6, 15; Lachowitz: Gymnasialkatalog und Geschichte, S. 5.

14  Nebgen: Religiöses Theater, Abs. 13.

15  Ebd., Abs. 8, 12; Kmen, Isabela: Maria Stuart – Ein literaturwissenschaftlicher Vergleich unter besonderer Berücksichtigung der Werke von Mignet, Zweig und Fraser, Universität Wien 2009 (Diplomarbeit), S. 60.

16  Tilg: Entwicklung des Jesuitendramas, S. 190–192; Ludwig: Neuzeitliche lateinische Literatur, S. 335; Brenner: Literaturgeschichte, S. 29–30.

17  Derartige Singspiele lassen bereits eine Annäherung an die Form der Oper erkennen; siehe Nebgen: Religiöses Theater, Abs. 14. Unter den lateinischen Stücken findet sich auch eine nicht dem Typus der restlichen Schuldramen entsprechende Schwankoper („Opera jucunda", AT-ABBA Cod. 35/49), in welcher die Figur eines Schulmeisters spöttisch überzeichnet wird und Szenen aus dem Latein- und Musikunterricht humoristisch verarbeitet werden.

18  Lachowitz: Gymnasialkatalog und Geschichte, S. 4. Es ist naheliegend, aber nicht gesichert, dass es sich bei einem „Deutschen Singspiel ohne Titel" (AT-ABBA Cod. 35/61) aus dem Archivbestand um dieses Stück handelt, da die Szenenbeschreibung auf die Kaiserau schließen lässt und die Handlung um einen Pfarrer kreist, der sich auf den Empfang hoher Gäste vorbereitet; siehe Wichner, Jakob: Catalogus codicum manu scriptorum Admontensis (URL: https://manuscripta.at/diglit/wichner_1888/0064, Zugriff am 1.10.2023), Admont 1888, S. 52.

19  AT-ABBA Cod. 35/45, fol. 10v.

# Transformationsimpuls Josef Stammel

## Todesdarstellungen im Wandel der Zeit

Michael Braunsteiner

Herbst 2000. Ende der Tourismussaison im Stift Admont und Geburtsstunde der MADE-FOR-ADMONT-Schiene.[1] In der stillen barocken Admonter Stiftsbibliothek stand ein seltsam anmutendes, grobes Gebilde aus Holz, Metall und Kleinteilen. Bei dem Objekt handelt es sich um den schematisierten Modell-Nachbau des Salzburger Künstlerateliers von Lois Renner (1961–2021),[2] des ersten „Artist in Residence" im Stift Admont. Renner zielte darauf ab, „in dieser Miniatur seines Arbeitsraumes eine Vielzahl an malerischen, kunsthistorischen und persönlichen Bezugswelten zu entwickeln und die dabei entstandenen Situationen und Kompositionen fotografisch festzuhalten"[3]. Im barocken Gesamtkunstwerk dieses prunkvollen Bibliothekssaales hat das besonders gut funktioniert. Für ein Werk seines Fotozyklus wählte Renner aus der vierteiligen, zu den bedeutendsten Werken spätbarocker alpenländischer Bildhauerkunst zählenden Skulpturengruppe die „Vier Letzten Dinge" (begonnen um 1755, vollendet 1760)[4] von Josef Stammel (1695–1765) den „Tod" (2000)[5] (Abb. 1) als Hauptmotiv.

In Seitensicht schwebt ein Skelett (Chronos) mit erhobenen Schwingen vor einem Bücherschrank über dem Ateliermodell. In seiner ausgestreckten Rechten hält es das geflügelte Stundenglas, seine Linke holt mit dem umklammerten Pfeil zum Todesstoß auf den nahezu verdeckten gläubigen Pilger aus. Angeschnitten findet sich am linken Bildrand monumental im Ateliermodell positioniert, einer der beiden Stammels Tod zugehörigen Putti: jener mit dem Halm und der Seifenblase. Wie bei vielen anderen Vanitas-Symbolen in Stammels Skulpturenquartett wird auf die Vergänglichkeit alles Irdischen angespielt, hier verdeutlicht durch das beinahe schon spürbare Platzen der Blase. In der Vergänglichkeit ist nicht nur alles damals gegenwärtig Lebendige gemeint, sondern wohl auch das in Jahrhunderten denkende Kloster. Auf einer Staffelei lehnt neben dem vitalen Putto im Bildvordergrund ein Biedermeier-Gemälde des Stiftes Admont[6] als unerwartetes „memento-mori"-Zitat neben einer Aluleiter und einem leeren Drehstuhl. Die kleinformatige Vedute zeigt die idyllisch in eine Landschaft gebettete Abtei in ihrer ganzen Schönheit. Sie wurde jedoch seit ihrem Bestehen von zahlreichen Krisen erschüttert und ist wie alles Vergängliche ebenfalls nicht vor dem Untergang gefeit. 1865 wurde sie vom großen Stiftsbrand nahezu vollständig zerstört. Sie wurde wieder aufgebaut, hat im vorigen Jahrhundert die Wirtschaftskrise sowie den Nationalsozialismus überlebt und feiert 2024 ihr 950-jähriges Bestehen.

In Stammel und Renner treffen völlig divergente Künstlerwelten spannungsreich aufeinander. Jeder entstammt einer anderen Epoche und einem anderen sozio-kulturellen Umfeld. Beide Künstler finden sich vereint in ihrer Freude am Barock. Beide widmen sich auf ästhetischer Ebene zwischen Schönheit und Schrecken subtil und ironisch den großen Fragen unseres Daseins – den „Letzten Dingen". Wir alle leben. Aber wozu? Wir alle sterben. Und was dann? Beide haben wohl absolut voneinander abweichende Antworten auf diese Fragen. Der Stiftsbildhauer Josef Stammel stellt dem Tod drei weitere Figurengruppen zur Seite: die Auferstehung (zugleich das Gericht), die

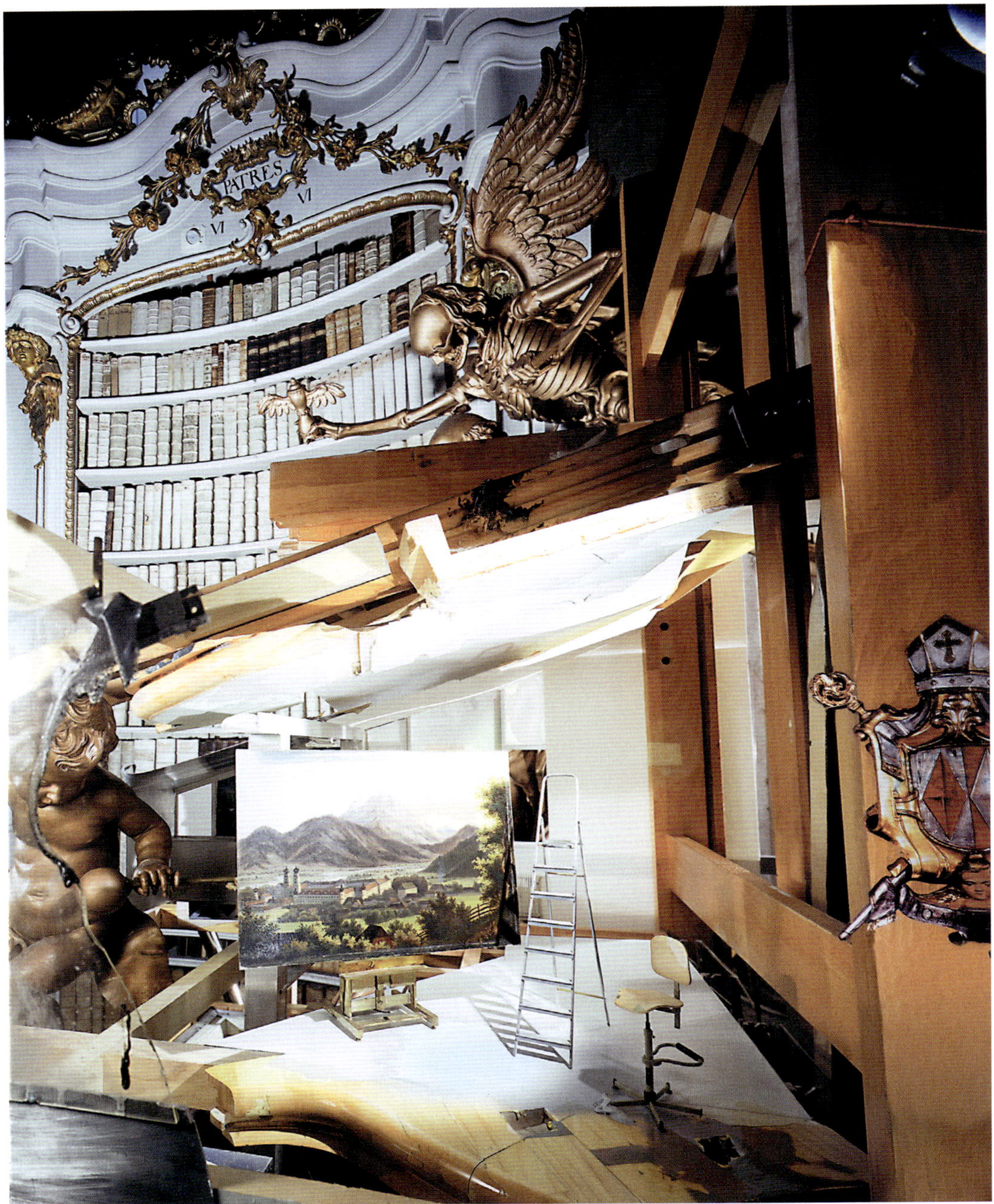

**Abb. 1:** Lois Renner, Der Tod, aus dem MADE-FOR-ADMONT-Zyklus „Admont", 2000.

Hölle und den Himmel (Abb. 2).[7] Ein gottgefälliges Leben garantiert, dass unsere Seele nach dem Tod nicht in der Hölle schmort, sondern im Paradies wandeln kann.

Repräsentativ für ähnliche Todesdarstellungen vergangener Jahrhunderte lassen sich Stammels „Vier letzte Dinge" als Anleitung zum guten Sterben, der „Ars moriendi"[8], verstehen. Umso verwunderlicher ist es, diese u. a. in den seuchenbedingten Ängsten vor dem plötzlichen Tod im Mittelalter verankerte Thematik in der Mittelrotunde der Admonter Stiftsbibliothek vorzufinden,

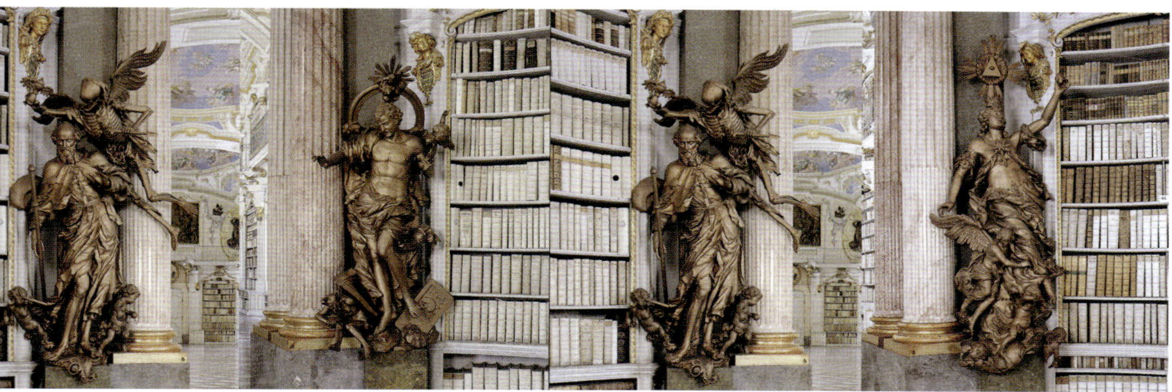

**Abb. 2:** Josef Stammel, „Die Vier Letzten Dinge" in der Stiftsbibliothek Admont, um 1755 begonnen und 1760 vollendet.

deren ikonografisches Programm bereits einem aufklärerischen Kanon folgt. Die Erklärung dafür ist im Umstand zu finden, dass diese Figurengruppe ursprünglich einen anderen Aufstellungsort hatte und erst nachträglich, etwa um 1800, an ihrer heutigen Position zur Aufstellung gelangte.[9]

Das Thema Tod hat in der Kunst des 20. und 21. Jahrhundert nichts an Aktualität verloren. Bedeutung und Rolle von Religiosität, Transzendenz und Metaphorik haben sich aber völlig verändert – demgemäß die Bildsprache. 2009 hat ein weiterer Künstler einen MADE-FOR-ADMONT-Zyklus geschaffen, der sich mit Stammels „Vier Letzten Dingen" auseinandersetzt: der Maler Michael Horsky (geb. 1973).[10] Mehrere Wochen vor Ort malend, hat er Stammels Skulpturengruppen in Form von vier großformatigen Gemälden in seine eigene figurativ-abstrakte, farb- und formintensive Bilderwelt übertragen. Daneben sind auch zahlreiche kleine Skizzen entstanden. Eines der vier Gemälde hat Stammels „Tod"[11] (Abb. 3) zum Inhalt. Auf die für ihn typische Weise hat Horsky das originale Vorbild in zahlreiche Teile zerlegt und diese wie ein Übersetzer, der die eine Sprache in eine andere transformiert, neu zusammengesetzt. Zahlreiche Komponenten aus dem Original finden sich darin wieder. Teils sind sie als solche erkennbar, teils in neue Sinnzusammenhänge gebracht. Bildmittig ist ein betagter Pilger mit Stock und Hut zu sehen, von hinten nähert sich ihm ein blaues Polypenwesen, darüber schwebt am Himmel ein Kreuz. Links und über dieser Szene erscheinen drei weibliche Figuren mit Flügeln (Engel), jene links außen hält eine geöffnete Muschel in der Hand (Vanitas-Symbol). In der linken unteren Ecke ist ein Mönch im Habit zu sehen (der damalige Kulturbeauftragte des Konvents), in der gegenüberliegenden Ecke eine tanzende Nackte. Parallelen bezüglich Kompositionsschema und Symbolik zwischen diesem Werk und der Stammel-Figur sind klar erkennbar, weisen aber in jeder Hinsicht in völlig andere Richtungen.

Das in unserer Kultur wohl verbreitetste christliche Motiv ist das Kreuz. Es verweist auf den Tod Christi, sein Werk der Erlösung und seine Auferstehung. Ab dem 17. Jahrhundert entfalten sich die Darstellungen des Gekreuzigten in diverse Richtungen. In der Kunst des 20. und 21. Jahrhunderts sind die Motive Kreuzigung, Tod und Auferstehung fast ganz verschwunden. Vereinzelt finden sie sich subjektiv interpretiert und in unterschiedlichste künstlerische Sprachen transformiert.

Lois Renner hat in den Jahren 1995–2000 häufig Kruzifixe in seinen Bildern benützt. Er versteht sie als Teil seiner kulturellen Identität. Ab 2010 hat er sich u. a. intensiv mit dem Isenheimer Altar von Matthias Grünewald beschäftigt. Noch kurz vor seinem Tod 2021 hat sich Lois Renner

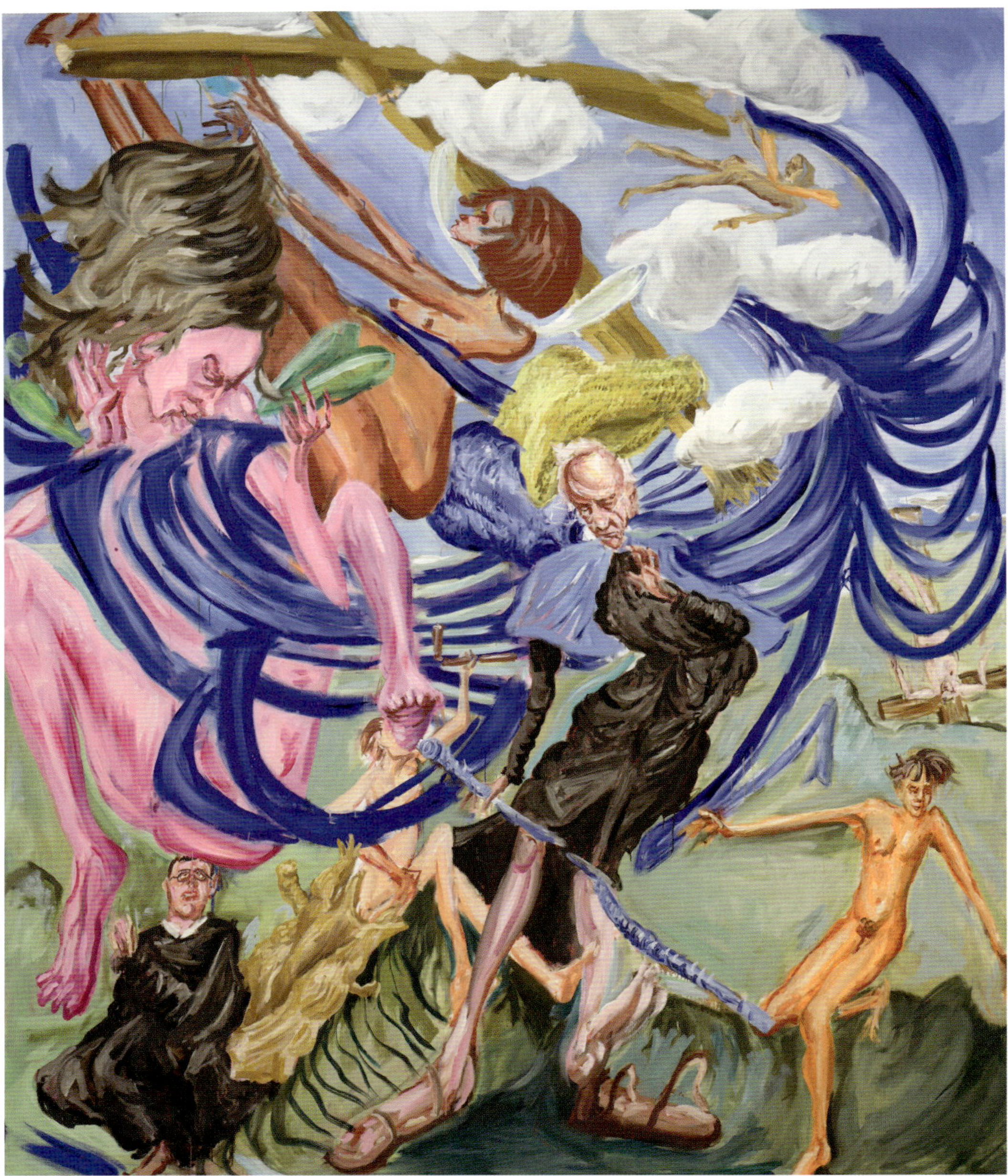

**Abb. 3:** Michael Horsky, Der Tod, aus dem 4-teiligen MADE-FOR-ADMONT-Zyklus „Die Vier Letzten Dinge, 2009.

um die Herstellung einer Retabel-Variante für das Stift Admont nach dem Vorbild dieses in Colmar befindlichen Altares bemüht, was leider nicht mehr realisiert werden konnte.[12]

In den präzisen, ortsspezifischen Bildproduktionen seines 2000/01 entstandenen Admont-Zyklus ließ Renner spotartig Elemente aus den kunsthistorischen Beständen des Stiftes auftauchen: Handschriften und Druckwerke, Gemälde, Skulpturen, die er mit den gegenwärtigen Elementen seines Ateliermodells verwob. In zwei Werken, „Josef Stammel" und „Kremser Schmidt",[13] beide aus dem Jahr 2000, hat er bildbestimmend ein Kruzifix von Josef Stammel integriert. In Drei-

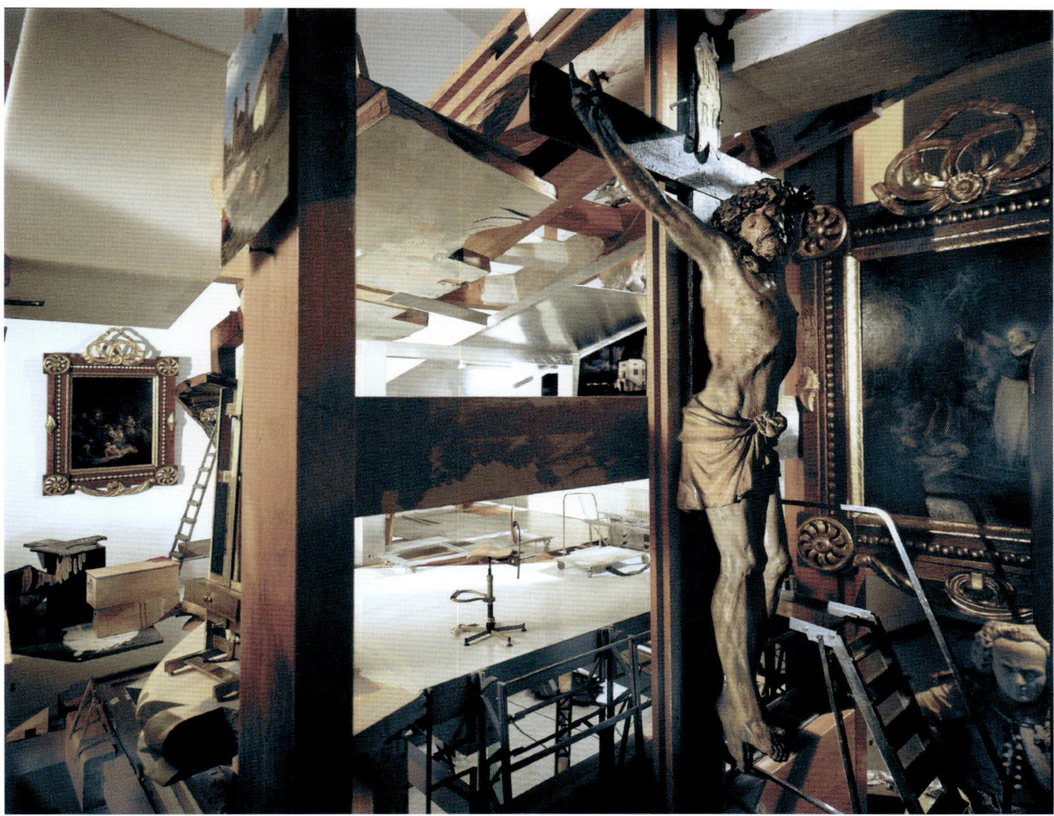

**Abb. 4:** Lois Renner, Kremser Schmidt, aus dem MADE-FOR-ADMONT-Zyklus „Admont", 2000.

viertelansicht findet es sich jeweils monumental ins Bild gesetzt im rechten Bildviertel. Der linke vertikale Balken des Modells wird scheinbar beiläufig von einer oben angeschnittenen Schrägansicht der Wallfahrtskirche Frauenberg mit dem Pflegeheim dominiert. Neben den Miniaturen der Atelier-Utensilien finden sich Gemälde von Kremser Schmidt aus dem Kunsthistorischen Museum Admont. Diesen beiden Pendants gemeinsam ist ihr thematischer Bezug zur Krankenheilung, also der Rettung vor dem Tode.[14] Angeschnitten in der rechten unteren Bildecke zitiert Renner im „Kremser Schmidt" (Abb. 4) eines der Meisterwerke Stammels: den Zwergpagen des Abtes Anton II., Oswald Eyberger in Husarenuniform und mit Allongeperücke.[15] Eine Etage tiefer als Christus erscheint er weniger als dessen Assistenzfigur, denn als zufälliger Atelierbesucher.

Die Kruzifixe von Josef Stammel sind für das Stift Admont von besonderer Bedeutung. In der Stammel-Forschung fanden sie bis vor Kurzem wenig Beachtung. Der unbelegten Überlieferung nach soll Josef Stammel in seiner knapp vier Jahrzehnte umfassenden Tätigkeit für das Stift Admont 34 Kruzifixe geschnitzt haben. 19 zwischen 1728/30 und 1765 entstandene Kruzifixe haben sich erhalten und gelten aufgrund ihrer Merkmale als gesicherte Werke Stammels. Die ursprünglichen polychromen Fassungen von Josef Pötschnickh wurden großteils überfasst oder entfernt.[16]

In der seit 1997 im Aufbau befindlichen Sammlung Gegenwartskunst findet sich das Thema Kreuzigung – wenngleich nicht direkt von Stammel inspiriert – mehrfach aufgegriffen. Besonders hervor stechen die Kreuzigungsdarstellungen Siegfried Anzingers (geb. 1953), der zu den Begründern der sog. Neuen Wilden zählt.[17] Das in der Ausstellung befindliche Gemälde „Kreuzigung und

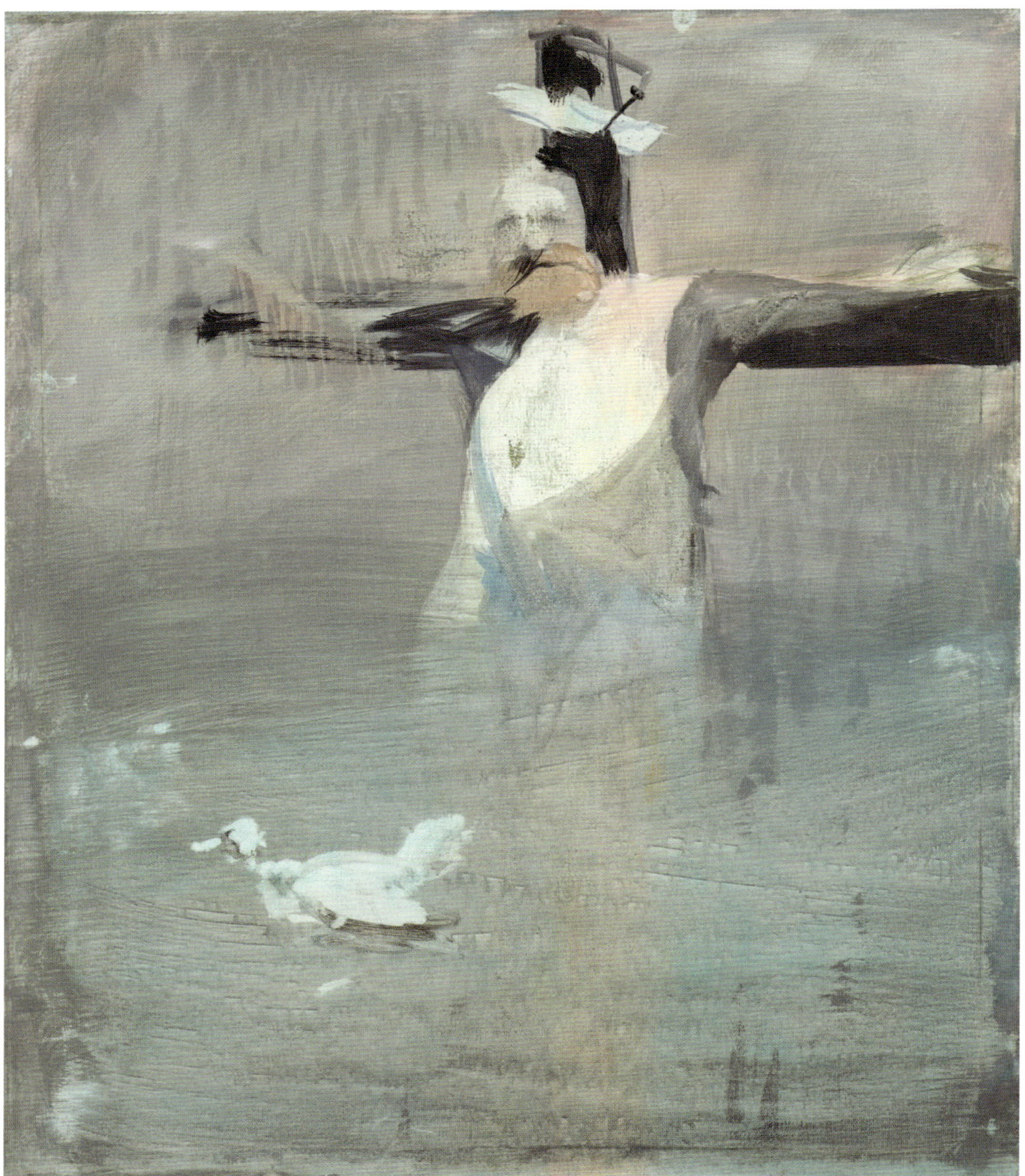

**Abb. 5:** Siegfried Anzinger, Kreuzigung und Taufe, 2000.

Taufe"[18] (Abb. 5) aus dem Jahr 2000 ist ein Beispiel dafür. Womöglich die Todsünde der Völlerei versinnbildlichend, hängt ein vollgefressener, dickbäuchiger Gottvater schwer am Kreuz. Die gesamte Atmosphäre wirkt verwaschen, smogartig – transluzid verschleiert. Vor ihm schwimmt eine bösartig wirkende Ente in einem schmutzigen Gewässer, das dem Gekreuzigten bis zur Mitte reicht. Lendenschurz und Beine scheinen durch die Flüssigkeit. Jeder Betrachter bringt seine eigene Vorstellungs- und Erfahrungswelt mit ins Museum. Jeder sieht etwas anderes in Bildern wie diesen. Man kann sich auf dessen religiöse Inhalte beschränken. Oder man erkennt die Ursuppe, aus der alles Leben entstanden ist. Aus anderer, kritischer Perspektive ließe sich der durch Umweltverschmutzung und Klimawandel bedingte Weltuntergang darin sehen – unter den Augen eines fixierten Gottes, der hilflos dabei zusieht.

In den klassischen Kreuzigungsdarstellungen wird der Todesfurcht der Kreuzestod Christi entgegengehalten, der für uns gestorben, die Sünden der Welt auf sich genommen und auferstanden ist. Künstler unserer Zeit gehen anders mit dem Tode um. Sie fürchten den Tod sicher nicht weniger als Menschen vergangener Zeiten. Aber sie haben eigene Wege gefunden, um diesem Thema mit Respekt oder Ironie zu begegnen, ihm seinen Schrecken zu nehmen. Die christliche Ikonografie wird in der Kunst künftiger Generationen auch weiterhin eine tragende, wenngleich auf andere Sinnebenen verschobene Bedeutung haben.

## Anmerkungen


1   Welten in Berührung, Michael Braunsteiner im Gespräch mit Sabine B. Vogel, in: Kunstforum International 144 (Die neue Auftragskunst) (2017), S. 108–111.

2   Modell „Festung", in Gebrauch von 1995–1999, seitdem im Besitz des Stiftes Admont; Braunsteiner, Michael (Hg.): Lois Renner im Stift Admont, Admont 2001 (Aktuelle Kunst im Stift Admont, 1), Abb. S. 9.

3   Königer, Maribel (Hg.): Lois Renner – Bilder / Pictures. 1991–2002, Ausst.-Kat. Landesgalerie am Oberösterreichischen Landesmuseum, Linz 2003, S. 264.

4   Braunsteiner, Michael (Hg.): famosus statuarius Josef Stammel (1695–1765). Barockbildhauer im Auftrag des Benediktinerstiftes Admont, Admont 1996 (Schriften zur Kunst- und Kulturgeschichte des Benediktinerstiftes Admont, 1), S. 24–27, 166–173; Schweigert, Horst: Die Barockbildhauer Johannes Georg und Josef Stammel (Beiträge zur Kunstgeschichte Steiermarks, N.F. 2), Graz 2004, S. 104 f.

5   Braunsteiner (Hg.): Lois Renner, Abb. S. 15.

6   Anton Schiffer, Ansicht des Stiftes Admont, um 1840, Museum Stift Admont.

7   Braunsteiner: famosus statuarius, S. 166–173; Schweigert: Die Barockbildhauer, S. 103–110.

8   Siehe dazu: Plotzek, Joachim M. (Hg.): Ars vivendi – Ars moriendi. Die Kunst zu leben – Die Kunst zu sterben. Die Handschriftensammlung Renate König, Ausst.-Kat. Erzbischöfliches Diözesanmuseum Köln, München 2001.

9   Ursprünglich stand im Zentrum der Mittelrotunde das zu Beginn des 19. Jahrhunderts ausgelagerte und beim Stiftsbrand 1865 vernichtete „Admonter Universum", eine innerhalb der Barockikonografie einzigartige Skulpturengruppe, die uns nur noch in Form stereoskopischer Aufnahmen aus dem Jahr 1860 erhalten ist. Siehe dazu: Mannewitz, Martin: Stift Admont. Untersuchungen zur Entwicklungsgeschichte, Ausstattung und Ikonographie der Klosteranlage, München 1989 (Beiträge zur Kunstwissenschaft, 31), S. 217–218.

10   Michael Horsky, geboren 1973 in Prag, 1991 Akademie der bildenden Künste, Wien (Meisterschüler bei Hollegha und Schmalix), lebt und arbeitet in Wien.

11   Michael Horsky, Der Tod, 2009, aus dem 4-teiligen „Made for Admont"-Zyklus „Die Vier Letzten Dinge", jeweils Öl auf Leinwand, je 300 x 250 cm, Museum Stift Admont.

12   Mail von Lois Renner v. 26.1.2021 an das Stift Admont mit Verweis auf https://vimeo.com/147693456; siehe dazu: https://loisrenner.com/retabel-das-echo/, Zugriff am 12.11.2023.

13   Braunsteiner (Hg.): Lois Renner, Abb. S. 15, 13.

14   Martin Johann Schmidt (genannt Kremser Schmidt), Der Hl. Franziskus segnet Kranke, Der Hl. Vinzenz heilt einen Besessenen, um 1780, Pendants, Öl auf Leinwand, Museum Stift Admont.

15   Josef Stammel, Zwergpage Oswald Eyberger, um 1747/51, Lindenholz, geschnitzt, ungefasst, Museum Stift Admont; Braunsteiner (Hg.): famosus statuarius, S. 134 f.

16   Schweigert: Die Barockbildhauer, S. 185–187.

17   Siegfried Anzinger, geb. 1953 Weyer an der Enns, lebt und arbeitet in Köln, Maler, Grafiker, Bildhauer.

18   Siehe Katalognummer 5.03.

# Oswin Schlammadinger

## Ein Abbatiat im Spannungsfeld
## zwischen Wirtschaftskrise, Weltkriegen und Reformen

Maximilian Schiefermüller OSB

> So möge seine Regierung eine glückliche und segensreiche werden; lange recht lange möge Abt Oswin
> den Admonter Krummstab mit fester Hand führen, er möge ihn führen zu Gottes Ehre, seinem und
> seiner Mitbrüder Heil und zum Wohle und zum Ruhme seines Klosters Admont![1]

Mit diesen pathetischen, aber wohlwollenden Wünschen endet ein ausführlicher Artikel in der Regionalzeitung „Der Ennstaler" vom 25. August 1907, der über das Ereignis der Abtwahl und Benediktion des 39-jährigen Benediktiners von Admont, P. Oswin Schlammadinger, berichtete. War es am Ende eine glückliche und segensreiche Amtszeit? Wie ist für einen Historiker eine äbtliche Regierung zu bewerten? Welche Parameter und Quellen erschließen, ob ein Abbatiat als erfolgreich eingestuft werden kann, ob es prägend und nachhaltig für die Geschichte eines Klosters war? Es obliegt tatsächlich der Forschung und einer historisch kritischen Analyse, die Amtszeit des 63. Abtes von Admont gerade im Kontext der politischen, gesellschaftlichen und kirchlichen Ereignisse objektiv dazustellen. Die Dichte dieser Ereignisse der Jahre zwischen 1918 und 1945 würden jedoch den Rahmen des folgenden Beitrages sprengen. Daher fasst die vorliegende Darlegung zuallererst die Biografie des Admonter Abtes Oswin Schlammadinger zusammen, sein Wirken als Abt, seine frühzeitige Resignation und seine späteren Jahre, ohne intensiver auf große historische Ereignisse wie die Weltwirtschaftskrise oder beide Weltkriege einzugehen. Innerkirchliche Besonderheiten ergaben sich außerdem durch die auferlegten Reformmaßnahmen der österreichischen Klöster zwischen 1926 und 1936. Dieses letztgenannte Themenfeld wird gegenwärtig von einem anderen Admonter Benediktiner wissenschaftlich aufgearbeitet. Nach Fertigstellung dieser Forschungen wird sich in Ergänzung zum vorliegenden Artikel, der auf biografischen Recherchen und Analysen fokussiert, ein Gesamtbild ergeben.

## Herkunft und frühe Jahre

Ferdinand Schlammadinger wurde am 24. Juli 1868 in Wiener Neustadt als Sohn des Kaufmannes Rupert Schlammadinger und dessen Gattin Cäcilia geboren. Mit ihm wurden dem Ehepaar noch zwei weitere Kinder geschenkt, ein frühzeitig verstorbener Sohn und eine Tochter, mit der der Hauptprotagonist dieses Artikels Zeit seines Lebens in Briefkontakt stand. Die Volkschule und das Gymnasium absolvierte Ferdinand in seiner Heimatstadt Wiener Neustadt. Nach der Matura suchte er im Benediktinerstift Admont um Aufnahme an, da in ihm der Wunsch nach einem geistlichen Beruf gewachsen war. Abt Guido Schenzl nahm ihn 1887 in das Noviziat auf und gab ihm

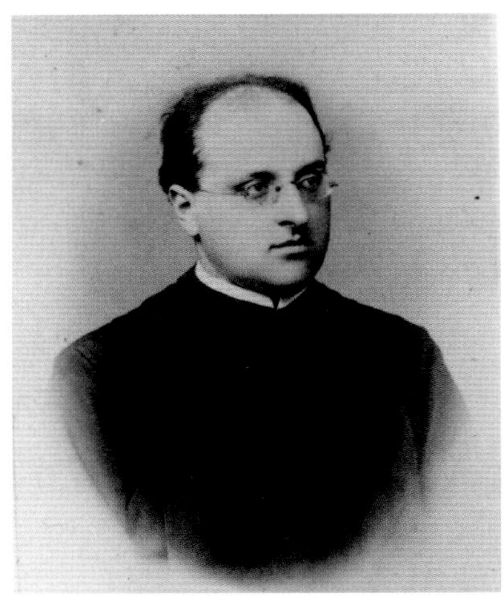

**Abb. 1:** Portraitfoto P. Oswin Schlammadinger in jungen Jahren.

den – durchaus seltenen und in der gesamten Admonter Stiftsgeschichte bis dahin niemals vergebenen – Ordensnamen Oswin.[2] Nach der einfachen Profess studierte der junge frater an der theologischen Hauslehranstalt, bis es zu einem interessanten und bislang nicht beachteten Ereignis in seiner Lebensgeschichte kam: Im Juni 1890 trat er aus dem Benediktinerorden aus und verließ Admont. Die Gründe für diesen Schritt konnten nicht eruiert werden. Bereits wenige Monate später suchte Schlammadinger allerdings um Wiederaufnahme ins Stift Admont an, was das Stiftskapitel ihm auch gewährte.[3] Diese biografische Episode erwähnte auch der Komponist und Admonter Benediktiner P. Viktorin Berger in einem Brief vom Februar 1891 an seinen Bruder P. Marian Berger und fügte folgenden amüsanten Kommentar hinzu: „Wohl auch ein seltener Fall. Als ich ihn [fr. Oswin] zuerst wieder, bereits im Habit, erblickte, hatte ich übrigens das Gefühl, als sei er gar nie oder höchstens auf Urlaub fort gewesen."[4] 1892 legte Oswin in die Hände des neuen Abtes Kajetan Hoffmann die feierliche Profess ab und wurde im selben Jahr, am 22. Juli, durch Fürstbischof Johannes Zwerger in der Kathedrale zum hl. Ägydius in Graz zum Priester geweiht. An seinem Geburtstag, zwei Tage später, feierte der Neupriester die Primiz in der Admonter Stiftskirche. Abt Kajetan ernannte ihn sodann zum Kaplan der Pfarre St. Bartholomäus in Landl, ein Amt, das er über vier Jahre lang mit großer Freude ausüben sollte. Manche Quellen erwähnen die innige und freundschaftliche Beziehung zwischen Kaplan P. Oswin und seinem Pfarrer, dem gebürtigen Pustertaler P. Mathias Niederkofler. Dies wird auch in einem 1894 verfassten Brief[5] von P. Oswin an P. Florian Kinnast deutlich, in dem er in wohlwollenden Worten über den Gesundheitszustand seines Pfarrers berichtete. Abt Kajetan berief ihn nach seiner Kaplanszeit zurück ins Stift und ernannte ihn zuerst zum Lehrer für Moral- und später auch Pastoraltheologie an der theologischen Hauslehranstalt, sodann 1898 zum Novizenmeister.

## Charakter und Interessen

Oswin Schlammadinger wird in zahlreichen Quellen als von einer äußerst stattlichen Gestalt beschrieben, von großer Statur, schlank, vornehm, überlegt, ruhig und klug. Bis ins hohe Alter – dann allerdings mit Gehstock – zeigte Oswin einen bemerkenswerten Bewegungsdrang. Er kann durchaus als „Alpinist" tituliert werden: „Unter den das Admonttal einrahmenden Berggruppen der Hallermauern, des Hochtor und Sparafeld ist kaum ein Gipfel, den er nicht bestiegen."[6] Aber auch die Dolomiten, der Dachstein und der Großvenediger gehörten zu seinen Zielen, daneben schätzte er ungezwungene Rodelpartien auf der Kaiserau. Die Kaiserau, das nahe dem Stift Admont liegende Almgebiet, hat Oswin äußert geliebt. Zeit seines Lebens gehörte die „Kaiserin der Almen" zu seinen bevorzugten Plätzen: „Als Freund der Berge stieg er jeden Montag-Nachmittag jahraus jahrein, bei jedem Wetter, sommers und winters, oft in Begleitung von Gästen oder Mitbrüdern [...] zur Kaiserau, um sich in diesem idyllisch gelegenen stiftischen Schloß zu entspannen und neue Kräfte zu holen."[7] Oswin war „ein feinsinniger Klavierspieler"[8] und ein talentierter Musiker, der auch Bekanntschaften in die Szene der Musikwelt pflegte. Einer dieser freundschaftlichen

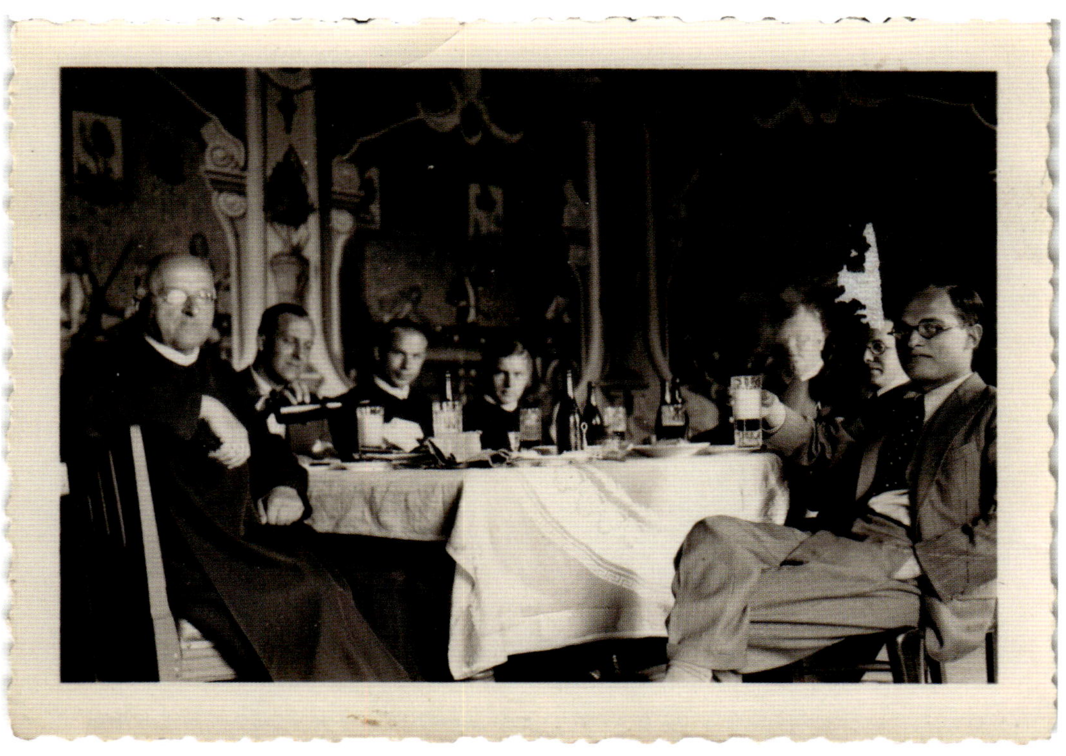

**Abb. 2:** Abt Oswin und Gesellschaft im Schloss Kaiserau.

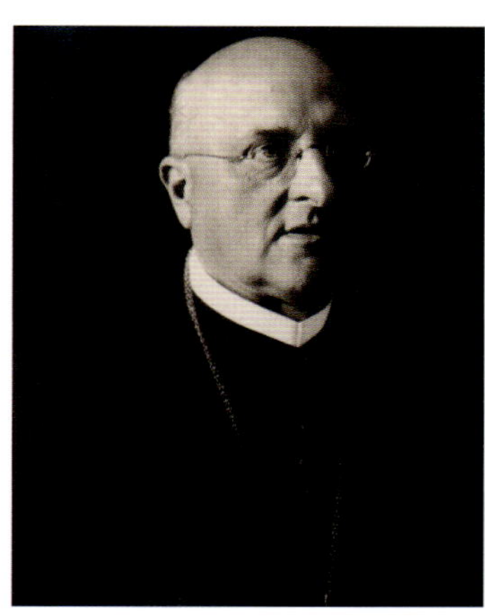

**Abb. 3:** Portraitfoto Abt Oswin Schlammadinger.

Kontakte war jener mit Komponist Robert Fuchs, der die Sommerwochen gerne in Admont verbrachte. Fuchs war es, der bei der Abtsbenediktion im August 1907 die Orgel der Stiftskirche spielte und seinem äbtlichen Freund Oswin sogar eine Messe widmete. Die 1917 komponierte Messe in G-Dur, op. 108, trägt den Titel „Missa Sancti Oswini". In seiner frühen Amtszeit ließ Abt Oswin die Orgel der Stiftskirche durch Matthäus Mauracher bedeutend erweitern und im Stiftsgebäude einen Musiksaal neu einrichten. Es ist zu konstatieren, dass er die Musikalität seiner Mitbrüder signifikant förderte. So konnten etwa P. Prior Othmar Berger, dessen leibliche Brüder P. Viktorin Berger und P. Marian Berger sowie die Regenschori P. Hartmann Schmid und P. Hermann Hadler ihre Talente zur Entfaltung bringen.

## Abtwahl und Amtsführung

Am 13. Juli 1907 starb Abt Kajetan Hoffmann nach einer Magenkrebsoperation in Graz. Bereits elf Tage später fand unter dem Vorsitz von Abtpräses Adalbert Dungl aus Göttweig im Admonter Kapitelsaal die notwendige Abtwahl statt. Die 52 wahlberechtigten Kapitulare wählten mehrheitlich und im ersten Wahlgang den Novizenmeister und Theologieprofessor P. Oswin Schlammadinger, an seinem 39. Geburtstag, zum Abt ihres Hauses. Der Erwählte schien sich bereits im Vorfeld der Wahl „gegen diese Zumuthung gewährt" zu haben, „aber die allgemeine sich für ihn zeigende Sympathie, die er sich durch sein vornehm-liebenswürdiges Wesen, durch seine Wissenschaft und Integrität erworben, sowie die große Gefahr einer Zersplitterung im Falle seiner Ablehnung, bewogen ihn schließlich doch, das ‚Accepto' zu sprechen"[9]. Einen neuen Prior ernannte der junge Abt nicht, sondern er beließ den bereits seit 1891 im Amt stehenden P. Othmar Berger bis zu dessen Tod 1914 als seinen Stellvertreter. Neu war hingegen, nach einer Vakanz von zehn Jahren, die Bestellung eines Subpriors. Hier ernannte Oswin den Naturwissenschaftler P. Gabriel Strobl. Am 5. August 1907 wurde in der Stiftskirche die Abtsbenediktion durch Fürstbischof Leopold Schuster von Seckau zelebriert. Oswin gab sich als Wahlspruch einen Vers aus Psalm 121: „Levavi oculos meos ad montes – Ich hebe meine Augen auf zu den Bergen". Das zu diesem Motto passende Abtswappen drückte seine Liebe zu den Bergen und zur Natur aus: zwei Berge auf blauem Grund und darüber in einem schwarzen Streifen ein goldenes Kreuz, umgeben von je einem Edelweiß. Oswin war bestrebt, „das Erbe seiner Vorgänger mit viel Verständnis [zu übernehmen] und auszubauen […]"[10]. In personeller Hinsicht ist ihm dies gelungen, hat er doch in seiner 28-jährigen Amtszeit und mit Zustimmung des Kapitels insgesamt 57 neue Mitglieder in den Konvent aufgenommen. Die Vollendung der Inneneinrichtung der Stiftskirche war ihm ein Herzensanliegen, so ließ er u. a. die künstlerisch nicht zufriedenstellenden Apsisfenster durch neue Glasgemälde ersetzen, versehen mit Darstellungen des glorreichen Rosenkranzes und seines Wappens. Außerdem wurde die Sandsteinstatue des Kirchenpatrons Blasius am Hochaltar durch eine Skulptur aus Carrara-Marmor ausgetauscht. Das noch vorhandene Prälaturportal, von Hans Steger geschnitzt, entstand zum 15. Jahrestag seiner Abtswahl 1922. Das Sängerknabeninstitut ließ Abt Oswin zu einem Gymnasium mit Öffentlichkeitsrecht ausbauen, ebenso entstand im Kastengebäude ein moderner Turnsaal (damals der größte der Steiermark) sowie ein Sportplatz im Stiftsgarten. Als besonders nachhaltig zeigte sich die Erbauung und die Einweihung des E-Werkes in der Mühlau in Hall, wodurch 1911 das Stift, der Markt und die Umgebung bis Selzthal Strom und elektrisches Licht erhielten.

## Zwischenkriegszeit und Weltwirtschaftskrise

Nach dem Ersten Weltkrieg wurde die Untersteiermark an den neugegründeten Staat Jugoslawien angegliedert. Damit einhergehend lagen plötzlich uralter Seelsorgeraum des Stiftes Admont und dessen gesamter Weingartenbesitz im Ausland. Trotz allem kam es bis 1929 zu einer wirtschaftlichen Konsolidierung, was etwa Bundespräsident Dr. Michael Heinisch hervorhob. Nach einem Besuch in Admont dankte er in einem Brief, datiert mit 14. Juli 1923, dem Abt für den herzlichen Empfang im Stift und fügte hinzu, er sei der Überzeugung, dass sich „das unter Euer Gnaden Leitung stehende Stift als durchaus auf der Höhe seiner Aufgabe" befinde.[11] Die ab 1929 einbrechende Weltwirtschaftskrise wirkte sich folgenschwer auf das Stift Admont aus, „hauptsächlich durch das russische Holzdumping, das den stiftischen Holzhandel geradezu vernichtete, [und] in eine katastrophale finanzielle Lage führte"[12]. Laut Pfarrchronik Admont erreichte die Wirtschaftskrise für das Stift im Jahr 1935 ihren Höhepunkt: „In Massen lag das schönste Bauholz auf der Säge und mußte langsam verfaulen. Die Grenze gegen Jugoslawien, wo die stiftischen Weingärten lagen, machte den Weintransport durch hohe Zölle unrentabel und schwierig. Zudem war eine arge Mißwirtschaft überall in der Verwaltung."[13]

## Klosterreform

Neben den wirtschaftlichen Schwierigkeiten trat zeitgleich ein weiteres, von außen auferlegtes Ereignis ein: die Reformen bzw. Visitationen der österreichischen Benediktinerklöster durch die apostolischen Delegaten Abt Simon Landersdorfer (Scheyern) und Abt Laurentius Zeller (Trier-St. Matthias) zwischen 1929 und 1936. Die Strenge der beiden Delegaten und ihre Reformmaßnahmen richteten sich vor allem gegen das typisch österreichische Verständnis von benediktinischem Ordensleben, das zu einem großen Teil in den Grundzügen des Josephinismus seinen Ursprung hatte. Diese Visitationen fielen in eine für Admont ungünstige Zeit, da die wirtschaftliche Krise gerade katastrophale Ausmaße annahm und die Verschuldung des Stiftes stetig wuchs: „Die hohe Schuldenlast schwebte wie ein Damoklesschwert über dem Haus, so dass disziplinäre Angelegenheiten oder gar neue monastische Aufbrüche eher sekundär waren."[14] Abt Oswin war bemüht, die Reformmaßnahmen genau umzusetzen. In den Kapitelprotokollen der 1930er-Jahre wurden durchgängig Neueinführungen im liturgischen und gemeinschaftlichen Leben festgehalten. Der Abt ermahnte den Konvent immer wieder, die Reformpunkte einzuhalten, und rief zur Disziplin auf. In der Kapitelsitzung vom 4. Februar 1931 legte er dem Konvent eine neue Hausordnung und eine genaue Strukturierung des Tagesablaufes vor. Er informierte, dass Dispensen vom Chorgebet nicht mehr gewährt werden würden, regelte die Art und Weise des Chorgebets neu, forderte das Silentium ein, verlängerte die Tischlesung und unterband ein privates Zusammenkommen der Mönche. Einmal mehr wurde das Verbot eingeschärft, Wirtshäuser im Markt Admont zu besuchen.[15] P. Ubald Welli legte daraufhin sein Amt als Prior nieder, „da er sich unter diesen neuen Verhältnissen der großen Anforderungen dieses Amtes nicht mehr gewachsen" fühlte.[16] Zum neuen Prior ernannte Abt Oswin den 1907 aus dem Kapuzinerorden nach Admont übergetretenen P. Franz Biesenberger.[17] 1933 hatte sich die Situation sogar noch verschlimmert, wie Kapitelsekretär P. Friedrich Fiedler protokollarisch festhielt: „Herr Prälat macht auf zwei gerade in jetziger Zeit zu besonderen Ernste mahnende Faktoren aufmerksam: [...] die die Existenz des Stiftes bedrohende finanzielle Lage des Hauses [...] dann die von Rom unbedingt geforderte Durchführung der Reform."[18] P. Friedrich führte weiter aus: „Letztere verlangt eine totale Umstellung unserer bisherigen Denkweise, das ist das Verlassen des Herrenstandpunktes als sog. Stiftsherren und dafür das Sicheinfühlen in die Grundgedanken des Mönchtums [...]."[19] Abermals ermahnte Abt Oswin seine Mitbrüder zur unbedingten Einhaltung der Reformpunkte der Visitatoren. Aufgrund dieser immer wiederkehrenden Ermahnungen des Abtes drängt sich die Frage auf, ob Oswin Schlammadinger etwa zu jenen österreichischen Äbten gehörte, die vom allgemeinen Reformeifer vollends ergriffen waren. Dies muss jedoch anhand der Quellenlage verneint werden. Es scheint eher das Pflichtbewusstsein des Admonter Abtes gewesen zu sein sowie die verzweifelte Lage, die das ganze Haus in Beschlag nahm. In genau diese Kerbe schlägt auch ein Eintrag in der Pfarrchronik von Admont: „Ein Reformeifer, der sich aber leider nur auf bloße Äußerlichkeiten erstreckte [...] konnte die Klostergemeinschaft nicht mehr vor dem Untergange retten. Im Gegenteil: die alten Bräuche verloren sich und über die Neueinführungen wurde gespottet und niemand kümmerte sich wesentlich darum. So kam es, daß die päpstliche Visitation des Stiftes [...] als Theater empfunden wurde und natürlich auch nichts erreichte."[20]

## Rücktritt des Abtes und Ruhestand

Vom 29. bis zum 31. Jänner 1935 fand in Admont abermals eine Visitation durch die apostolischen Delegaten Abt Laurentius Zeller und Abt Simon Landersdorfer statt. Im zusammenfassenden Rezess wurden zwar die Bemühungen von Abt und Prior um die Durchführung der Verordnungen hervorgehoben, doch war in den Augen der beiden Visitatoren der Admonter Abt nicht der geeignete Mann, um „das Kloster einerseits durch die ökonomischen Probleme zu manövrieren, anderseits die Reformanliegen Roms und die damit verbundene Wiederherstellung eines regeltreuen Benediktinertums zu gewährleisten"[21]. Da weiters keine Besserung der wirtschaftlichen Lage des Stiftes eingetreten war, legten die apostolischen Delegaten „die gesamte äußere Verwaltung des Stiftes [...] in die bewährten Hände des Hochwürdigen Herrn Dr. P. Bonifaz Zölß von Kremsmünster [...]"[22]. Der letzte Punkt des Visitationsrezesses war der Rücktritt des Abtes Oswin mit 31. Jänner 1935, „selbstverständlich unter Wahrung der ihm als Abt gebührenden Ehrenrechte, die ihm auch nach Bestellung des Koadjutors zustehen werden"[23]. Damit lag die Verwaltung des Stiftes „in temporalibus" bei P. Bonifaz Zölss, jene „in spiritualibus" vorerst bei P. Prior Franz Biesenberger.[24] Rudolf List konstatierte in seiner historischen Abhandlung, Oswin Schlammadinger „sah sich außerstande, der insbesondere durch die Weltwirtschaftskrise, aber auch durch die besondere österreichische Situation hereingebrochenen Schwierigkeiten Herr zu werden [...]"[25]. Fürstbischof Ferdinand Pawlikowski von Seckau bedauerte in einem Schreiben vom 6. Februar 1935 an Abt Oswin die Ereignisse in Admont. Gleichzeitig drückte er seine tiefe Dankbarkeit über die vielen Verdienste des Abtes um das Stift aus: „Die Aufregungen der letzten Zeit haben Ihnen sichtlich so zugesetzt, dass Ihnen eine Entspannung und Befreiung von der Last nur zu gönnen ist."[26] Die Antwort des Abtes an den Fürstbischof liegt als Konzept im Stiftsarchiv auf und ist mit 12. Februar 1935 datiert. Oswin erwähnte darin ehrlichen Herzens: „Nun bin ich müde geworden. Trotz meiner guten Gesundheit spürte man schließlich die schweren Jahre." Mit Blick auf den ernannten Administrator P. Bonifaz Zölss: „Für die schweren Operationen und Amputationen, die unserem schwergeprüften Stifte bevorstehen, braucht es einen neuen, tüchtigen Arzt, der beherzt dreinschneidet, was eine fremde Kraft besser tut als wenn man an seinem eigenen Körper operieren soll."[27] Tatsächlich erwies sich P. Bonifaz als „tüchtiger Arzt", der es durch rigorose Sparmaßnahmen und Verkäufe von Kunstgegenständen schaffte, den völligen Untergang des Klosters abzuwenden. Im Mai 1938 wurde er vom Konvent zum Abtkoadjutor mit dem Recht der Nachfolge gewählt. Dies geschah in weiser Voraussicht, denn nur wenige Wochen später wurde das Stift von der Gestapo unter kommissarische Leitung gestellt. Am 19. November 1939 folgte die vollständige Enteignung des gesamten beweglichen und unbeweglichen, mittelbaren und unmittelbaren Vermögens des Benediktinerstiftes Admont zugunsten des Deutschen Reiches bzw. des Gaues Steiermark. Der noch anwesende Konvent hatte bis 1. Jänner 1940 das Kloster zu verlassen. Abt Oswin nahm seinen Aufenthalt, zusammen mit seinem Kammerdiener Eustachius Strohriegel, im geräumigen Pfarrhof von Frauenberg an der Enns ein. Hier, am „Thron der Gnadenmutter", feierte er am 26. Juli 1942 sein goldenes Priesterjubiläum. Ein Brief, datiert mit 28. Dezember 1944, an seinen Nachfolger Bonifaz Zölss zeigt eine freundschaftliche und wertschätzende Nähe der beiden Prälaten: „Lieber Herr Prälat! Für das neue Jahr wünsche ich dir feste Gesundheit und frohen Mut zum Wohle unseres armen Hauses. [...] Ich bin aber voll überzeugt: der liebe Gott wird alles gut machen."[28] Nach dem Krieg und dem Wiedereinzug des Admonter Konvents in das Kloster im Oktober 1945 kehrte auch Abt Oswin im Herbst des darauffolgenden Jahres dorthin zurück. Er lebte fortan zurückgezogen und in aller Stille. Am 20. August 1952 konnte er noch die seltene Feier seines diamantenen Priesterjubiläums begehen. Bei diesem Anlass entstand auch das berühmte Gruppenfoto, das gleich drei Äbte

Admonts zeigt: Oswin Schlammadinger, Bonifaz Zölss und Benedikt Schlömicher (Abt von 1978 bis 1996) als junger Kleriker.

Am 7. Mai 1953 starb Abt Oswin im 85. Lebensjahr im Stift Admont. Vier Tage später erfolgte seine Beisetzung in der Äbtegruft im Beisein von Weihbischof Leo Pietsch, fünf Benediktineräbten sowie zahlreichen Mitfeiernden. Neben einem Kondolenzschreiben der Schriftstellerin Paula Grogger ist ein Brief des Bischofs von Passau erwähnenswert: Simon Landersdorfer, ehemals Abt von Scheyern sowie Visitator und sicherlich nicht der Herzensfreund des verstorbenen Abtes Oswin, richtete seine Worte an Abt Bonifaz: „Er [Oswin] hat sich in der neuen Ordnung nicht mehr zurecht gefunden, aber dann willig den Platz geräumt und keinerlei Schwierigkeiten mehr gemacht. Auch das ist ein Verdienst."[29]

## Schlussbemerkung

„So möge seine Regierung eine glückliche und segensreiche werden; lange recht lange möge Abt Oswin den Admonter Krummstab mit fester Hand führen […]"[30], sind die eingangs zitierten Worte, die nach der Abtswahl 1907 gedruckt wurden. Abt Oswin trug insgesamt 46 Jahre lang den Titel eines Abtes von Admont, davon 28 Jahre als regierender Abt. Den „Admonter Krummstab" führte er demnach „recht lange".[31] Die biografischen Schlaglichter auf seine Person zeigen hingegen, in Verbindung mit den äußerst schwierigen Umständen, dass es wohl für ihn selbst – gerade in den späteren Regierungsjahren – kein „glückliches" Abbatiat gewesen sein kann. Schlammadinger führte die Geschicke des Stiftes Admont durch die Nachkriegszeit und die Weltwirtschaftskrise, durch Klosterreformen und zahllose Visitationen. Sein Verdienst liegt in der Beharrlichkeit, im Pflichtbewusstsein und in der Kunst der Anpassungsfähigkeit. Die Admonter Historie kann dieses Abbatiat durchaus zu den ereignisreichsten in seiner 950-jährigen Geschichte zählen.

## Anmerkungen


1 Der Ennstaler, 25.8.1907, 2. Jahrgang, Nr. 34.

2 AT-ABBA Aaa-505 (Kapitelbuch), S. 114.

3 Ebd., S. 153.

4 AT-ABBA Aaa-51b-120.

5 AT-ABBA Aaa-54-105.

6 Der Ennstaler, 25.8.1907, 2. Jahrgang, Nr. 34.

7 Krause, Adalbert: Zum Gedächtnis des verstorbenen hochwürdigsten Herrn Abtes Oswin Schlammadinger O.S.B., Admont 1953, S. 9.

8 Krause: Zum Gedächtnis, S. 4.

9 Pfarrchronik Admont, 1. Teil, S. 258.

10 Krause: Zum Gedächtnis, S. 4.

11 AT-ABBA O (Oswin Schlammadinger).

12 Krause: Zum Gedächtnis, S. 7.

13 Pfarrchronik Admont, 1. Teil, S. 361.

14 Lorenz, Tassilo Dominic: Die Apostolischen General-Visitationen in den österreichischen Stiften der Benediktiner und Augustiner-Chorherren im Pontifikat Papst Pius' XI. (1922–1939), in: Jahrbuch des Stiftes Klosterneuburg 23 (2019), S. 415.

15 AT-ABBA Aaa-506 (Kapitelbuch), S. 8–9.

16 Ebd., S. 9.

17 Ebd., S. 9.

18 Ebd., S. 26.

19 Ebd., S. 26.

20 Pfarrchronik Admont, 1. Teil, S. 361.

21 Lorenz: Die Apostolischen General-Visitationen, S. 415.

22 AT-ABBA Aaa-506 (Kapitelbuch), S. 42.

23 Ebd., S. 43.

24 AT-ABBA Aaa-142-53.

25 List, Rudolf: Stift Admont 1074–1974. Festschrift zur Neunhundertjahrfeier, Ried im Innkreis 1974, S. 450.

26 AT-ABBA O (Oswin Schlammadinger).

27 Ebd.

28 Ebd.

29 Ebd.

30 Der Ennstaler, 25.8.1907, 2. Jahrgang, Nr. 34.

31 Ebd.

# Das Musikarchiv des Benediktinerstiftes Admont

Ikarus Kaiser

Als die frühere Stiftskirche Admont beim großen Brand im Jahr 1865 zerstört wurde, fiel auch ein beträchtlicher Teil des dort gelagerten Musikarchives den Flammen zum Opfer. Der Historiker P. Jakob Wichner OSB, selbst ein Zeitzeuge der Katastrophe, berichtete 15 Jahre später gar von einer vollständigen Zerstörung des Musikalienbestandes.[1] Angesichts dieser pauschalen Feststellung wurde von musikwissenschaftlicher Seite im Stift Admont nicht mehr nach historischen Notenmaterialien gesucht.

Weitgehend unbemerkt begannen jedoch die mit der Kirchenmusikpflege betrauten Benediktiner dieser Generation mit dem Wiederaufbau einer neuen Musikaliensammlung. Einerseits suchten sie dafür im Kloster nach historischen Musikhandschriften und Drucken, die die Katastrophe offensichtlich doch überstanden hatten, weil sie rechtzeitig in Sicherheit gebracht worden waren oder sich in anderen, unversehrt gebliebenen Gebäudeteilen befanden. Andererseits wurde nach alter Tradition mit dem handschriftlichen Kopieren von Kirchenmusik-Werken begonnen, die früher zum Repertoire des Stiftschores gezählt hatten, so etwa die Messen der Wiener Klassiker.

Zusätzlich wurden auch die erreichbaren Musikalienbestände in umliegenden Pfarren und in den Stiftspfarren durchforstet und besonders diejenigen Musikalien mit direktem Bezug zur klösterlichen Musiktradition dem neu begründeten Archiv einverleibt, sei es, weil sie Werke von Admonter Komponisten überlieferten, sei es, weil sie andere Kompositionen enthielten, die vor dem Klosterbrand im Stift vorhanden waren. Dies erklärt beispielsweise die Existenz von Notenmaterialien aus den Pfarren Rottenmann,[2] St. Gallen[3] und Gams bei Hieflau[4] im heutigen Notenbestand. Andere wertvolle Musik-Handschriften gelangten entweder durch Erwerb oder als Schenkungen aus dem Stift Seitenstetten nach Admont.[5]

Auffälligerweise wurde im Zuge dieser Noten-Akquise nach wie vor ein besonderer Schwerpunkt auf handschriftliche Quellen und frühe Drucke gelegt – dies zu einer Zeit, da das Musikverlagswesen florierte und die Musikwerke älterer Meister und zeitgenössischer Komponisten längst in gedruckten Ausgaben vorlagen. Das so entstandene neue Musikarchiv wuchs bald wieder zu einer beachtlichen Größe an und wurde bis in die Zeit des Zweiten Weltkrieges für die Pflege der Kirchenmusik genutzt und kontinuierlich erweitert.

Vermutlich in dieser Zeit wurde es auch in einem Raum des nördlichen Kirchturms der Stiftskirche untergebracht. Nach Adalbert Krause umfasste es zu Beginn der 60er-Jahre des 20. Jahrhunderts eine Anzahl von 700 Quellen mit Werken von 181 Komponisten.[6] Diese vergleichsweise hohe Anzahl an Komponisten im Verhältnis zur Größe des Gesamtbestandes erscheint durchaus typisch für Musikarchive, die primär unter dem Aspekt des gezielten Sammelns entstanden sind, im Gegensatz zu historisch gewachsenen Gebrauchs-Musikarchiven, die meist deutlich mehr Werke einzelner Komponisten enthalten, die in der Praxis bevorzugt wurden. In den darauffolgenden Jahren wurde der Notenbestand wohl aufgrund seines hohen Anteils an handschriftlichen Materialien und des überlieferten Kirchenmusik-Repertoires immer weniger verwendet und geriet zunehmend in Vergessenheit. Um 2010 erfolgte auf Betreiben des Admonter Kirchenchorleiters Albert Wonaschütz eine Übersiedlung des Bestandes in das Sakristei-Archiv sowie eine erste Inventarisierung durch Elisabeth Thaler im Jahr 2013. Auf Initiative des Stiftsorganisten Thomas Zala wurde der Bestand schließlich im Jahr 2018 ins Stiftsarchiv verbracht und mit den dort lagernden Musikernachlässen und pfarrlichen Musikalienbeständen zu einem eigenen Archivkörper vereint.

Daran anschließend begann der Verfasser mit der systematischen Ordnung des Musikarchivs nach einzelnen kirchenmusikalischen Gattungen und mit der Katalogisierung im Rahmen der Online-Datenbank des „Répertoire International des Sources Musicales", „RISM" (Internationales Quellenlexikon der Musik).[7]

Der etwa 2000 Werke umfassende Gesamtbestand des Musikarchivs wurde dabei faszikuliert und in 90 Archiv-Schachteln umgelagert. Er gliedert sich in einen Hauptbestand, der das nach dem Kirchenbrand neu aufgebaute Musikarchiv enthält, sowie weitere Einzelbestände verschiedener Provenienzen, etwa das Notenarchiv der Stiftspfarre Frauenberg, das bereits früher auf Anregung des Musikwissenschaftlers Wolfgang Suppan (1933–2015) vom Stiftsarchiv übernommen wurde,[8] und mehrere Nachlässe einzelner Komponisten mit Bezug zum Stift Admont, etwa von Peter (Fr. Marquard) König (1870–1940),[9] Eduard Moeldner (1884–1960)[10] und Friedrich Soherr (1886–1969).[11] Gebundene Ausgaben, etwa die umfangreiche, bei Breitkopf und Härtel erschienene Palestrina-Gesamtausgabe in 33 Bänden, wurden ebenfalls geordnet und neu aufgestellt.

Die bisher katalogisierten Werke umfassen anteilsmäßig etwa zwei Drittel Musikhandschriften und ein Drittel Musikdrucke, beginnend von der Mitte des 18. Jahrhunderts bis zur Mitte des 20. Jahrhunderts. Der Hauptbestand ist nach den musikalischen Gattungen Messen, Gradualien, Offertorien, Vespern, Psalmen, Oratorien, marianische Antiphonen, geistliche Arien und Motetten gegliedert. Innerhalb der Gattungen wurde die Ordnung alphabetisch nach Komponisten vorgenommen.[12]

Ein historischer Musikarchiv-Bestand spiegelt immer ein konkretes Repertoire an Kompositionen wider, das an einem bestimmten Ort gepflegt und weiterentwickelt wurde. Durch den jähen Verlust vieler Musikalien im Zuge des Kirchenbrandes ist dieses Bild jedoch verzerrt, da die zusammengetragenen Musikalien den Brand zufällig überdauerten oder überhaupt aus anderen Archiven stammten und deren Erwerb oder Schenkung letztlich bewusst intendiert war. Anhand der Fülle an überlieferten Werken, die detailliert in der Datenbank zu recherchieren sind, sei exemplarisch auf die folgenden Musiker eingegangen:

Die beiden Komponisten P. Viktorin Berger OSB (1855–1914) und Michael Haydn (1737–1806) sind nach dem derzeitigem Forschungsstand jeweils mit über 100 Werken überliefert und rangieren anteilsmäßig an erster Stelle.

In absteigender Reihenfolge mit jeweils 50 bis 30 Werken vertreten sind die Komponisten Franz Xaver Witt (1834–1888), Franz Bühler (1760–1823), Johann Baptist Schiedermayr (1779–1840), Wolfgang Amadeus Mozart (1756–1791), Robert Führer (1807–1861), Anton Diabelli (1781–1858), Joseph Haydn (1732–1809), P. Philipp Pusterhofer OSB (1748–1804) und Joseph Leopold von Eybler (1765–1846).

Über 90 weitere Komponisten sind jeweils mit weniger als 30 Werken im Archiv repräsentiert. Dazu zählen beispielsweise Joseph Preindl (1756–1823) mit 28 Werken, Johann Gänsbacher (1778–1844) mit 20, Ignaz Martin Mitterer (1850–1924) mit 15, Joseph Hanisch (1812–1892) mit zehn, Albín Mašek (1804–1878), Joseph Widerhofer d. Ä. (1786–1857) mit jeweils neun, Sigismund Ritter von Neukomm (1778–1858) mit acht, **Franz Arnfelser** (1846–1898), Ludwig

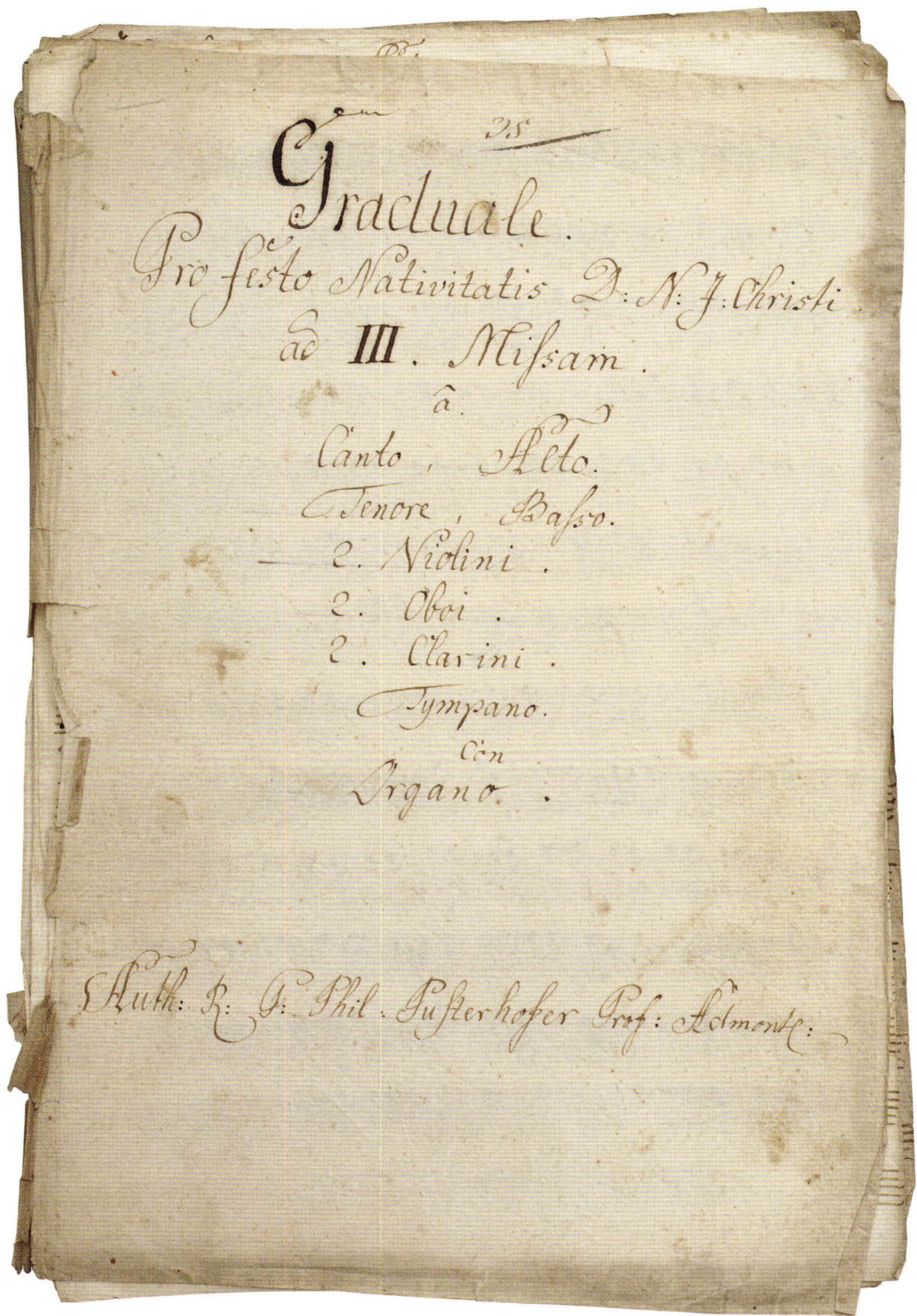



**Abb. 1:** Titelseite zu P. Philipp Pusterhofers Graduale für das Weihnachtsfest „Viderunt omnes".

Rotter (1810–1895), P. Aegidius Schenk **OFMConv** (1719–1780), Franz Schubert (1797–1828) mit jeweils fünf und H. Franz Josef Aumann CRSA (1728–1797) mit zwei Werken.[13]

Notenmaterialien eines Archives, die bestimmte Kompositionen unikal überliefern, also Werke, für die es nach derzeitigem Wissensstand keine weiteren handschriftlichen oder gedruckten Quellen in anderen Archiven gibt, sind musikgeschichtlich als besonders wertvoll zu erachten. Gingen solche Quellen verloren, hätte dies den kompletten Verlust der jeweiligen Kompositionen zur Folge.

Das Musikarchiv des Stiftes Admont besitzt allein 200 solcher Werke, für die bisher kein weiterer Beleg in einem bei RISM katalogisierten Archiv nachweisbar ist. Diese hohe Anzahl geht auf den großen Anteil von allein 122 im Autograf überlieferten Kompositionen des Admonter Benediktiners P. Viktorin Berger OSB zurück. Es sind dies knapp 60 Messen, über 20 Gradualien, 18 Offertorien sowie zahlreiche weitere Kirchenkompositionen.[14]

Er pflegte freundschaftlichen Kontakt mit dem Wiener Komponisten und Organisten an der Hofkapelle, Robert Fuchs (1847–1927), einem langjährigen Sommergast in Admont. Dieser widmete Abt Oswin Schlammadinger OSB (1868–1953) seine „Admonter Messe" in G-Dur, op. 108, und P. Viktorin einen Zyklus mit mehreren Chorliedern.[15] P. Viktorin war außerdem mit Anton Bruckner bekannt, der zweimal im Stift Admont zu Gast war und hier auch an der Orgel spielte.

Außer seinen zahlreichen Kirchenmusik-Werken hinterließ P. Viktorin nur wenige weltliche Kompositionen, unter denen jedoch seine groß angelegte Orchesterfantasie in c-Moll, Abt Oswin Schlammadinger OSB gewidmet, hervorsticht (vgl. Abb. 2).[16]

Weitere 25 Werke, die bisher nur in Admont nachgewiesen wurden, stammen vom Barockkomponisten P. Philipp Pusterhofer OSB, Benediktiner in Admont, darunter drei Messen und acht Gradualien. Bei diesen Quellen handelt es sich zum überwiegenden Teil um Abschriften (vgl. Abb. 1).[17] Bei RISM sind insgesamt derzeit knapp 80 Handschriften mit seinen Kirchenmusik-Werken in den Klöstern Admont, St. Lambrecht, Schlierbach, Reichersberg sowie im Musikarchiv des Salzburger Doms nachgewiesen.

Die Existenz mehrerer in Admont überlieferter Autografen des in Prag tätigen Komponisten und Chorregenten Albin Mašek (1804–1878) dürfte auf eine persönliche Verbindung zu Abt Benno Kreil OSB (1779–1863) zurückgehen. Mašek widmete ihm um das Jahr 1860 eine Lauretanische Litanei für achtstimmigen Chor und Orgel, die auch in späteren Jahren mehrmals in Admont aufgeführt wurde (vgl. Abb. 3).[18] Je zwei nicht weiter nachweisbare Messen und Litaneien des P. Aegidius Schenk OFMConv, Minorit und Organist in Graz, befinden sich außerdem im Bestand der Stiftspfarre Frauenberg innerhalb des Admonter Musikarchives.

Ebenso sind ein Tantum ergo für Chor und Orchester sowie eine als „Affectus Sancti Ignatii" bezeichnete Solo-Arie des bekannten Kirchenkomponisten Karl Raimund Kristinus (1843–1904) erhalten. Dieser war in den Jahren 1863 bis 1866 als Lehrer in Admont tätig und soll den Patres Marian und Viktorin noch in späteren Jahren einzelne Werke gewidmet haben, über deren Verbleib jedoch nichts bekannt ist.[19] Sein „Affectus Sancti Ignatii" ist in autografer Partitur-Kalligrafie aus dem Jahr 1875 überliefert.[20]

Unter den Werken mit keinem weiteren RISM-Nachweis sei außerdem auf die Kantate „Die sieben Worte Jesu Christi am Kreuze" des in Bruck an der Mur tätigen Komponisten Eduard Brunner (1843–1903) hingewiesen. Das ursprünglich für Frauenchor vorgesehene Werk wurde nachträglich für gemischten Chor adaptiert. Diese Umarbeitung könnte auf Eduard Brunner selbst zurückgehen, da die Quelle vermutlich autograf ist. Eine direkte Beziehung nach Admont bestand über seinen Sohn Adolf Brunner (1885–1958), der hier seit 1895 als Sängerknabe musikalisch unterwiesen wurde und später selbst als Komponist und Priester in Maria Buch bei Judenburg wirken sollte.[21]

Zu erwähnen ist auch der unikal überlieferte Hymnus „Ave mundi spes" des Komponisten Maximilian Nolli (1791–1841),[22] der mehrere Jahre lang auch in Admont als Tenorist und Organist wirkte,[23] bevor er nach Graz und später nach Judenburg ging.

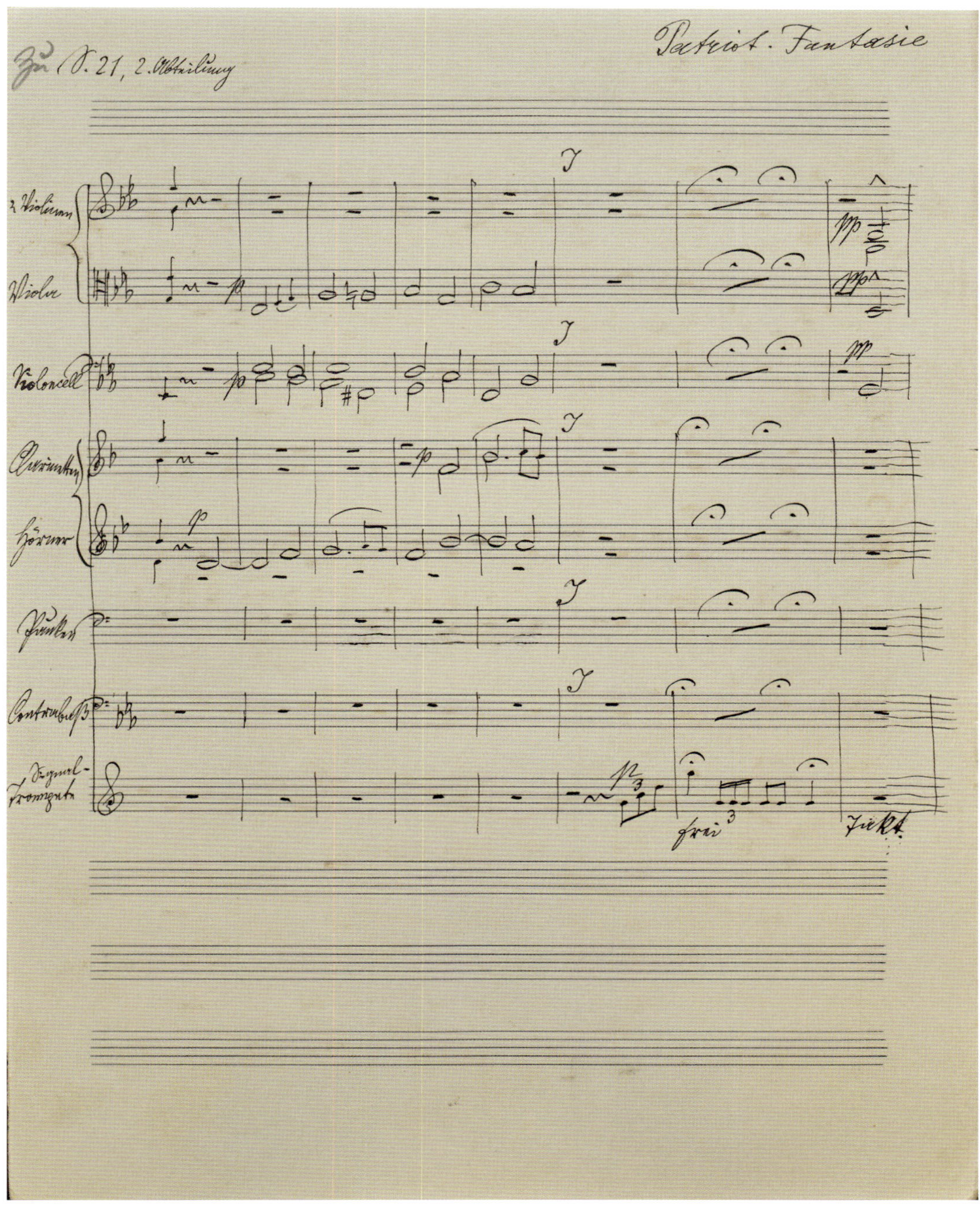



**Abb. 2:** Ausschnitt aus der autografen Partitur zur Orchesterfantasie von P. Viktorin Berger, A-A, Sig. 1272.

Diese Handschrift zählt wiederum zu einem eigenen großen Unterbestand an Abschriften des im oberösterreichischen Weyer tätigen Organisten Karl (I) Artberger (1759–1843) und seines Sohnes Karl (II) Artberger (1802–1891). Der Erwerb dieses Bestandes für das Admonter Musikarchiv könnte auf P. Othmar Berger OSB zurückgehen, der selbst in Weyer geboren war und somit die Lehrerfamilie Artberger gekannt haben musste.[24]

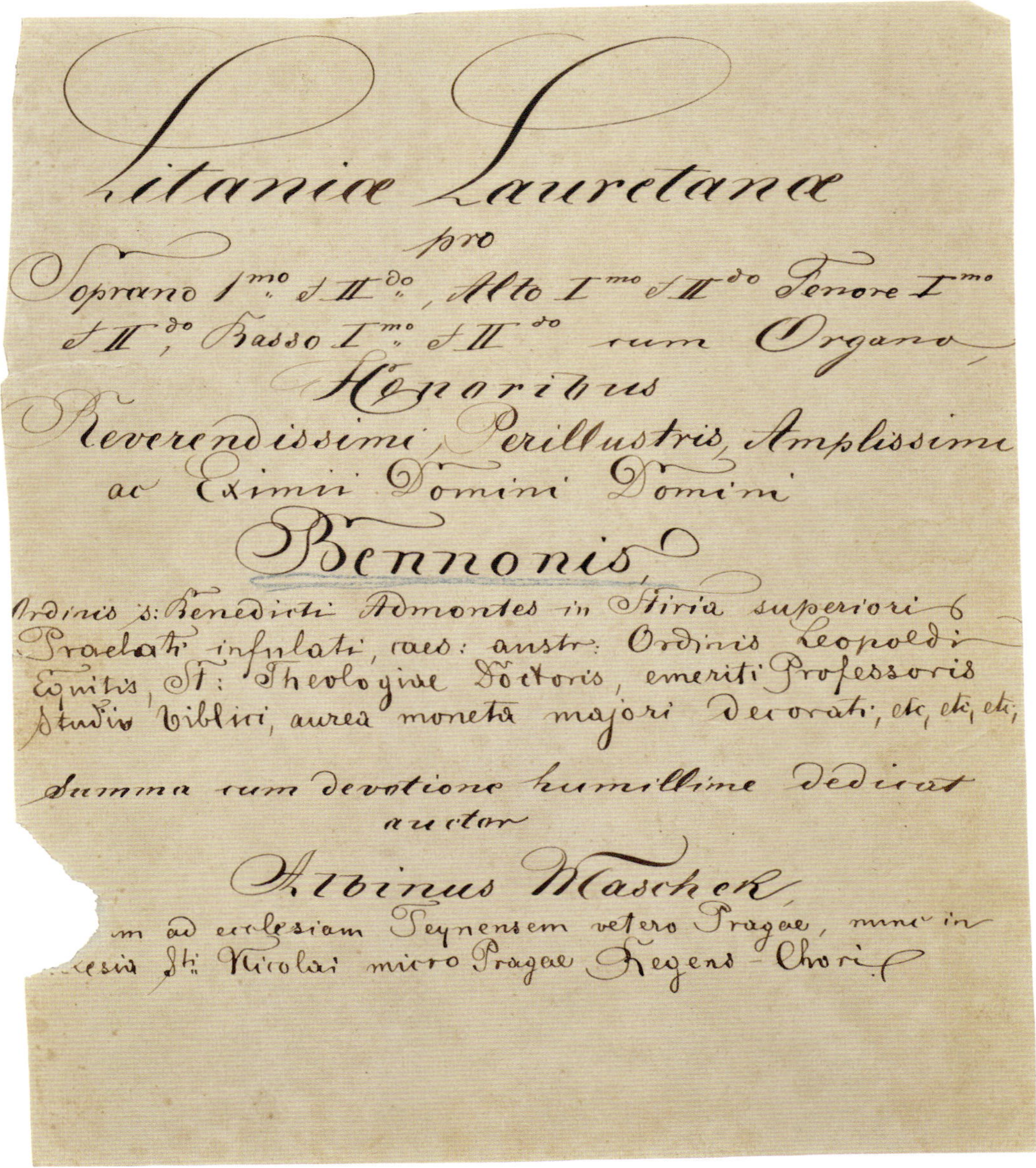

**Abb. 3:** Titelseite der Lauretanischen Litanei von Albin Mašek mit Widmung an Abt Benno Kreil OSB. A-A, Sig. 752.

Durch eine Widmung an den Admonter Benediktiner P. Virgil Käferbäck OSB (1834–1875) gelangte das Autograf zu einem Ave Maria für Chor und Orgel des Salzburger Komponisten und Regens Chori Johann Georg Pinzger (1799–1862) nach Admont.[25]

Weiters ist die bisher einzige bekannte Abschrift eines Offertoriums für das Fest St. Peter und Paul „Constitues eos" für Bass solo, Chor und Orchester von Johann Wittmann (1757–1847) im Archiv erhalten geblieben. Der ebenfalls aus Weyer gebürtige Komponist wirkte als Bassist und Kanzleibeamter im Stift Lambach und war mit Michael Haydn gut bekannt, der wiederum selbst eine Verbindung zum Stift Admont besaß.

Michael Haydns bekannte „Missa in honorem Sancti Gotthardi" MH 530, auch „Admonter Messe" genannt, war dem kunstliebenden Widmungsträger Abt Gotthard Kuglmayr OSB (1754–1825), genauer dessen Namenspatron, gewidmet.[26] In Admont ließen sich bisher weder das Autograf noch eine Abschrift dieses Werkes auffinden. Einer Notiz des Musikhistorikers Karl Emil von Schafhäutl (1803–1890) zufolge komponierte Haydn die „Admonter Messe" anlässlich der im Jahr 1788 erfolgten Abt-Benediktion, was die Vermutung eines Auftragswerks nahelegt.[27]

Der Komponist des berühmten „Admonter Krippenlieds", Leopold Hörlezeder (1824–1894), schrieb mehrere Messen, von denen das Autograf zur „Missa in F-Dur" aus dem Jahr 1881 erhalten geblieben ist.[28] Hörlezeder, der aus St. Oswald bei Haslach im Mühlviertel stammte, wirkte von 1850 bis 1857 als Lehrer in Admont und Tenorist im Kirchenchor, dem er sein ganzes Leben lang verbunden blieb. Nach Unterrichtstätigkeit in verschiedenen Orten in Oberösterreich verstarb er in Vöcklamarkt. Das „Krippenlied" zählt bis heute zum fixen Kirchenmusik-Repertoire in etlichen Kirchen der ganzen Obersteiermark.[29]

Die weitere wissenschaftliche Erschließung des Admonter Musikarchivs ist geplant. Für die Förderung der bisher geleisteten Arbeiten sowie für die gastfreundliche Aufnahme im Stift sei Abt Gerhard Hafner OSB und dem gesamten Konvent vielmals gedankt.

## Anmerkungen


1 Wichner, Jakob: Geschichte des Benediktiner-Stiftes Admont, Bd. IV, Graz 1880, S. 423.

2 Joseph Haydn: „Missa in angustiis" („Nelsonmesse"), Hob. XXII:11, Abschrift, Musikarchiv des Stiftes Admont (RISM-Sigel und nachfolgend: A-A) Sig. 116, oder Franz Bühler: „A solis ortu", Abschrift, A-A, Sig. 558.

3 P. Philipp Pusterhofer OSB: Graduale für den Pfingstsonntag, A-A, Sig. 290, Graduale für das Fest Verkündigung Mariens, A-A, Sig. 1114, Grabmusik, A-A, Sig. 295, Passionskantate, A-A, Sig. 901, Messe für die Osternacht, A-A, Sig. 906.

4 Ders.: Drei Gradualien, A-A, Sigg. 291–293.

5 Wolfgang Amadeus Mozart: Missa in C-Dur, KV 246a in einer bereits aus dem Jahr 1793 stammenden Abschrift, A-A, Sig. 215, Joseph Haydn: „Missa in honorem Beatissimae Virginis Mariae" („Große Orgelmesse"), Hob. XXII: 4, A-A, Sig. 115 sowie Michael Haydn: Gloria, MH 596, A-A, Sig. 144.

6 Krause, Adalbert: Zur Musikgeschichte Admonts, in: Zeitschrift des historischen Vereines für Steiermark 53 (1962), S. 203–216, hier S. 215.

7 opac.rism.info < Bibliothekssigel: A-A (= Österreich, Stift Admont). Es handelt sich dabei um einen weltweiten Verbundkatalog von kirchlichen, staatlichen und privaten Musikbibliotheken und -archiven. Die Recherche kann im Zuge der erweiterten Suche nach weiteren Kriterien, etwa nach

Angaben zum Komponisten, Titel, Datierung, Besetzungstyp, Quellenart, Tonart oder Musik-Incipits, beliebig modifiziert werden.

8 Suppan, Wolfgang: Ein älterer Musikalienbestand in der Wallfahrtskirche Frauenberg bei Admont in der Steiermark, in: Beer, Axel (Hg.): Festschrift Hellmuth Federhofer zum 100. Geburtstag, Tutzing 2022, S. 513–538.

9 Falvy, Zoltán: Art. „König (Király), Peter", in: Suppan, Wolfgang (Hg.): Steirisches Musiklexikon, Graz 1962–1966, S. 297.

10 Suppan, Wolfgang: Art. „Moeldner, Eduard", in: Ders. (Hg.): Steirisches Musiklexikon, S. 387.

11 Krause, Adalbert: Art. „Soherr, Fritz", in: Suppan (Hg.): Steirisches Musiklexikon, S. 547.

12 Zu den Katalogisierungsarbeiten im Stift Admont siehe außerdem Kaiser, Ikarus: RISM-Erschließung musikalischer Archivbestände in Oberösterreich und in der Steiermark, in: Forum Musikbibliothek. Beiträge und Informationen aus der musikbibliothekarischen Praxis 40/2 (2019), S. 13–19.

13 Der komplette Komponistenspiegel ist der RISM-Datenbank zu entnehmen.

14 Zur Biografie P. Viktorins und seiner zwei, ebenfalls musikalisch tätigen Brüder P. Othmar OSB und P. Marian OSB siehe Krause, Adalbert: Art. „Berger" in: Suppan (Hg.): Steirisches Musiklexikon, S. 36–37.

15 Bei einem dieser Besuche dirigierte Robert Fuchs selbst die „Michaels-Messe" von P. Viktorin, vgl. die Aufführungsnotiz vom 1. August 1908 im Autograf dieser Messe, A-A, Sig. 1159. Das Autograf zu seiner „Admonter Messe" befand sich im Besitz des Archivars der Wiener Philharmoniker, Karl Michael Schreinzer (1884–1960), und wird heute in der Österreichischen Nationalbibliothek, Musiksammlung, A-Wn, Sig. Mus. Hs. 30306 verwahrt.

16 A-A, Sig. 1272.

17 Zur Biografie siehe Krause, Adalbert: Art. „Pusterhofer" in: Suppan (Hg.): Steirisches Musiklexikon, S. 456–457.

18 A-A, Sig. 752.

19 Krause: Musikgeschichte Admonts, S. 211.

20 A-A, Sig. 1293.

21 Krause: Musikgeschichte Admonts, S. 203.

22 A-A, Sig. 659.

23 Wichner, Jakob: Zur Musikgeschichte Admonts, in: Mitteilungen des historischen Vereines für Steiermark 40 (1892), S. 1–57, hier S. 47.

24 Eine große Anzahl an Abschriften von Karl Artberger I und II ist auch im Archiv der Pfarrkirche Weyer an der Enns erhalten geblieben, siehe Kaiser, Ikarus: Das historische Musikarchiv der Pfarrkirche Weyer an der Enns, Wien 2006, passim.

25 A-A, Sig. 987.

26 Siehe dazu die im Carus-Verlag erschienene Erstausgabe samt wissenschaftlichem Vorwort von Armin Kircher, Stuttgart 2009.

27 Vgl. dazu die nachträgliche Notiz am Beginn der zeitgenössischen Partiturabschrift in der Bayerischen Staatsbibliothek München, D-Mbs, Sig. Mus.ms. 4136 (Digitalisat auf opac.rism.info, RISM Nr. 455022553).

28 A-A, Sig. 166.

29 Erschienen 1909 in Admont, Verlag der Kinderbewahranstalt. Ein originales Exemplar dieses Musikdruckes ist im Musikarchiv der Pfarre Weyer an der Enns, A-WEY, Sig. 368 erhalten.

OBJEKTE

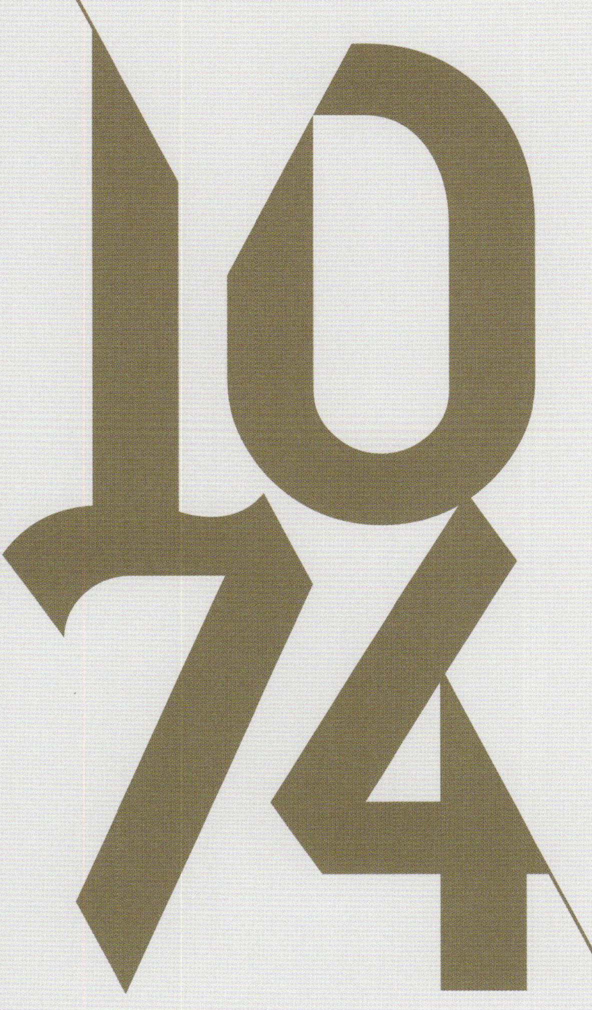

# 1. Stift und Klostergemeinschaft

Ein Kloster ist eine Gemeinschaft von Mönchen oder Nonnen, die ihr Leben Gott und dem Glauben gewidmet haben. Es ist aber auch ein kulturelles Zentrum, in dem Wissen gespeichert und weitergegeben wird und für das Kunstwerke hergestellt werden. Ein Kloster ist schließlich – vor allem im Mittelalter – auch das wirtschaftliche Zentrum einer Region. Klosterangehörige, Geistliche ebenso wie Laien, veranlassen die Rodung von Wäldern, die Nutzung des Bodens für die Landwirtschaft und den Abbau von Bodenschätzen wie etwa Salz und Mineralien. All das ist auch für das Stift Admont charakteristisch und bildet die Grundlage seiner langen Geschichte, die in den kommenden Ausstellungsräumen erkundet wird. Sie ist zum einen von Kontinuität und Prosperität geprägt, zum anderen von Krisen und Disruption. Admont war immer wieder dem Sturm der Zeit ausgesetzt und stand manchmal sogar vor der Auflösung.

## 1.1.    Ein Kloster wird gegründet

Klöster werden im Mittelalter entweder von reichen Adeligen oder von geistlichen Herren, zum Beispiel von Bischöfen, gegründet. Admont hat zwei Gründungspersönlichkeiten, die beides verkörpern: zum einen die vermögende Hemma von Gurk (um 995–1045), die dem Stift großen Grundbesitz überlassen hat, zum anderen den tatkräftigen Salzburger Erzbischof Gebhard (um 1010–1088), der das Männerkloster ins Leben rief und 1074 die Stiftskirche einweihte. Aus Salzburg, nämlich aus dem Kloster St. Peter, kamen auch die ersten Mönche nach Admont.

Zu den Gründern kann in einem spirituellen Sinn der hl. Benedikt (480–547) gezählt werden. Er hat im 6. Jahrhundert das abendländische Mönchtum gegründet, das sich im Unterschied zum orientalischen Mönchtum durch ein gemeinschaftliches Leben, Ortsbeständigkeit und Gelehrsamkeit auszeichnet. Zu den Klöstern, die sich auf den hl. Benedikt berufen, zählen in Österreich etwa auch die Stifte Kremsmünster, Melk, Seckau und St. Paul.

1.1.01
Anton Hafner
**Hl. Hemma von Gurk**
um 1959, Öl auf Hartfaserplatte, 114,5 x 82,8 cm

Der steirische Maler Anton Hafner (1912–2012) schuf neben Wand- und Deckengemälden für das Stift Admont auch Ölbilder. Ein sechsteiliger Zyklus aus den 1950er-Jahren zeigt Stationen im Leben der 1938 heiliggesprochenen Hemma von Gurk, der Stifterin des Klosters Admont.

Hemma von Gurk, Gräfin von Friesach, war eine der reichsten Frauen ihrer Zeit und kinderlose Witwe. Ihr Ehemann Wilhelm, ein Getreuer des Kaisers Arnulf, war ermordet worden. Sie beschloss, ihr Vermögen geistlichen Zwecken zukommen zu lassen, und wurde eine wichtige Stifterin von Kirchen und Klöstern. Hemma ließ in Gurk eine Marienkirche errichten und gründete ein Nonnenkloster. Dieses wurde von Erzbischof Gebhard später aufgehoben, um aus dessen Besitz die Basis für das Bistum Gurk zu schaffen.

1.1.01

1.1.02

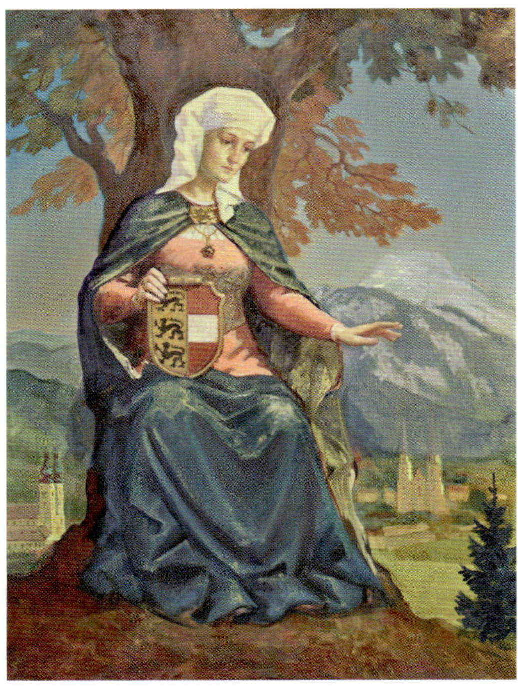

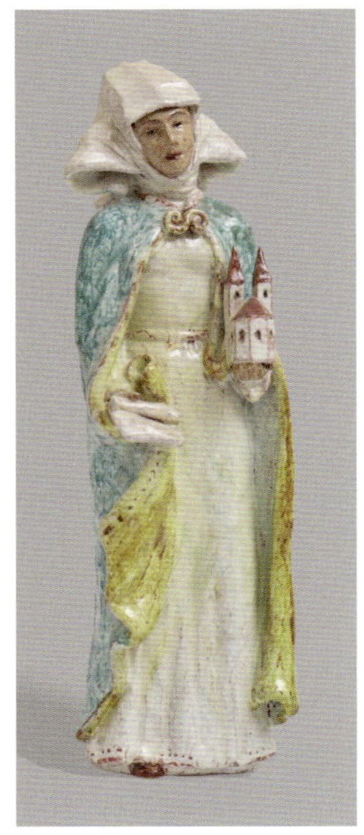

Hemma gehörten aber auch umfangreiche Besitzungen in der Obersteiermark, das damals noch ein Kernstück der Karantanischen Mark war. Vor ihrem Tod 1045 soll sie diesen Besitz dem Salzburger Erzbischof mit dem Auftrag übergeben haben, diesen für die Stiftung eines Klosters zu verwenden. Demnach hat man die Gründung Admonts auch als eine Art Wiedergutmachung Gebhards für das aufgehobene Nonnenkloster von Gurk betrachtet.

Die einflussreiche, im 11. Jahrhundert lebende Adelige wird bei Hafner mit den ästhetischen Konventionen der gegenständlichen Nachkriegsmalerei ins Bild gesetzt. Hafner verlieh den sakralen Themen und Personen stets eine eindringliche Monumentalität. Hier lehnt sich die Stifterin an einem Baum an, hält das Wappen Kärntens mit einer Hand und hält die andere schützend über das Stiftsprospekt von Admont zu ihrer Linken. Rechts sieht man im Hintergrund den Dom zu Gurk. (MRG/CR)

Lit.: SEEBACHER-MESARITSCH, T. Hafner, S. 42.

## 1.1.02
Camillo Kurtz
**Hl. Hemma von Gurk**
1940–1942, Keramik glasiert, 45 x 14 x 13 cm

Der vor allem als Landschaftsmaler und Porträtist bekannte Camillo Kurtz (1896–1973) schuf neben Öl- und Aquarellbildern auch Keramiken, so etwa diese farbig glasierte Statuette der hl. Hemma von Gurk. Die Heilige ist durch das Modell einer Kirche als Stifterin ausgezeichnet. Auch die Schriftrolle in

der anderen Hand ist wohl im gleichen Zusammenhang, nämlich einer Stiftung, zu sehen. Hemma war schon als junge Frau als Wohltäterin verehrt worden, erst recht als Stifterin. Nach ihrem Tod steigerte sich die Verehrung noch. Festmessen wurden ihr zu Ehren gehalten, Hemma-Steine als Wunschsteine verehrt,

Hemma-Ringe für das Segnen der Augen verwendet, sie selbst früh schon in Fresken verewigt. 1287 wurde sie seliggesprochen. Viele bedeutende Persönlichkeiten setzten sich für ihre Heiligsprechung ein, u. a. Kaiser Friedrich III. und seine Gemahlin. Aber erst 1938 kam es zur Kanonisation. (MRG/CR)

Lit.: GOLLNER, Alpenländische Kunstkeramik Liezen, S. 47; LAFER, Camillo Kurtz, S. 104 f.

## 1.1.03
Christoph Schmidberger
**Drei Jünglinge**
2000, Bleistift auf Hartfaserplatte, 95 x 154 cm

Diese detaillierte Entwurfszeichnung für ein nicht ausgeführtes Wandbild in der Klausur des Stiftes Admont zeigt die Gründer der Klöster Göttweig (Altmann von Passau), Admont (Gebhard von Salzburg) und Lambach (Adalbero von Würzburg). Die drei späteren Bischöfe waren eng in ihren Gesinnungen verbundene Studiengenossen. Sie gehörten zu wichtigen Unterstützern des Papstes in der Zeit des 1075 begonnenen Investiturstreits und traten für die Verbreitung eines neuen mönchischen Ideals innerlichen Gotterlebens ein. Zu dritt sollen sie einmal als Studenten am Fuße des Göttweiger Berges beisammengesessen sein und im Verlauf eines mehr scherzhaften Gesprächs für sich jeweils Bischofswürde und Klostergründung vorausgesagt haben. Altmann von Passau, Vorkämpfer der Gregorianischen Reform, war auch im September 1074 bei der Weihe der Stiftskirche anwesend. Christoph Schmidberger (* 1974) hat die drei Geistlichen auf für seine Bildwelten typische Weise realistisch, skizzenhaft und mit verschachtelten Zeitebenen dargestellt. In konstruktive Gespräche vertieft, sitzen die jungen Freunde in idealisierter Kleidung entspannt in einer Landschaft. Ihre später gegründeten Klöster Göttweig, Admont und Lambach sind im Hintergrund angedeutet. Eine Geschichte, wie sie sich vor rund 950 Jahren zugetragen haben könnte, wird hier erzählt. (MB/CR)

1.1.03

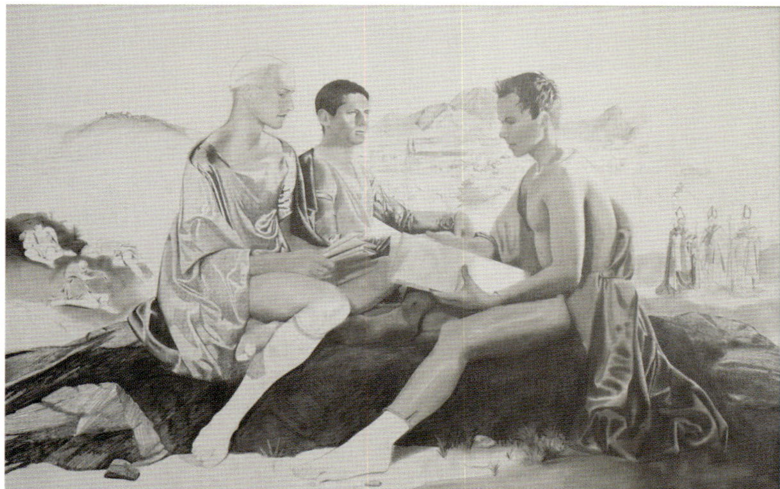

## 1.1.04
**Klostergründung durch Erzbischof Gebhard**
Ende 17. Jahrhundert, Öl auf Leinwand, 115 x 96 cm

Dieses sog. Gründungsbild des Stiftes Admont zeigt vor einem Landschaftshintergrund mit hohen Bergen und dem Stift Admont in der barocken Bauphase um 1700 die legendenhafte Begegnung des Erzbischofs Gebhard mit einem Taubstummen. Dieser begann auf wunderbare Weise zu sprechen und bestärkte den Erzbischof mit den Worten „Du wirst beginnen, Gott wird vollenden", die mittels Spruchbandes in der Darstellung in lateinischer Sprache zu lesen sind, in seinem Vorhaben, an Ort und Stelle ein Kloster zu grün-

den. Dieser Akt der Gründung ist durch das Auflegen der Hand auf den Grundstein, den ein Diener reicht, im Zentrum des Geschehens. In bemerkenswert genauer Wiedergabe der bis heute erhalten gebliebenen Insignien der Amtswürde von geistlichen Oberen (Mitra und Stab – hier: Gebhard-Mitra und Gebhard-Stab) wird der Gründer in Pontifikalkleidung dargestellt. Das Gemälde ist weder signiert noch datiert. Stilistisch und aufgrund von architekturgeschichtlichen Beobachtungen weist es in die Zeit um 1700. (MRG)

Lit.: HIMMELSTOSS (Hg.), Kunstschatten, S. 28 f., Nr. 3.

## 1.1.05
**Erzbischof Gebhard von Salzburg**
2023, Kunsthandwerkliche Nachbildung von Ulrike Sommer auf Datenbasis einer digitalen kraniofazialen Rekonstruktion

Die Figur wurde auf Basis einer digitalen Rekonstruktion und kraniometrischen Daten gestaltet, die nach der Vermessung und Analyse der Knochen und des Schädels von Erzbischof Gebhard durch die Anthropologin Silvia Renhart erstellt wurden. Gebhard ist hier in einfachem weißem Gewand im Alter von etwa 75 Jahren dargestellt. Er wurde 1010 geboren, stammte aus dem schwäbischen Hochadel, verbrachte seine Jugend im Kloster St. Blasien im Schwarzwald, wo er entscheidende Anregungen für die Erneuerungsbewegung erhalten hatte. Später studierte er in Würzburg und Paris, 1055 wurde

er zum Priester geweiht. Gebhard hatte zunächst ein gutes Verhältnis zu Kaiser Heinrich IV., war zeitweise sogar Kanzler des Reiches. 1060 wurde er Erzbischof von Salzburg. In dieser Funktion erweiterte er den Einflussbereich Salzburgs. Dabei war er allerdings dem Kaiser zu mächtig geworden, der ihn deshalb seines Amtes enthob und einen Gegenbischof einsetzte. Erst 1086 konnte er wieder in Salzburg einziehen. Gebhard starb 1088 auf Burg Werfen, wurde aber seinem Willen gemäß in der Stiftskirche Admont bestattet. (CR)

## 1.1.06
**Sog. Gebhard-Stab**
siculo-arabisch, 12. Jahrhundert, Elfenbein (Krümme, Knauf), Ebenholz (Schaft), 147,7 x 9,5 cm

Der Hirtenstab wird mit dem sel. Gründer des Stiftes, Erzbischof Gebhard, in Verbindung gebracht. Die Frage, wem das Recht zustand, Bischöfen und Äbten Ring und Stab zu verleihen, prägte den Investiturstreit. Erst nach dem Wormser Konkordat von 1122 akzeptierte Kaiser Heinrich V. den Anspruch des Papstes auf das

Recht der Einsetzung hoher geistlicher Würdenträger. Die Krümme, die in einen Drachenkopf endet, ist wie auch der Knauf aus Elfenbein gefertigt und lässt sich stilistisch in das 12. Jahrhundert einordnen. Vermutlich arbeiteten arabische Handwerker in Sizilien an der Fertigung der Krümme. Bemerkenswert ist das

1.1.05

1.1.06  1.1.07

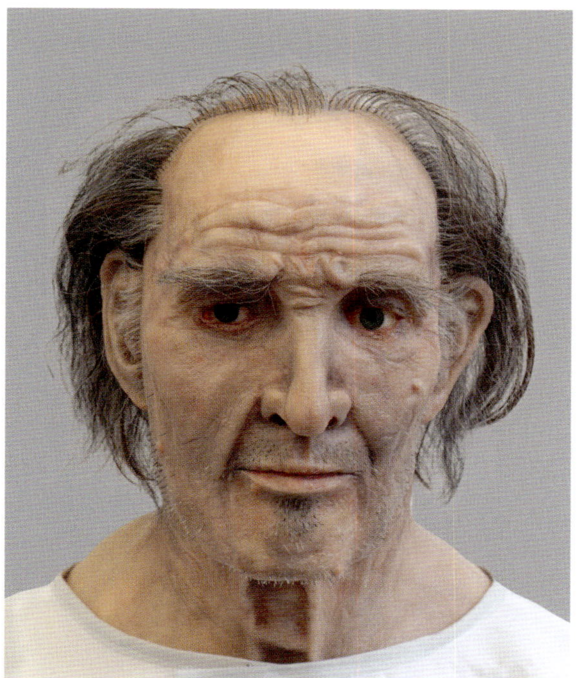

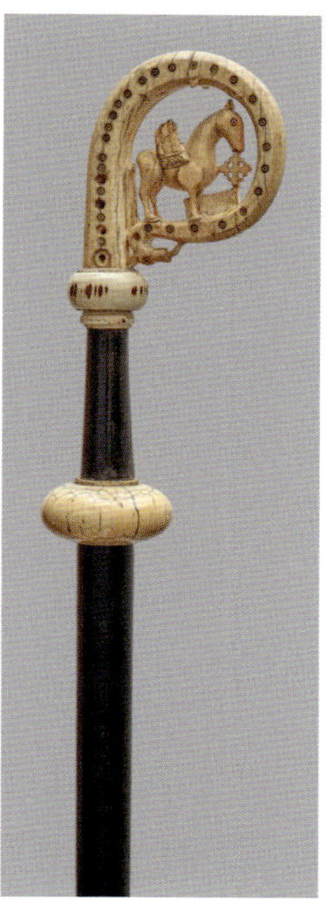

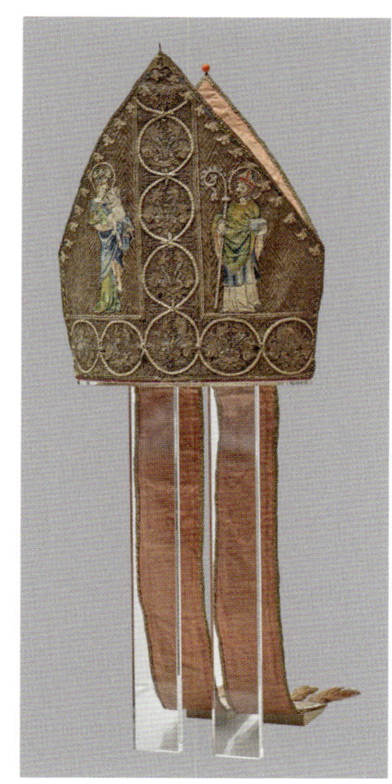

ohne direkte Vergleiche stehende geflügelte Pferd mit Kreuzblume, das sich innerhalb der Krümme

zeigt. Der Schaft wurde im 20. Jahrhundert neu aus Ebenholz gearbeitet. (MRG)

Lit.: PIPPAL, Kat.-Nr. 51, S. 224.

## 1.1.07
### Sog. Gebhard-Mitra
Österreich, 1360er-Jahre, Gold-, Seiden- und Perlenstickerei auf Leinengrund, 34,8 x 32,2 cm, je 48 x 7,6 cm (Nackenbänder)

Die Tradition des Stiftes Admont bringt die Mitra mit Erzbischof Gebhard in Verbindung. Sie entstand wohl in den 1360er-Jahren, vielleicht noch in der Regierungszeit von Abt Ulrich, der als päpstlich verliehenes Privileg an die Admonter Äbte eine Mitra, also eine liturgische Kopfbedeckung von Bischöfen, tragen

durfte. Nicht restlos geklärt ist die Ikonografie der Dargestellten in den seitlichen Feldern. Es könnte sich um die Figurenpaare Maria und Blasius sowie Rupert und Virgil handeln. In den Nackenbänder-Medaillons finden sich Brustbilder der zwölf Apostel. (MRG)

Lit.: WAGNER, Kat.-Nr. 309, S. 573 f.

## 1.1.08

1.1.08

**Konventsiegel**
Ende 12. Jahrhundert, 10,5 x 7 cm
Stiftsarchiv Admont, Uk-2622

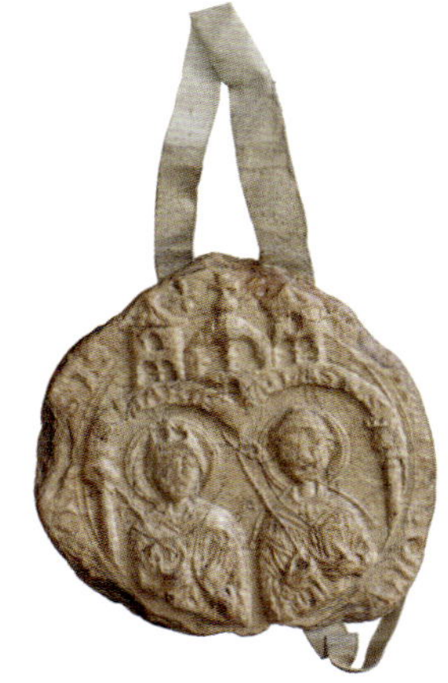

Mit diesem Siegel wurden die Urkunden versehen, die
durch den gesamten Konvent, also die Klostergemeinschaft, zu besiegeln waren, im Unterschied zum Abts-
siegel, das die persönlichen Insignien des Abtes trug.
Erzbischof Gebhard von Salzburg weihte am 29. September 1074 das Kloster Admont und stellte es unter
das Patrozinium der hll. Maria und Blasius. Die frühen
Siegel des Klosters stellen dieses Doppelpatrozinium dar.
Unter einer romanischen Architektur, die möglicherweise einen Hinweis auf das damalige Aussehen der
Stiftskirche gibt, sind die Brustbilder der Gottesmutter mit Krone und Lilienzepter sowie des hl. Blasius in
Pontifikalkleidung mit Stab und Buch zu sehen. Die
zu diesem Siegel gehörende Urkunde wurde von Abt
Gottfried II. am 18. April 1224 ausgestellt. (MS)

Lit.: WICHNER, Geschichte des Benediktiner-Stiftes Admont (Bd. II), S. 35.

## 1.1.09

**Admonter „Stiftsbrief" Erzbischofs Konrads von 1106 (Kopiale Überlieferung)**
Admont (?), 1231–1259, Pergamenthandschrift, 25,5 x 17 cm
Stiftsbibliothek Admont, Cod. 475

Der Stiftsbrief ist eigentlich eine Art Güterverzeichnis.
Er zählt die Schenkungen Gebhards vermehrt um spätere auf. Besonders bedeutsam: die beiden Salzpfannen
in Bad Reichenhall sowie die Salzpfanne in Hall, die
gleich am Anfang erwähnt werden. Weiters werden
Besitzungen im Pongau, im Lungau, in den Tauern

1.1.09

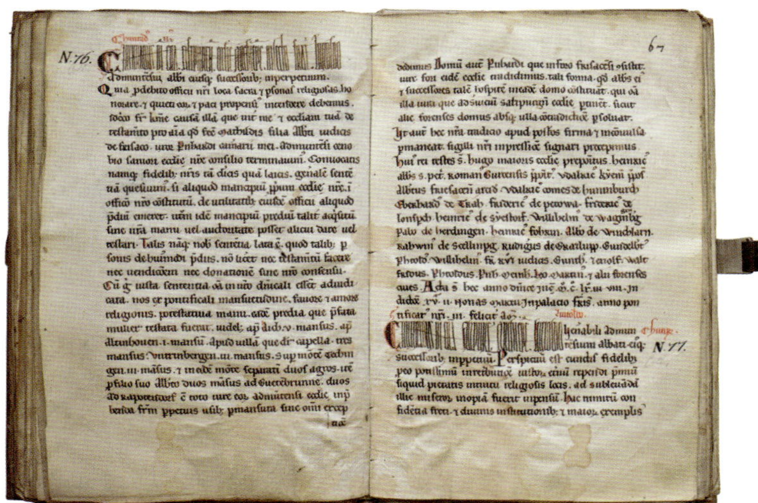

und in Kärnten genannt. Grundbesitz war die essenzielle Basis für das Stift. Dessen Bewirtschaftung hat der Region Aufschwung verliehen. Noch vor dem Stiftsbrief hatte bereits im Jahre 1093 Erzbischof Thiemo von Salzburg Güter und Rechte des Klosters bestätigt. Die Kopie des Stiftsbriefes erwähnt aber auch Rechte und Pflichten des Konvents wie etwa die freie Abtswahl. Er stellt eines der wichtigsten und wertvollsten Dokumente des Klosters dar. Eine Gründungsurkunde des Klosters Admont aus dem Jahr 1074 ist nicht überliefert. (MS)

Lit.: WICHNER, Geschichte des Benediktiner-Stiftes Admont (Bd. I), S. 59 u. 234; LIST, Stift Admont, S. 37.

## 1.1.10
Benedictus de Nursia
**Regula**
Nordfrankreich (Paris), 14. Jahrhundert, Pergament-Handschrift, 34 Blätter, 25,5 x 18 cm
Stiftsbibliothek Admont, Cod. 962a

Es handelt sich um eine der schönsten Regelhandschriften, die sich im Besitz des Stiftes befinden. Benedikt von Nursia (480–547) stammte ursprünglich aus der Gegend von Perugia. Während seines Studiums in Rom beschloss er, sich in die Einsamkeit zurückzuziehen, um Gott zu dienen. Nach Zwischenstationen als Leiter einer Mönchsgemeinschaft, mit der er wegen seiner Strenge und Konsequenz in Konflikte geraten war, beschloss er, auf dem Berg von Monte Cassino sein eigenes Kloster zu gründen. Aus reicher Erfahrung schöpfend, verfasste er dort die Regel über das Zusammenleben der Mönche. Benedikt begründete einen neuen Typ abendländischen Mönchstums, in der Gemeinschaft und verbindliche Regeln des Mönchslebens betont werden. Die der Regula Benedicti folgenden Klöster bildeten bald ein internationales Netzwerk. Ende des 12. Jahrhunderts gab es bereits 1200 Benediktinerklöster in Europa. Die Benediktsregel enthält sowohl Vorschriften zur spirituellen Basis der Mönchsgemeinschaft als auch zur Verwaltung und Wirtschaft eines Klosters. (KS/CR)

1.1.10

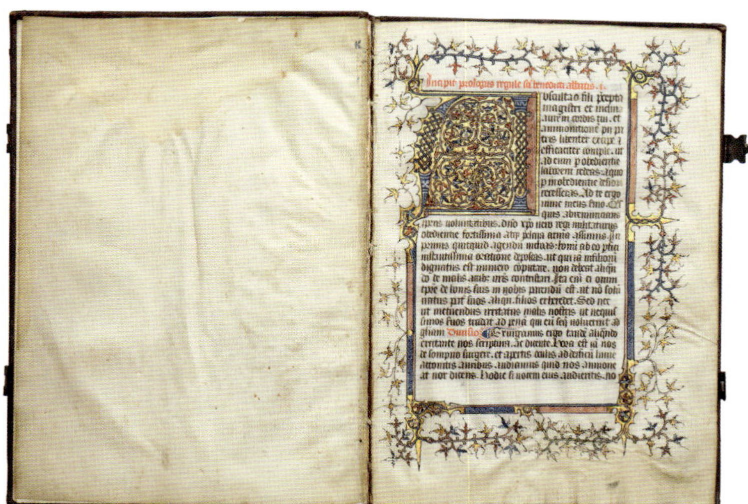

## 1.2. Das spirituelle Leben im Kloster

Ora et labora – et lege. Beten, Arbeiten und Lesen sind Grundsätze des benediktinischen Ordens. Dementsprechend gehören Bücher zur Grundausstattung eines Klosters. In Admont wurden Bücher aber nicht nur gesammelt, sondern auch kopiert und geschrieben. In der Zeit vor der Erfindung des Buchdrucks erfolgte dies ausschließlich durch die Hand. War der Haupttext fertig, wurden Initialbuchstaben eingetragen, danach wurden manche Handschriften auch illustriert. Über die Arbeitsweise der Admonter Schreib- und Zeichenschule sind wir durch das Ordensgesetzbuch des Klosters Hirsau unterrichtet, an dem sich auch Admont orientierte. Schreibermönche waren vom gemeinsamen Chor ausgenommen und verrichteten zu anderen Stunden ihr Gebet. Die Schreibstube, das Skriptorium, galt als sakraler Ort, der mit Gebeten eingeweiht wurde. Der Armarius, der Bibliothekar, arbeitete mit einer Reihe geschulter Mönche an der Herstellung und Aufbewahrung der Handschriften. Wegen des strengen Stillschweigens bediente man sich zur Verständigung einer eigenen Zeichensprache. Wichtige Schriftdokumente eines Klosters sind auch die Professurkunden, die meist im Rahmen einer Messfeier unterschrieben werden. Die Profess (das Ordensgelübde) ist das feierliche Versprechen, dem Dienst an Gott und an den Menschen sein Leben zu widmen und nach einer Ordensregel zu leben. Kennzeichnend für das benediktinische Mönchstum vor allem in Mittel- und Westeuropa sind Gebetsverbrüderungen, ausgedrückt in Form sog. Totenroteln, schriftlicher Todesbotschaften, die von Boten von einer Klostergemeinschaft zur anderen gebracht werden.

### 1.2.01

**Evangeliarium**
Salzburg, um 1070, Pergament-Handschrift, 236 Blätter, 23 x 19 cm
Stiftsbibliothek Admont, Cod. 511

Die künstlerische Ausstattung dieser Handschrift, die zu den ersten Dotationen der Bibliothek gehört, stammt von dem auch in Salzburg nachweisbaren Kustos Berthold. Aufgeschlagen ist in der Ausstellung der Beginn des Lukas-Evangeliums: links auf Goldgrund der Evangelist am Schreibpult, rechts auf Purpurgrund der Beginn des Evangeliums mit der Initiale „Q(oniam)". (KS)

Lit.: LIST, Stift Admont, S. 31.

1.2.01

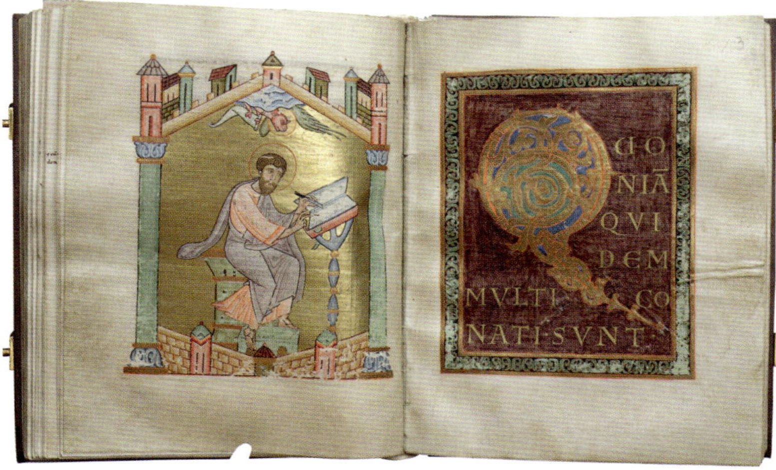

1.2.02

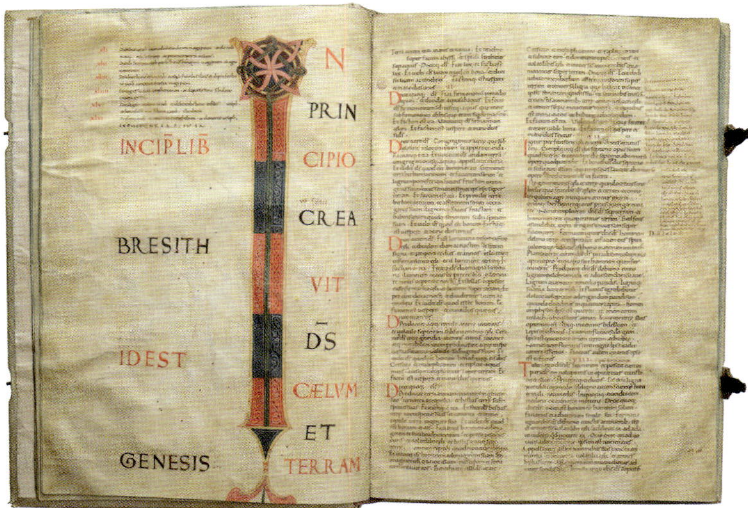

## 1.2.02
**Die Heilige Schrift des Alten Testaments („Riesenbibel" I, 1. Band)**
Oberitalien (San Benedetto di Polirone?), um 1070, Pergament-Handschrift, 160 Blätter, 54 x 38,5 cm
Stiftsbibliothek Admont, Cod. C

Der Band enthält das Alte Testament auf Latein vom Buch Genesis bis zum Propheten Baruch. Weggelassen sind dabei jedoch die Psalmen. In der Ausstellung ist der Beginn der Genesis (des ersten Buches Moses) aufgeschlagen; die verzierte Initiale gehört zum ersten Wort „In". (KS)

Lit.: SEEBERG, Illustrationen, S. 23 u. 80.

## 1.2.03
**Sog. Admonter Riesenbibel**
Salzburg, 1145/50
Wien, ÖNB, Cod. Ser. n. 2701 u. 2702
Digitale Reproduktion

Die Admonter Riesenbibel gilt als ein Hauptwerk der salzburgischen Buchmalerei. Sie umfasst zwei Bände, etwa 500 Seiten und enthält 40 zum Teil ganzseitige Miniaturen sowie etwa 100 kunstvoll gestaltete Initialen. Der Begriff „Riesenbibel" bezieht sich auf das außerordentliche Format der Handschrift. Ursprünglich wurden solche in Italien hergestellt, nach deren Vorbild hat man diese aber auch nördlich der Alpen gefertigt. Es handelt sich um eine der bedeutendsten Handschriften aus dem ehemaligen Besitz Admonts. In den 1930er-Jahren musste sie aus wirtschaftlichen Gründen verkauft werden. (CR)

Lit.: FINGERNAGEL, Die Admonter Riesenbibel.

1.2.04

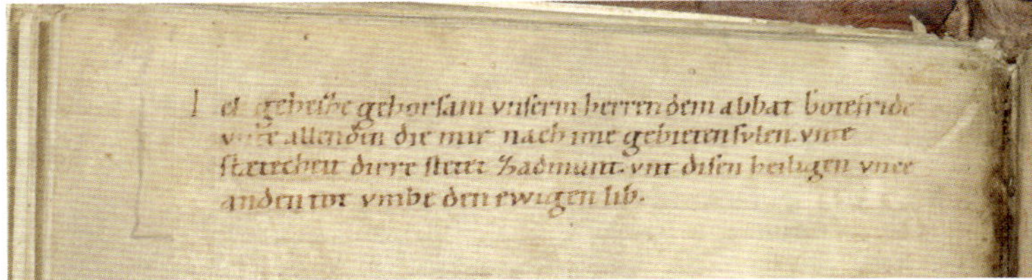

1.2.05

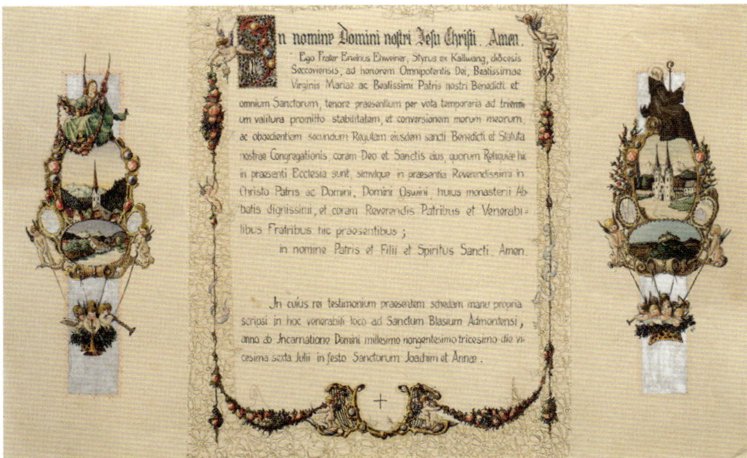

## 1.2.04
**Sammelhandschrift mit Martyrologium Usuardi, Regula S. Benedicti, Homiliae in Evangelia**
Admont, 2. Drittel 12. Jahrhundert, Pergament-Handschrift, 141 Blätter, 22 x 16 cm
Stiftsbibliothek Admont, Cod. 567

In der Ausstellung aufgeschlagen ist fol. 44v, das „Nonnengelöbnis". Dabei handelt es sich um die älteste erhaltene deutschsprachige Professformel für zukünftige Konversen, also Laienbrüder und Laienschwestern, eines Benediktinerstiftes. (KS)

Lit.: Bʀuchhold, Eine Admonter Konversenprofess.

## 1.2.05
**Professurkunde des Admonter Benediktiners P. Erwin Ehweiner OSB (26. Juli 1930)**
20,5 x 34 cm
Stiftsarchiv Admont, Aaa-143-145

P. Erwin war ein talentierter Zeichner und Illustrator. Seine Urkunde (der Text ist immer vorgegeben) hat er mit Abbildungen seines Heimatortes Kalwang und des Stiftes Admont versehen. (MS)

Lit.: Grünfelder, Professbuch.

1.2.06

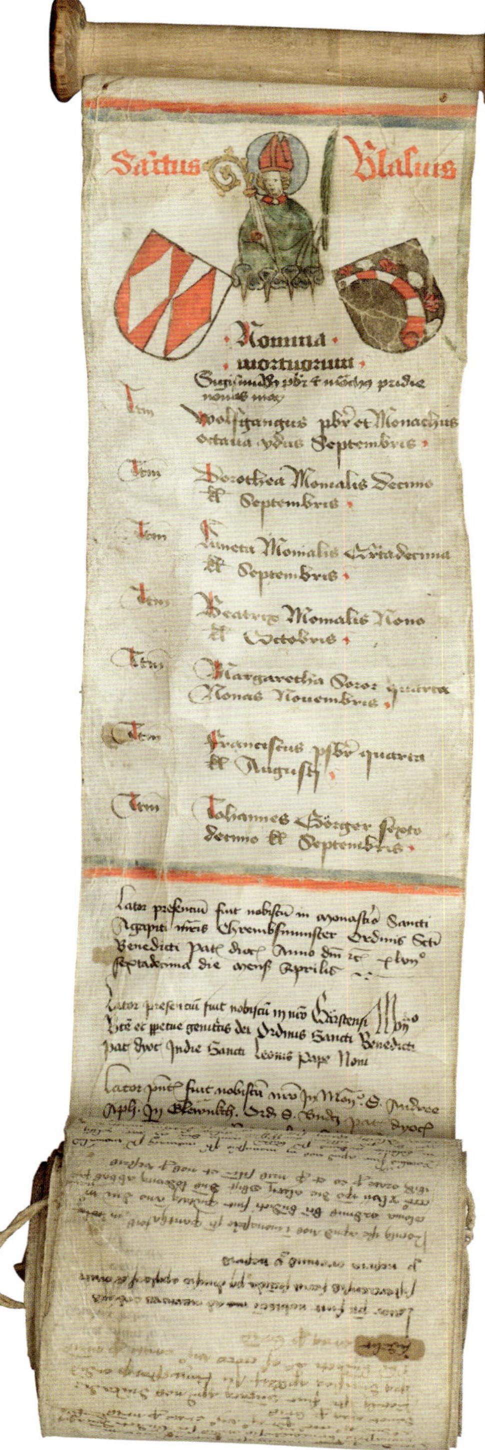

## 1.2.06
**Totenrotel aus der Zeit des Abtes Andreas Stettheimer**
1447–1448, Pergament, 2,91 m
(Länge) x 15 cm (Breite)
Stiftsarchiv Admont, J 220

Eine Rotel ist eine Pergamentrolle, die um einen hölzernen Stab aufgewickelt wurde. Am Anfang der Rotel findet sich die Abbildung des hl. Bischofs Blasius, des Patrons des Klosters Admont, darunter das Stiftswappen sowie jenes des regierenden Abtes Andreas. Es folgt die Bitte um das Gebet für einige namentlich angeführte Mönche und Nonnen von Admont. Der Rotelbote hatte den Auftrag, von Kloster zu Kloster zu reiten und die Todesnachrichten zu verkünden sowie um das Gebet zu bitten. Die Bestätigung der Anwesenheit des Boten in zahlreichen Klöstern folgt auf voller Länge der Rotel. (MS)

Lit.: TOMASCHEK, Admonter Rotelboten.

## 1.3. Die Klosteranlage im Mittelalter – eine Spurensuche

Das Kloster der Gründungszeit wird ein einfacher Bau gewesen sein. Angesichts der sehr kurzen Bauzeit geht man von einer provisorischen Anlage aus, die aus Kirche, Kreuzgang und Nebengebäuden bestand und weitgehend aus Holz errichtet wurde. Aufgrund der Bestattung des Erzbischofs Gebhard ist aber anzunehmen, dass zumindest die Kirche auch steinerne Elemente aufwies. In der Lebensbeschreibung von Gebhard ist sogar von „marmore caprioso", also reichlich Marmor, die Rede. Im Westen der Kirche ist eine Vorhalle anzunehmen, weil eine solche bei der Bestattung des ersten Abtes 1090 erwähnt wird. Weitere Gebäude waren der Speisesaal, das Refektorium, ein Schlafsaal, das Dormitorium, Werkstätten, Krankenstation und Gästehäuser sowie Bibliothek und Schreibstube.

Die erste Klosteranlage wurde durch den Gegenerzbischof Berthold von Moosburg schon bald nach der Errichtung geplündert und beschädigt, aber wiederhergestellt.

Für das 12. Jahrhundert ist ein romanischer Kirchenbau gesichert. Unter Abt Wolfhold (reg. 1115–1137) wurde die Klosterkirche, unterstützt durch Erzbischof Konrad I. von Salzburg, erneuert. Damals erhielt sie das Doppelpatrozinium Maria und Blasius. Nach einem zeitgenössischen Bericht des 12. Jahrhunderts heißt es, dass „ein schönerer und edlerer Bau im norischen Bergland kaum zu finden war". In einem Brand des Jahres 1152 wurde dieser weitgehend vernichtet.

Danach wurde die Kirche als zweischiffige Basilika mit drei Apsiden neu errichtet. Dieser zweite romanische Bau ist noch heute am Grundriss des Langhauses ablesbar. Auf dem Konventssiegel von 1198 ist eine Doppelturmfassade zu sehen. Möglicherweise hat die spätromanische Kirche ähnlich jener von Hirsau ausgesehen, dessen Kloster auch in architektonischer Hinsicht einflussreich war. Im Inneren zeichnete sich dieser Baustil durch klare Linien aus. Möglicherweise gab es im Langschiff einen Stützenwechsel ähnlich jenem der bis heute erhaltenen romanischen Stiftskirche von Seckau.

Um 1300 wurde der Chor, inspiriert von den Kirchen der Bettelorden, deutlich erweitert und das Chorgestühl ins Presbyterium verlegt. Die Kirche war nun nicht mehr nur „oratorium" der Mönche, sondern diente der Aufnahme einer großen Volksmenge zum festlichen Gottesdienst. In der 2. Hälfte des 14. Jahrhunderts wurde das ursprünglich flach gedeckte Langhaus eingewölbt, die Türme wurden ausgebaut und das Kircheninnere erhielt neue Altäre im spätgotischen Stil.


1.3.01
Hans Valkenauer (?)
**Anna Selbdritt**
1510, Holz, gefasst und bemalt, ca. 73,5 x 66 x 22 cm


Vermutlich stammt diese Figurengruppe vom Salzburger Bildhauer Hans Valkenauer. Sie zeigt Maria mit offenem Haar als Zeichen ihrer Jungfräulichkeit. Ihre Mutter Anna ist mit dem Kopftuch der Ehegattin dargestellt, dazwischen befindet sich der Jesusknabe. Das Bildwerk soll ursprünglich auf dem Hochaltar der Stiftskirche gestanden sein. (MB)

Lit.: Himmelstoss (Hg.), Kunstschatten, S. 134, Nr. 35.

1.3.01

1.3.02

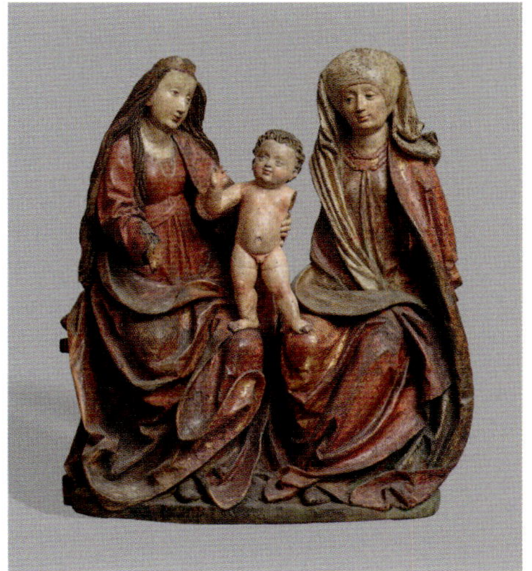

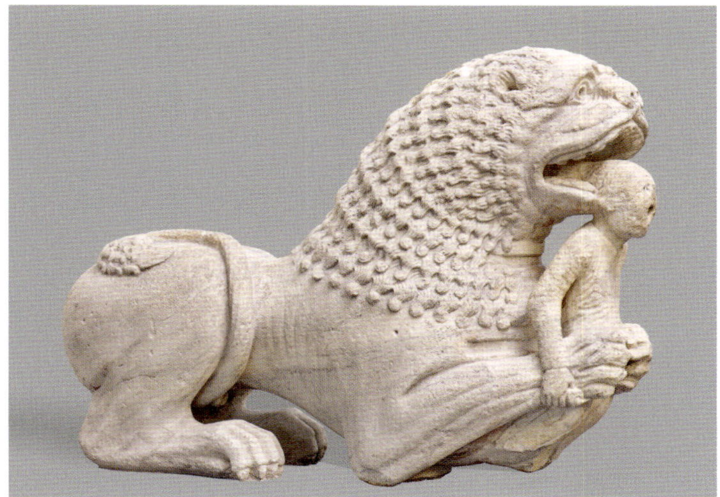

## 1.3.02
**Sog. Admonter Löwe**
Oberitalien, um 1200, Stein, 88 x 130 x 40 cm

Dieses Steinbildwerk, dessen Stilmerkmale auf den oberitalienischen Kunstkreis hindeuten, war wohl ursprünglich in der Stiftskirche aufgestellt, da konkrete Anhaltspunkte für die Verwendung als Portalfigur fehlen. Die Symbolik ist nicht zweifelsfrei zu deuten.

Lit.: Dahm, Kat.-Nr. 129, S. 380 f.

Da sich die Menschenfigur mit weit geöffnetem Mund und Augen an den Pranken des Löwen festhält, könnte damit ein Sich-Ergeben in das heilsversprechende Christentum gemeint sein. (MRG)

## 1.4. Das Nonnenkloster

Zwischen 1116 und 1120 wurde dem Stift ein Frauenkloster nach der Benediktus-Regel angegliedert. Die ersten Nonnen dürften vom Nonnberg in Salzburg gekommen sein. 1144 ließ Abt Gottfried für die Nonnen südlich des Männerklosters größere Gebäude mit einer Kirche errichten. Das Kloster erwarb sich rasch überregionale Reputation. Admonter Nonnen wurden Äbtissinnen in Reformklöstern des süddeutschen Raums. Angesehene Adelsfamilien vertrauten dem Kloster ihre Töchter zur Erziehung an. Die hochrangigste unter ihnen war Sophie, die Tochter König Belas II. von Ungarn.

Das Admonter Nonnenkloster war aber auch ein Zentrum hochmittelalterlicher Schriftkultur. Es verfügte über eine eigene Bibliothek, die im 14. Jahrhundert etwa 360 Bände umfasste, nicht viel weniger als die Bibliothek des Männerklosters.

Im frühen 16. Jahrhundert begann, unter dem Eindruck der Reformation, der Niedergang der Schwesterngemeinschaft. Nonnen verließen das Kloster und heirateten. 1562 gab es nur noch zwei Nonnen, 1570 wurde das Frauenkloster als unbewohnbar bezeichnet und 1582 starb mit Benigna Zwickl die letzte Nonne.

1.4.01

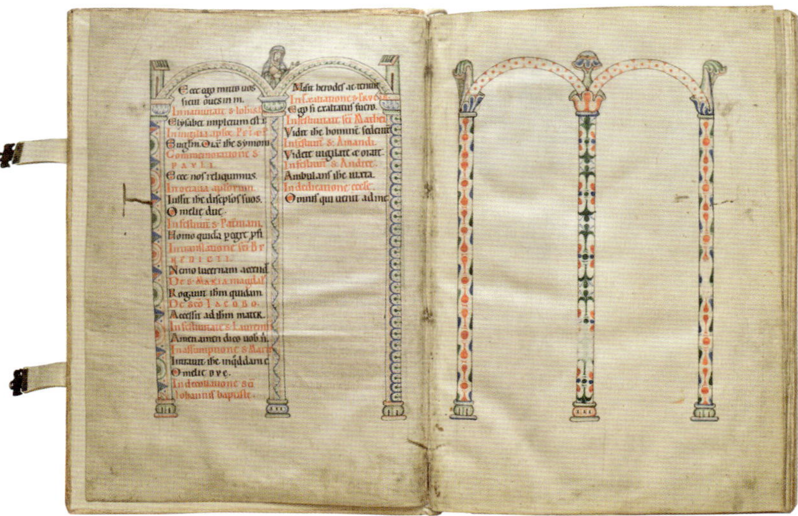

1.4.02

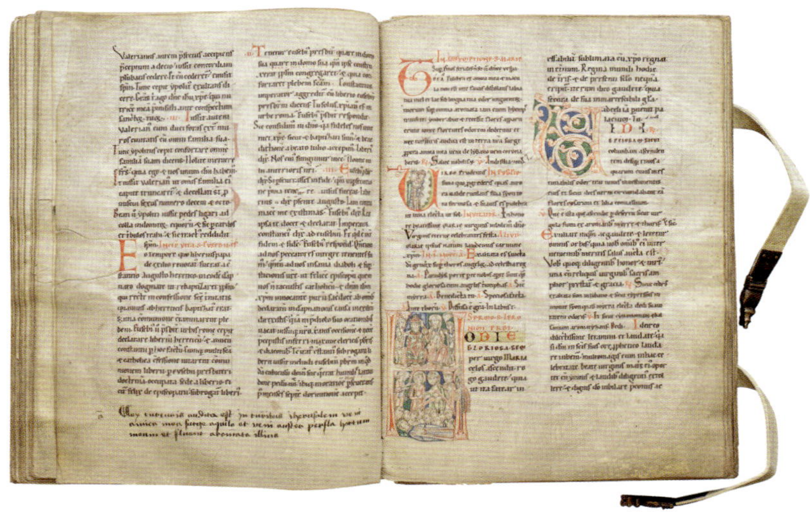

## 1.4.01
Godefridus Admontensis
**Homiliae festivales**
Admont, um 1160, Pergament-Handschrift, 176 Blätter, 35,5 x 24 cm
Stiftsbibliothek Admont, Cod. 58

Es handelt sich um den ersten Band einer fünfbändi-
gen Sammlung von Predigten für die einzelnen Sonn-
und Feiertage des Kirchenjahres. Die Texte wurden
ehemals dem Abt Gottfried I. (reg. 1138–1165) zugeschrieben, stammen aber wahrscheinlich von dessen
Bruder Irimbert. In der Ausstellung aufgeschlagen ist
ein Kanonbogen mit der Darstellung einer Nonne.
Geleitet wurde das Kloster von einer Magistra, die jedoch dem Abt unterstellt war. (KS)

## 1.4.02
### Matutinale Admontense (Nonnenbrevier)
Admont, um 1180, Pergament-Handschrift, I, 297 Blätter, 39 x 28 cm
Stiftsbibliothek Admont, Cod. 18

Die Admonter Nonnen hielten das Chorgebet unabhängig von den Mönchen ab. Zu diesem Zweck wurde ein eigenes Brevier, das „Matutinale", zusammengestellt. Das Brevier enthält Texte des täglichen monastischen Stundengebets. Die Anordnung der Texte folgt dem liturgischen Jahr. Die Gebetszeiten beginnen mit der Matutin (am frühen Morgen zwischen 1 und 2 Uhr) und enden mit der Komplet am Abend. Der Text dürfte von Mönchen geschrieben worden sein, aber die Illustrationen von Nonnen stammen. Die Ausstattung besteht aus Federzeichnungen, die ungewöhnlich stark farbig koloriert sind. (KS/CR)

## 1.4.03
### Nonnenbriefe
Admont, 12. Jahrhundert, zwei Pergament-Doppelblätter, 17 bzw. 18 x 25 cm
Stiftsarchiv Admont, Ii-1

Die Nonnenbriefe haben sich als Teil eines Konzeptbuches, als Pergamentumschlag auf einem Weinregister erhalten. Es handelt sich um insgesamt 19 Briefe von fünf verschiedenen Händen. Die Schwestern verfassten nicht nur zahlreiche Handschriften, sondern führten auch rege Briefwechsel. Der Inhalt der Briefe besteht aus Bitten um Unterstützung, Heilkräuter, Handarbeiten und Kleidungsstücke, Fragen nach Besuchen und Sehnsucht nach Verwandten. (KS)

Lit.: Beach, Voices from a distant land.

1.4.03

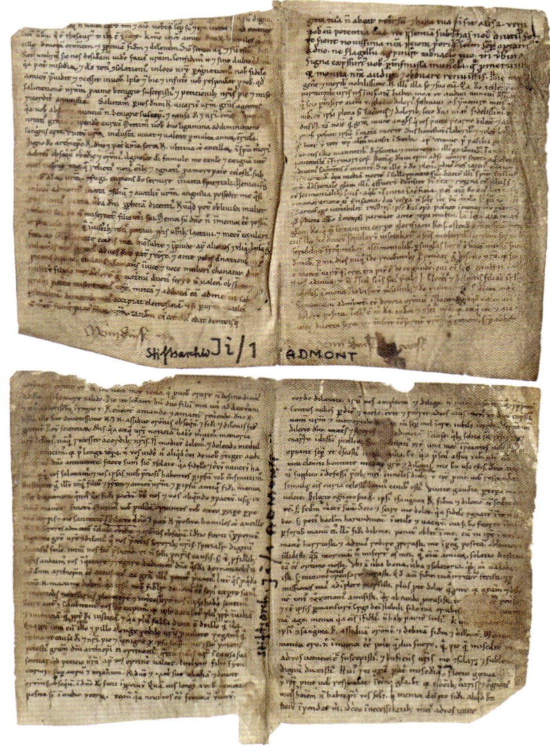

1.4.04

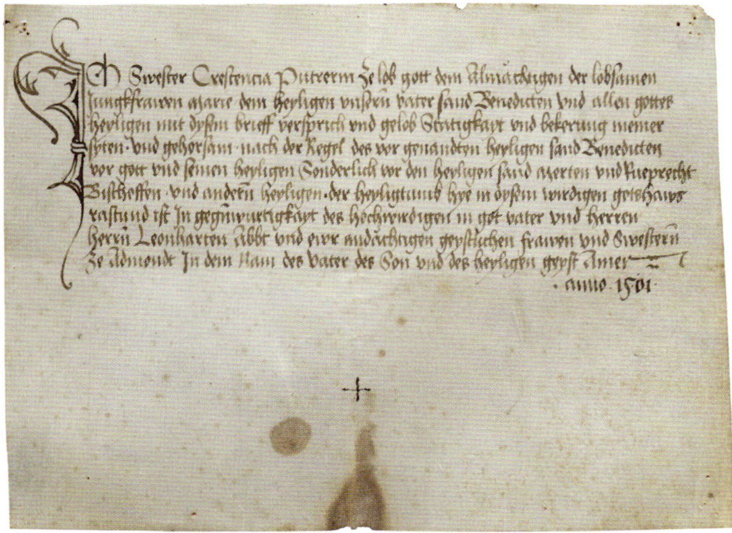

**1.4.04**
**Profess-Urkunde einer Nonne**
1501, Pergament, 30 x 15,5 cm
Stiftsarchiv Admont, Uk-2029

1501 legte Crescentia Puterer in der Frauenklosterkirche St. Martin u. Rupert zu Admont ihre Profess ab. Die Urkunde wurde eigenhändig von ihr geschrieben und mit einem Kreuz unterzeichnet. Crescentia begegnet uns auch im Protokoll einer landesfürstlichen Visitation und Inquisition von 1528.

Darin gibt sie an, ein „Tractätl" von ihrem Bruder Modest Puterer bekommen zu haben, der zu jener Zeit Prior des Männerklosters war und als Freund protestantischer Ideen galt. Tatsächlich fand man bei der Durchsuchung in den Zellen der Nonnen 1528 vier „lutherisch puechel". (CR)

**1.4.05**
**Visitation des Nonnenklosters Admont**
1451, Pergament und Siegel, 21,5 x 27,5
Stiftsarchiv Admont, Uk-2023

Die Visitatoren Abt Martin (Schottenstift), Abt Lorenz (Kleinmariazell) und Abt Johannes (Melk) geben nach der Visitation des Klosters den Nonnen Impulse und Vorschriften zum gemeinschaftlichen Leben. Die Visi

tation als Mittel der Korrektur des geistlichen Lebens findet in den österreichischen Benediktinerklöstern bis heute alle sechs Jahre statt. (MS)

Lit.: WICHNER, Nonnenkloster; NASCHENWENG, Admont, Frauenkloster.

1.4.05

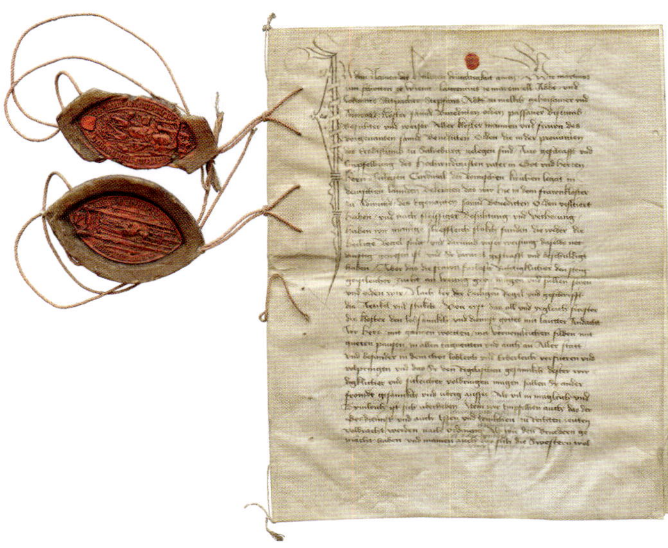

1.4.06

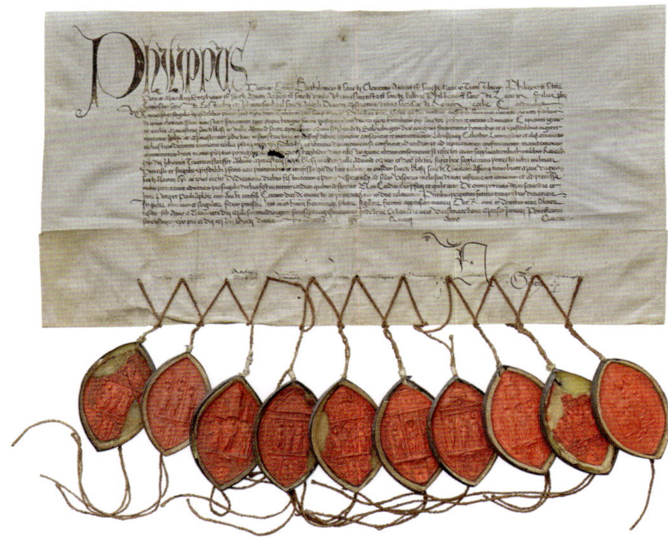

## 1.4.06
### Ablassbrief
um 1470, Pergament und Siegel, 50 x 70 cm
Stiftsarchiv Admont, Uk-2034

Kardinal Philipp, Bischof von Porto, und neun andere Kardinäle verliehen der Kirche des Nonnenklosters in Admont für bestimmte Feiertage auf immerwährende Zeit einen Ablass von 100 Tagen. Das Gewinnen von Ablässen, das sind Nachlässe von zeitlichen Sünden, ist heute noch ein geläufiger Teil der katholischen Bußpraxis. Berechtigte kirchliche Amtsträger bestätigen in einem Brief, dass den Gläubigen der Ablass gewährt wurde. (MS)

Lit.: WICHNER, Nonnenkloster; NASCHENWENG, Admont, Frauenkloster.

## 1.5. Blüte Admonts im Spätmittelalter

Stift Admont entwickelte sich im Laufe des Mittelalters, tatkräftig unterstützt durch die Salzburger Erzbischöfe, zu einem geistlichen Zentrum mit großer Strahlkraft. Im 12. Jahrhundert wurde es zu einem Träger der klösterlichen Reformbewegung. Zahlreiche Mönche von Admont wurden Äbte in österreichischen und süddeutschen Ordenshäusern. Andere wurden durch ihre Leistungen für Wissenschaft, Kultur und Kunst überregional bekannt. Aber auch in der Politik wirkten manche Äbte mit. Die Äbte Irimbert, Heinrich und Engelbert stehen für die Blütezeit Admonts bis ins 14. Jahrhundert. Ihren künstlerischen Ausdruck fand diese Epoche in der „Admonter Madonna".

### 1.5.01
**Abt Irimbert (reg. 1172–1177), der Reformator und Bibelforscher**
Abb. aus Cod. 16 der Stiftsbibliothek: Kommentar über die vier Bücher der Könige, um 1151, Reproduktion

Schon wenige Jahrzehnte nach seiner Gründung wurden aus dem Stift Admont Mönche in andere Klöster als Äbte berufen. Man schätzte und fürchtete sie wegen ihrer strengen Disziplin. Sie spornten ihre Untergebenen aber auch zu wissenschaftlichen Tätigkeiten an.

Ein typisches Beispiel für einen solchen tatkräftigen Reformator war Abt Irimbert. Er soll bereits mit sieben Jahren in das Kloster eingetreten sein. 1147 wurde er zum Abt des Chiemseeklosters Seeon gewählt. 1160 ist ihm sowohl vom Kloster Kremsmünster als auch vom Kloster Michaelsberg in Bamberg die Abtswürde angeboten worden. Irimbert entschied sich für letzteres. 1172 kehrte er nach Admont zurück. Irimbert galt als profunder Theologe und Bibelexperte. Er war mit den hebräischen und griechischen Urtexten der Hl. Schrift vertraut und verfasste zahlreiche Auslegungen und Erklärungen zu Büchern der Bibel, vor allem zu den Geschichtsbüchern des Alten Testaments. Dabei arbeitete er außergewöhnlich schnell. Für seine Texte brauchte er oft nur wenige Wochen. Einige seiner Werke diktierte er Mönchen und Nonnen. Irimberts Werke sind durch Abschriften in zahlreichen Klöstern Österreichs verbreitet. Es ist davon

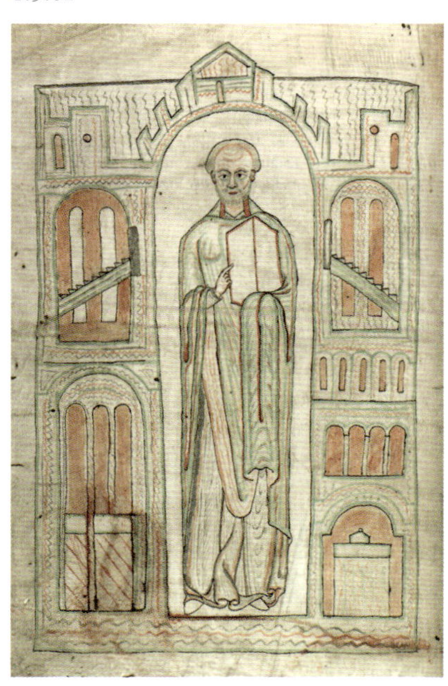

1.5.01

auszugehen, dass es sich bei der Figur in der Initiale seines Kommentars über die vier Bücher der Könige um sein Porträt handelt. (CR)

1.5.02

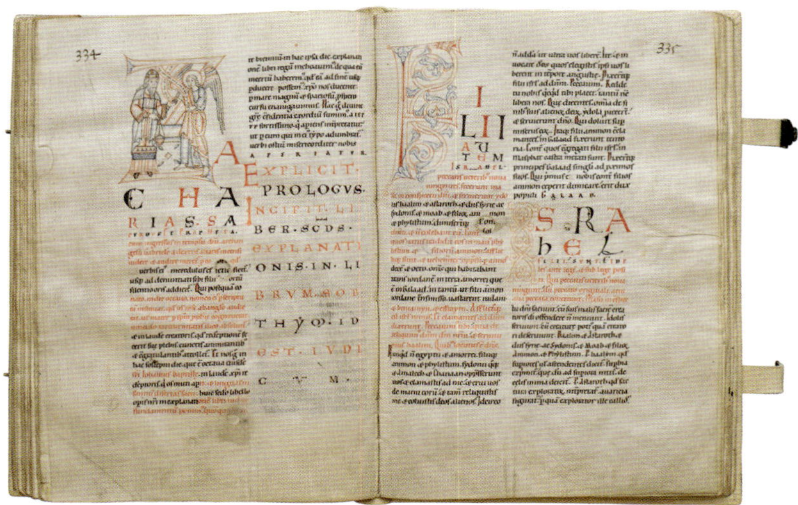

## 1.5.02
Irimbertus Admontensis
**Expositio in libros Iosuae, Iudicum et Ruth**
Admont, um 1175, Pergament-Handschrift, 221 Blätter, 39,5 x 27,5 cm
Stiftsbibliothek Admont, Cod. 17

Aufgeschlagen ist ein Kommentar zum Buch Josua. Für diesen brauchte Irimbert nach eigenen Angaben nur etwa sechs Wochen. Zu seinen Mitarbeiterinnen gehörten einige Nonnen aus dem Frauenkloster, sog. *sorores litteratae*, die selbst als Lehrerinnen und Erzieherinnen tätig waren. Eine Regilind und eine Irmengard standen ihm namentlich zur Seite. Sie haben den Text nach den Vorträgen Irimberts aus dem Gedächtnis niedergeschrieben. Großinitialen mit Darstellungen ihrer selbst lassen das wissenschaftliche Ansehen der Nonnen erkennen. (KS)

## 1.5.03
**Glasgemälde mit Abt Heinrich II. in der Filialkirche St. Walpurgis bei St. Michael**
nach 1297, ca. 97 x 41 cm
Reproduktion

Die Zeit von Heinrich II. als Abt stand im Zeichen brisanter politischer Ereignisse. 1278 unterstützte er König Rudolf I. im Kampf gegen König Ottokar von Böhmen bei der Schlacht von Dürnkrut. Rudolf setzte ihn daraufhin als Landschreiber (eine Art Spitzenbeamter) der Steiermark ein. Als Rudolfs Sohn Albrecht I., seit 1282 der erste habsburgische Herzog im Lande, versuchte die landesfürstliche Macht zu stärken, stieß er auf Widerstand des steirischen Adels. Auch die Erzbischöfe von Salzburg, die das Erstarken der habsburgischen Macht verhindern wollten, wandten sich gegen Albrecht. Einer der wenigen Unterstützer des Herzogs war Abt Heinrich II. von Admont, den Albrecht deshalb 1284 zum Landeshauptmann machte. Nach der Niederschlagung der Verschwörung des Landsberger Bundes, bei der sich Adelige der Steiermark neuerlich gegen Herzog Albrecht wehrten, musste er zurücktreten. Schon 1288 hatte eine Salzburger Bischofssynode die Unvereinbarkeit von geistlichem Amt und politischer Machtausübung betont

1.5.03  1.5.04

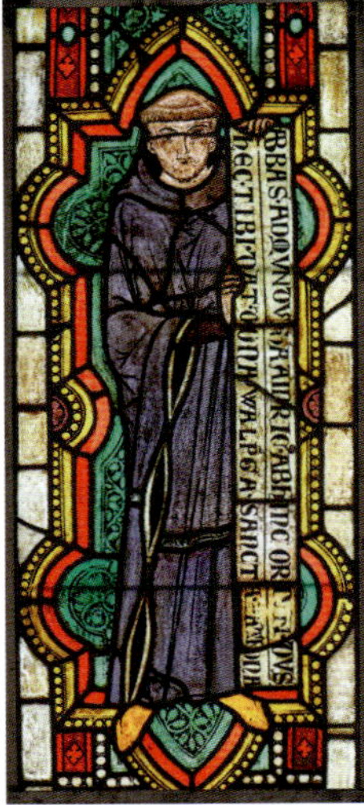

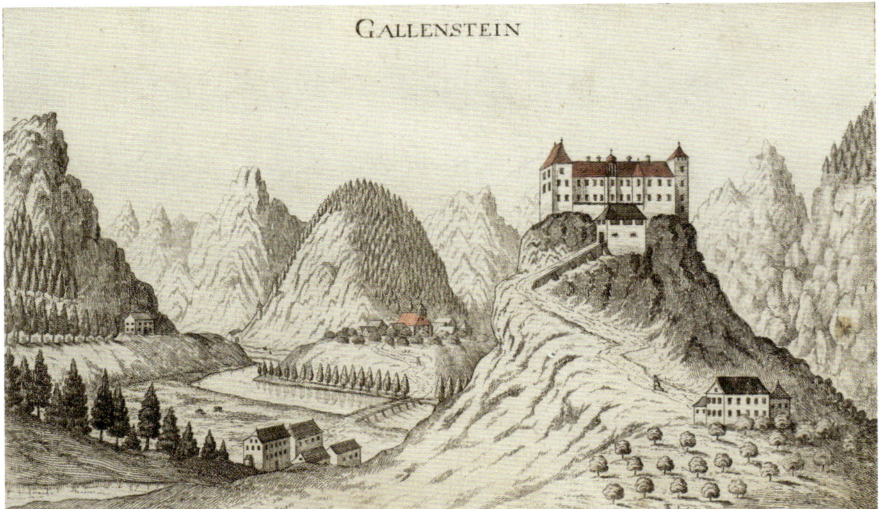


und Abt Heinrich mit Exkommunikation gedroht. Doch dieser führte auch weiterhin politische und diplomatische Missionen durch. Heinrich wurde auch zum Abt von Melk gewählt, entschied sich aber für einen Verbleib in Admont.

Auf Abt Heinrich II., der von 1275 bis 1297 dem Konvent vorstand, gehen umfangreiche Bautätigkeiten zurück. Er galt seinen Zeitgenossen als „zweiter Gründer", ließ die Burg Gallenstein errichten und konnte im Jahr 1286 den Chor der Stiftskirche von Admont

einweihen lassen. Für seine Gegner galt Heinrich als „des Teufels Kaplan". Er fand ein tragisches Ende: Bei einem Ritt über den Dietmannsberg wurde Abt Heinrich II. von seinem Neffen During Griesser, den er angeblich wegen finanzieller Untreue auf Strechau in Haft gehalten, dann jedoch begnadigt hatte, durch einen Pfeilschuss getötet.

Das Glasgemälde in St. Michael zeigt ihn als Stifter jener Kirche, in der auch seine Erinnerung hochgehalten werden sollte. (CR/MRG)

Lit.: OBERHAIDACHER-HERZIG, Abbas Admundus Haainricus.

## 1.5.04

Georg Matthäus Vischer, Franz Benedikt Spillmann (Stecher)
**Gallenstein (aus „Topographia Ducatus Stiriae")**
1681, teilkolorierter Kupferstich, 15,5 x 24 cm

Die Errichtung der Burg Gallenstein geht auf Abt Heinrich II. zurück, der sie als Fluchtburg anlegen ließ und dafür 1278 die Genehmigung von König Rudolph von Habsburg erhielt. Die Burg diente neben der Funktion des Schutzes vor Überfällen, die Abt Heinrich II. im Jahre 1292 in Anspruch nahm, auch

als Verwaltungssitz. Die Ansicht der Burg Gallenstein stammt aus der Feder des bekannten Kartografen und Topografen Vischer, der ein Schlösserbuch der Steiermark mit einer Vielzahl an Ansichten herausgab. Etwa 150 Jahre nach Erscheinen des Stiches wurde die Burg verkauft und war dem Verfall preisgegeben. (MRG)

114

1.5.05

1.5.06

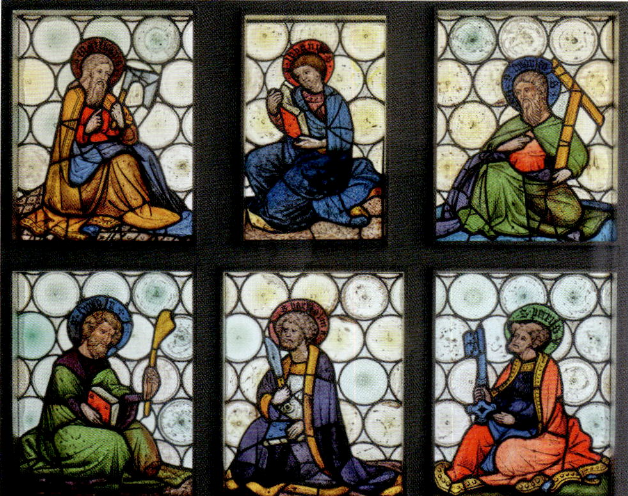

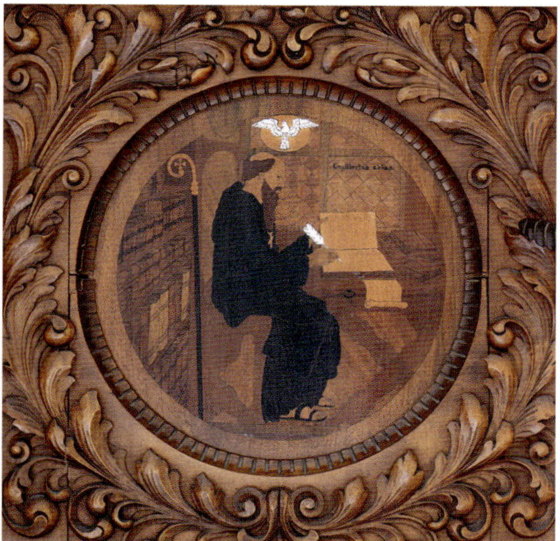

## 1.5.05
**Glasfenster aus der Kapelle von Burg Gallenstein**
um 1430, je ca. 51,5 x 40 cm

Abt Heinrich II. ließ einst um 1290 in der von ihm errichteten Burg Gallenstein die Burgkapelle mit einem Petrus-Patrozinium einrichten. Aus dieser Kapelle, oder einer zweiten, von Wichner erwähnten, dürften wohl sechs Glasfenster späterer Zeit stammen, die im Zuge des Verkaufes der Burg Gallenstein 1831 in das Stift gekommen waren. Sie zeigen sechs der zwölf Apostel nimbiert mit ihren Namen als Inschrift versehen und sitzend mit ihren Attributen. Die Glasgemälde stammen aus der Zeit um 1430. (MRG)

## 1.5.06
**Abt Engelbert (reg. 1297–1327), der vielseitige Gelehrte. Holzmedaillon in Intarsientechnik von Hans Steger von 1922**
Reproduktion (Original Dm 38 cm)

Nach dem Machtpolitiker Heinrich II. übernahm mit Engelbert ein den Wissenschaften zugeneigter Geistlicher das Amt des Abtes von Admont. Auch Engelbert war nicht unumstritten, da er von manchen wegen seiner vielen Forschungsinteressen als untauglich für die Aufgaben eines Abtes gehalten wurde. Engelbert studierte zunächst an der Domschule in Prag Rhetorik, Dialektik und Naturwissenschaft. Als er mit anderen Studierenden aus Österreich und der Steiermark Prag verlassen musste, setzte er seine Studien an der Universität von Padua fort, wo er sich mit Logik, Theologie und Philosophie befasste. 1297 wurde er zum Abt gewählt.

Sein wissenschaftliches Werk umfasst mehr als 40 größere und kleinere Abhandlungen aus verschiedensten Wissensgebieten von der Theologie bis zu Musik, Politik und Astronomie. Er formulierte Gedanken über die Erziehung von Fürstensöhnen, über die Temperamente des Menschen und über das Ende des Römischen Reichs. Engelbert verfasste mystische Schriften, aber auch Kommentare zu Ereignissen der Zeit, etwa zur Wahl von König Rudolf von Habsburg. Auch eine österreichische Staatslehre hinterließ er. Es gibt naturkundliche Abhandlungen aus seiner Hand, etwa über das Reich der Tiere, die er nach der Zahl ihrer Füße ordnete und in denen sich manche für uns Heutige

1.5.07

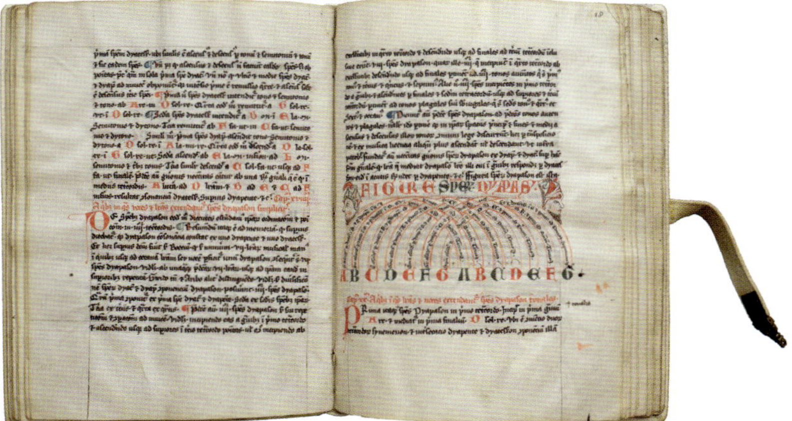

eigentümlichen Schlüsse finden, etwa, dass Wespen aus dem Fleisch gefallener Esel entstehen würden. Als einer der ersten Gelehrten im österreichischen Raum machte sich Engelbert mit den Schriften von Aristo-

teles vertraut. In seinem theologischen Werk versuchte er den Beweis zu erbringen, dass weder Gottes Gnade noch die Vorsehung die Freiheit des menschlichen Willens aufheben. (CR)

## 1.5.07

Engelbertus Admontensis

**De musica**

frühes 14. Jahrhundert, Pergament-Handschrift, 75 Blätter, 30 x 20,5 cm

Stiftsbibliothek Admont, Cod. 397

Die Vielfalt von Engelberts Interessen zeigt diese musiktheoretische Darlegung. Es ist die einzige, die während des Mittelalters in Österreich entstanden ist. Engelbert definiert zunächst Musik und klassifiziert sie. Er beschreibt Tonarten, Oktavgattungen, das antike Tetrachord- und das mittelalterliche Hexachord-Sys-

tem. Auch berechnet er Tonabstände und Maßverhältnisse von Glocken und Orgelpfeifen. Im Wesentlichen handelt es sich um eine Zusammenstellung vorhandener Erkenntnisse, die u. a. von den Philosophen Boethius und Aristoteles sowie dem Benediktinermönch Remigius von Auxerre stammen. (CR)

Lit.: ERNSTBRUNNER, Musiktraktat des Engelbert von Admont.

## 1.5.08

**Admonter Madonna**

um 1300, Höhe 144,5 cm

Nachbildung nach der Kopie in der Stiftskirche Admont

Madonnen wurden im Früh- und Hochmittelalter meistens streng frontal und thronend dargestellt. Im 13. Jahrhundert kündigte sich eine neue Phase an, die zum einen verbunden war mit einem neuen Frauenbild,

wie es auch die Literatur der Zeit formulierte. Um 1300 ist in Marienhymnen immer wieder von der „dulcis virgo", der süßen Jungfrau Maria, die Rede. Zum anderen hängt das veränderte Marienbild mit den neuen Bettelorden zusammen, die die Gottesmutter nicht mehr als herrschende, denn als graziöse und sanfte Person betrachteten. Die Statuen in ihren Kirchen präsentieren Maria als junge, schöne Frau, die ihr Lächeln zeigt und milde auf ihren Sohn blickt. Vor allem die Dominikaner haben in ihren in den Städten errichteten Hallenkirchen gerne Marienaltäre aufgestellt und die Marienverehrung in eigenen Kapellen kultiviert.

In Österreich gibt es eine Reihe von Madonnen, deren Gestaltung auf das Wirken der Dominikaner und der Franziskaner zurückgehen. Doch die Admonter Madonna hebt sich von diesen ab. Sie ist höfisch-elegant in Haltung und Faltenwurf und man geht davon aus, dass der unbekannte Künstler unter westlich-französischem Einfluss stand. Als Herstellungsort dürfte das Bodenseegebiet, eventuell die Konstanzer Schnitzwerkstätte in Frage kommen. Neuerdings wird angenommen, dass die Marienfigur vom Wiener Hof gestiftet wurde und mit einem „Fürstenspiegel" zusammenhängen dürfte, den Engelbert den Söhnen Herzog Albrechts I. gewidmet hat.

Mit einigen Einschränkungen kann man die Admonter Madonna mit einem Werk von Abt Engelbert über die Gottesmutter in Verbindung bringen. Engelbert hat eine Darstellung des Marienlebens *De gratiis et virtutibus beatae Mariae virginis* verfasst. Es besteht aus

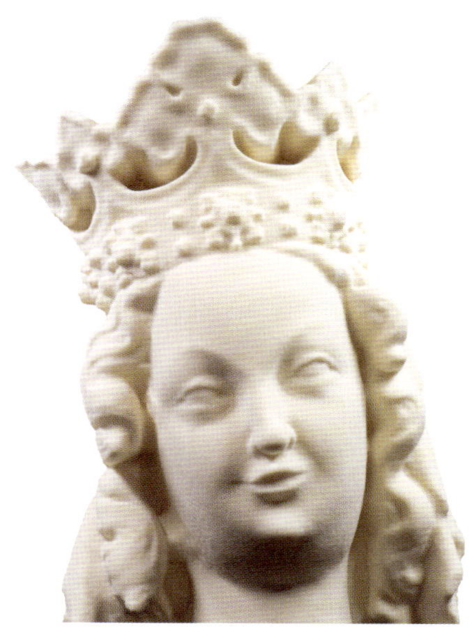

1.5.08

mehreren Teilen: zunächst aus einer Biografie der Gottesmutter nach den Evangelien, ergänzt um ihr Leben nach der Himmelfahrt Christi; dann aus einer Sammlung von Aussprüchen verschiedener Heiliger über Maria; drittens aus einer Darstellung des beschaulichen Lebens Mariens und schließlich aus Gedanken über die Verehrung der Gottesmutter. (CR)

Lit.: Biedermann, Bemerkungen zum künstlerischen Umfeld der „Admonter Madonna"; Schweigert, Kat.-Nr. 73, S. 328 f.

## 1.6. Glaubenskrise und Reformation

Glaubenskrisen gab es während des späten Mittelalters immer wieder. Menschen waren unzufrieden mit den Praktiken der Kirche und hatten den Eindruck, dass diese zu wenig für ihr Seelenheil sorgen würde. Nicht selten machte sich der Unmut in Aufständen Luft.

Auch in der von Martin Luther 1517 ausgelösten Reformationsbewegung ging es zunächst um Kritik an der Kirche, nicht um deren Bekämpfung. Sie richtete sich gegen den Reichtum und Lebenswandel des hohen Klerus, gegen die Verweltlichung der Kirche durch ihre Unterordnung unter die kaiserliche Gewalt, gegen die Ämterhäufung mancher Geistlicher und gegen die Behandlung seelsorglicher Dienste als Waren. Unter großen Druck gerieten die Klöster. Nicht wenige Mönche sympathisierten mit der neuen Richtung, viele verließen ihre Gemeinschaft. Das Admonter Frauenkloster löste sich auf, aber auch das Männerkloster drohte zu verwaisen. Um die verbliebenen Ordenshäuser zu erhalten, stellte sie Kaiser Maximilian II. unter strenge Kontrolle und ließ sie durch weltliche Amtsleute leiten. Gleichzeitig griff der Kaiser zur Finanzierung der Kriege gegen das Osmanische Reich auf Klostergut zu, denn von Landständen erhielt er Steuern nur gegen die Bestätigung politischer und religiöser Zugeständnisse.

## 1.6.01
**Der Traum des Kurfürsten Friedrich zu Sachsen**
1617, Einblattdruck
Reproduktion

Das Blatt entstand 100 Jahre nach dem Thesenanschlag von Wittenberg durch Martin Luther – und knapp vor dem Ausbruch des Dreißigjährigen Krieges. Es ist ein publizistischer Aufruf an Protestanten mit der Botschaft, die Reformation gehöre zum Plan Gottes. Der Inhalt: Einige Nächte vor dem Thesenanschlag von Wittenberg soll sich in einem Traum des Kurfürsten die Bedeutung Luthers offenbart haben. Der Kurfürst ist rechts im Bild schlafend zu sehen. Nicht weit davon liest der junge Luther in der Bibel, die von einem breiten Lichtstrahl erleuchtet wird, der direkt aus dem Himmel herabfällt. Die Bibellektüre, das macht die Szene deutlich, ist nun Grundlage des Glaubens. Ganz links ist wieder Luther zu sehen, wie er die Worte „Vom Ablass" auf die Kirchentür schreibt – mit einer Riesenfeder, die gleichzeitig den Kopf des Löwen, Sinnbild für Papst Leo X., durchbohrt und dem Papst die Tiara vom Kopf schubst. Aus der Feder können sich, als hätte sie Äste, auch andere evangelische Gelehrte wie Philipp Melanchthon etwas abzweigen. Im rechten Teil des Bildes gibt es einen Verweis auf Jan Hus und Hieronymus von Prag, die 1415 und 1416 durch das Urteil des Konzils von Konstanz auf dem Scheiterhaufen verbrannt wurden. Von diesen beiden erklärt sich, wie der Text zum Traum erläutert, auch die Herkunft der besonderen Feder, mit der Luther schreibt. Huß, genauer „husa", ist das tschechische Wort für Gans und in dem Traum ist davon die Rede, dass die Feder Luthers von einer 100-jährigen Gans stammen würde. Hus wiederum soll auf dem Scheiterhaufen gesagt haben, dass in 100 Jahren ein Schwan, tschechisch „labut´", mit einer gewissen Klangähnlichkeit zu Luther, kommen werde, den diejenigen, die heute ihn, die Gans, verbrennen würden, nicht mehr würden braten können. Der Druck ist bis ins 18. Jahrhundert mit verschiedenen Ergänzungen immer wieder neu aufgelegt worden. (CR)

## 1.6.02
Philipp Melanchthon
**De Dialectica libri quatuor. Iam novissime recogniti**
Wittenberg 1534, 124 Blätter, 15,1 x 11 cm
Stiftsbibliothek Admont, 87A/138

Die rasche Verbreitung der Reformation hing eng mit der Erfindung des Buchdrucks zusammen, der es erlaubte, Kritik und neue Ideen schnell und effektvoll zu verbreiten. Ohne Buchdruck wäre die Reformation möglicherweise nicht von Dauer gewesen. Philipp Melanchthon (eigentlich Philipp Schwartzerdt; 1497–1560) war neben Martin Luther der wichtigste kirchenpolitische Akteur und theologische Autor der Wittenberger Reformation. Diese Ausgabe enthält zahlreiche Anmerkungen und Unterstreichungen, was von der wissenschaftlichen Beschäftigung der Admonter Mönche mit den reformatorischen Ideen zeugt. (KS)

## 1.6.03
Johann Arndt
**Paradieß-Gärtlein, zur Übung des wahren Christenthums Durch Geistreiche Gebeter [...]**
Tübingen 1742, 576 Seiten, 17,8 x 10,5 cm
Stiftsbibliothek Admont, 70/1035

1.6.02

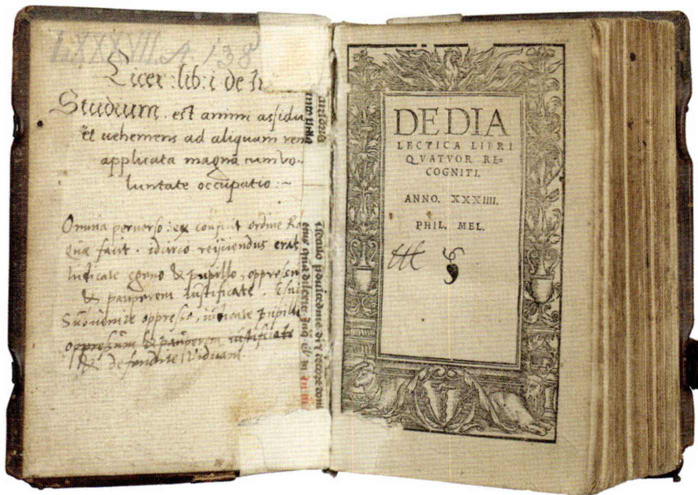

Johann Arndt, geboren 1555, war der Sohn eines Dorfpfarrers in Sachsen-Anhalt. Seine „Postilla", das „Paradeis-Gärtlein" und das Werk „Vom wahren Christentum", entstanden zu Beginn des 17. Jahrhunderts und erschienen in so vielen Übersetzungen und Auflagen, dass Arndt als *der* protestantische Erbauungsschriftsteller bezeichnet wurde. Diese Ausgabe wurde 1756 von Franz Karl Schober, Kaplan im Vikariat Kulm in Ramsau, der Gertraud Tritscherin abgenommen und gelangte über den Admonter Abt Matthäus Offner in die Stiftsbibliothek. In Teilen des Ennstales, in Hieflau, Gröbming, aber auch Aussee gab es trotz massiver Rekatholisierung lange protestantische Stützpunkte. Noch im 18. Jahrhundert berichtete Abt Lürzer als Archidiakon des Ennstales von verkappten Lutheranern, vor allem unter der bäuerlichen Bevölkerung der Umgebung von Schladming, während die Bürgerschaft der Stadt wieder katholisch war. (KS/CR)

Lit.: SCHAMBERGER, Bücher von Ennstaler Kryptoprotestanten.

1.6.03

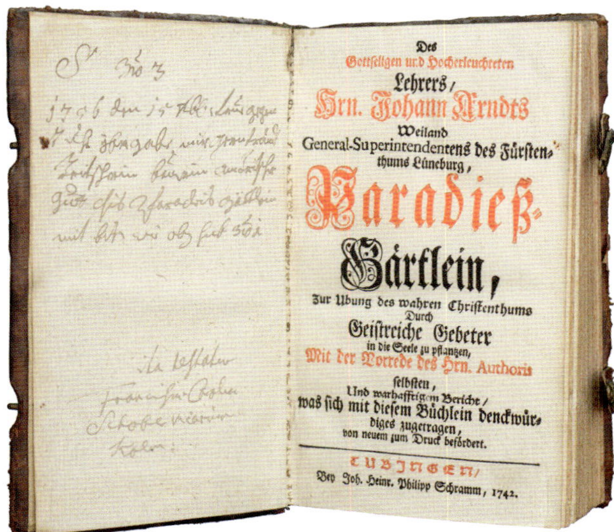

1.6.04

1.6.05

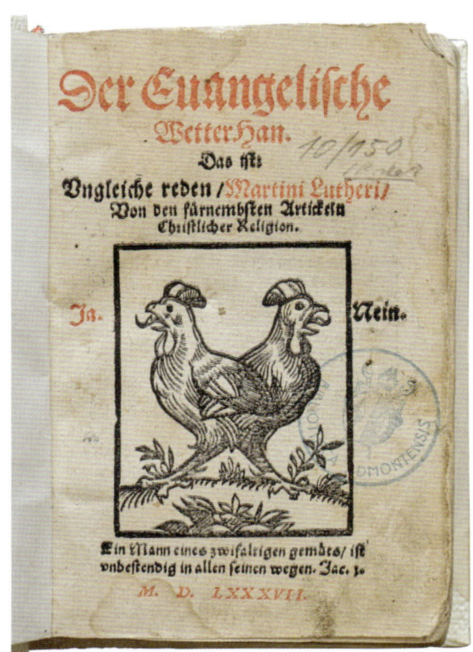

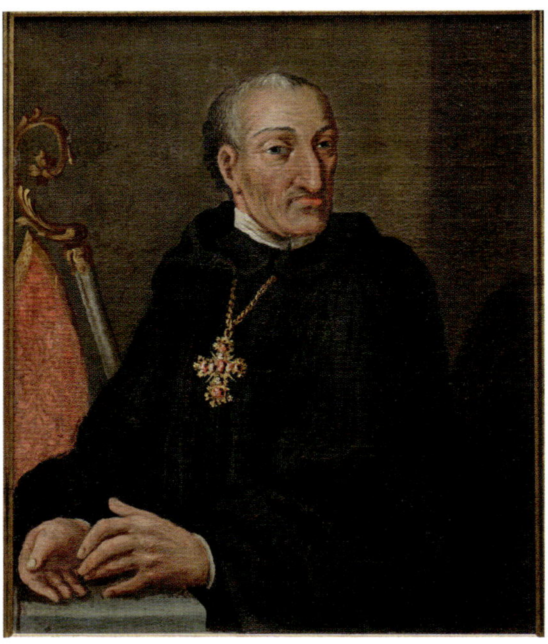

## 1.6.04
Sigmund Ernhoffer
**Der Evangelische Wetter-Han. Das ist: Ungleiche Reden Martini Lutheri**
Graz: Georg Widmanstetter 1587, 370 Seiten, 20 x 6,5 cm
Stiftsbibliothek Admont, 10/150

Der Buchdruck und das Verlagswesen lag in der Steiermark lange in den Händen von Protestanten, die damit ihre Meinungshoheit ausbauen konnten. Erst Ende des 16. Jahrhunderts betätigten sich Katholiken im Metier, unter ihnen der Grazer Georg Widmanstetter. Eines der erfolgreichsten Bücher aus seiner „Offizin" war ein 1587 vom Jesuiten Sigmund Ernhoffer erstmals veröffentlichter Katechismus, der sich gut verkaufte und sich bis nach Skandinavien verbreitete.

Lit.: Pendl, Der Katechismus des Sigmund Ernhoffer.

Diesem angeschlossen war der „Wetter-Han", eine Schrift, in der Ernhoffer Luther zu diskreditieren versuchte, in dem er seine unterschiedlichen Standpunkte vor und nach dessen Konversion vorbrachte, womit er sich unglaubwürdig machen würde. Gleich wie Wetterhähne stets vom Wind gedreht werden, so auch „die falschen Lehrer: Heut' gefällt ihnen das, morgen jenes". (CR)

## 1.6.05
**Bildnis des Abtes Johann IV. Hoffmann**
17. Jahrhundert, Öl auf Leinwand, 66,5 x 54,7 cm

In den letzten beiden Jahrzehnten des 16. Jahrhunderts begann sich das katholische Lager in der Steiermark zu konsolidieren – unterstützt durch Papsttum, Kaiser, katholisch gebliebene Fürsten und die Jesuiten. In Admont regierte Abt Johann Hoffmann (reg. 1581–1614) mit fester Hand als „coenobii restitutor", d.h. als treibender Motor in der Wiederherstellung geregelter Verhältnisse nach den Wirren der Reformationszeit. Leicht hatte er es nicht. So verweigerten mehrere admontische Pfarren vor allem im Ennstal die Einführung des Gregorianischen Kalenders. Protestanten sahen in diesem ein Teufelswerk, weil er den Weltuntergang um zehn Tage näher rücken würde. In

Eisenerz kam es angesichts der Bewaffnung der lutherischen Mehrheit der Bevölkerung zu einer besonders kritischen Situation. Abt Johann musste zahlreiche admontische Untertanen aufbieten, um eine Entscheidung zu seinen Gunsten herbeizuführen.

Das Gemälde, das ihn mit Brustkreuz, Mitra und Abtsstab zeigt, ist Teil der Admonter Äbtegalerie, die, in den Gängen der Klausur angelegt, an die Vorgänger erinnern soll. (CR/MRG)

## 1.7. Aufschwung in der Gegenreformation

Die Wende zur Gegenreformation erfolgte in der Steiermark nach dem Tode des vergleichsweise toleranten Erzherzogs Karl II. im Jahre 1590 vor allem durch die Initiative seiner Gattin Maria von Bayern und seines Sohns Ferdinand II. Evangelischen wurde verboten, Gottesdienste zu halten, Sakramente zu spenden, aber auch die Führung der Matriken, also die Eintragung von Geburten, Sterbefällen und Hochzeiten war nicht mehr erlaubt. Es kam zu regelrechten Feldzügen gegen protestantische Bürger und Bauern, in deren Verlauf evangelische Kirchen und Friedhöfe zerstört und Zehntausende „ketzerische" Bücher öffentlich verbrannt wurden. Das zeigte Wirkung. In Leoben etwa, wo sich noch 1581 zwei Drittel der Menschen als protestantisch deklariert hatten, wurde die Bevölkerung im Jahre 1600 durchwegs wieder katholisch. Am Ende der Rekatholisierung, zwischen 1613 und 1628, wurde der protestantische Adel vertrieben. Gleichzeitig erlebten Kirchen und Klöster einen Aufschwung, wurden großzügig erneuert und erweitert. Es entstand eine spezifisch österreichisch-habsburgische Form der Frömmigkeit, die Pietas Austriaca, die auch vom Volk übernommen wurde und sich u. a. in Prozessionen, in einer besonderen Verehrung des Kreuzes, aber auch der Jungfrau Maria in Wallfahrten und Gebeten äußerte.

Das neuerlangte Selbstbewusstsein manifestierte sich in der Pracht barocker Monumentalbauten. In Admont ist diese Phase des Aufbruchs eng mit der Person des Abtes Urban Weber (reg. 1628–1659) verbunden, einer des ersten großen neuzeitlichen Bauherren. Viele Künstler waren zu jener Zeit für das Stift tätig, man sprach von einem Kulturleben, das dem eines Medici-Schlosses oder eines Bischofssitzes gleiche. Abt Urban war auch Gründer des öffentlichen Gymnasiums (1644) und veranlasste die Errichtung eines neuen Bibliothekssaales.

1.7.01
Georg Matthäus Vischer, Andreas Trost (Stecher)
**Admont**
1681, Kupferstich, Reproduktion

Der Kupferstich zeigt Stift Admont aus der Luft im Zustand des späten 17. Jahrhunderts. Anhand der zwei Zwiebeltürme ist der Abschluss der Barockisierungsarbeiten an der Stiftskirche abzulesen. Die weitläufige Anlage enthielt damals noch einige Höfe, die im Zuge

das Brandes vernichtet und nicht wiederaufgebaut wurden. Der Stich führt die Einbettung des Klosters in die Landschaft des Ennstales vor Augen und ist die älteste erhalten gebliebene gedruckte Ansicht. (MRG)

1.7.01

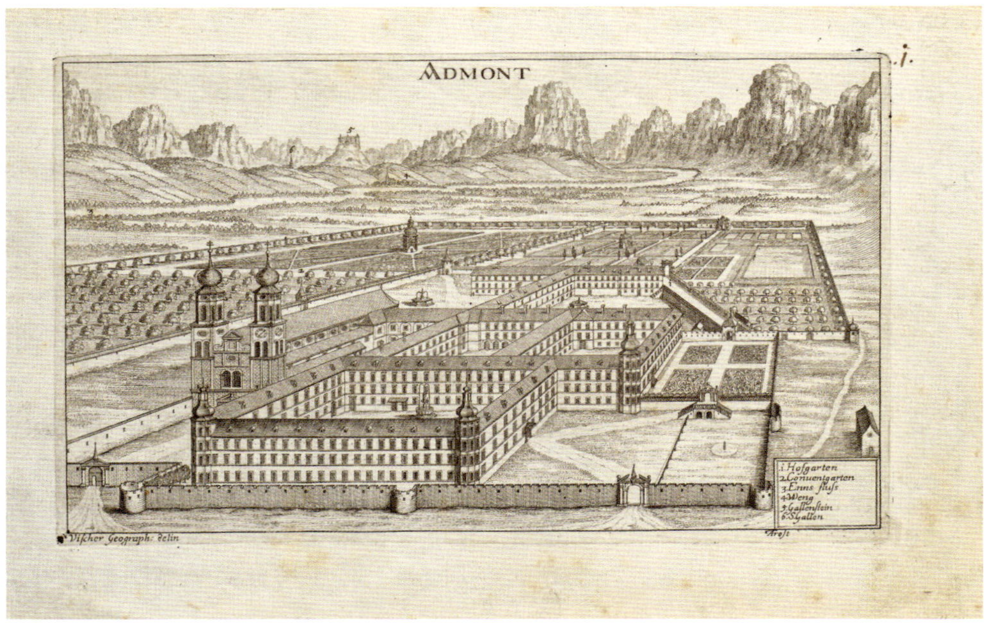


## 1.7.02
### Bildnis des Abtes Urban Weber
17. Jahrhundert, Öl auf Leinwand, 97,5 x 77,5 cm

Abt Urban gilt der Stiftsgeschichte als dritter Gründer, als sog. Bauabt. Neben der Fortführung von baulichen Projekten seines Vorgängers Abt Matthias Preininger geht etwa der Bau des Schlosses Röthelstein als Sommerresidenz der Admonter Äbte auf ihn zurück.

Die Inschrift am Gemälde, „V.D.G.A.A.", weist ihn als „Urban, von Gottes Gnaden Abt von Admont" aus. Die Trauben in seinem Wappen spielen auf den Namenspatronen Urban an, dem Schutzpatron der Winzer. (MRG)

## 1.7.03
Johann Gotthard Hayberger
### Idealentwurf zum spätbarocken Neubau der Klosteranlage
um 1734, Federzeichnung auf Pergament, in Temperafarben laviert, 40,5 x 64 cm
Stiftsarchiv Admont, Plansammlung Nr. 78

Der Plan sieht einen völligen Neubau des Klosters unter Beibehaltung der alten Stiftskirche vor. Diese ist mittelsymmetrisch angelegt und etwas zurückgesetzt und von einem Ehrenhof umgeben. Durchlaufende Trakte mit bis zu fünf Geschossen, teilen die Anlage in sechs Binnenhöfe. Die Gliederungen der Fassaden sind

vom Wiener und Prager Palastbau des 17. Jahrhunderts beeinflusst, aber auch Anregungen italienischer Architekten sowie von Jakob Prandtauer, dem Architekten des Stiftes Melk, sind erkennbar. Das Motiv der quadratischen Ecktürme verweist auf Klosterresidenzen wie Escorial und Klosterneuburg. (MS)

Lit.: SCHIEFERMÜLLER, Der Brand, S. 38.

122

1.7.02

1.7.03

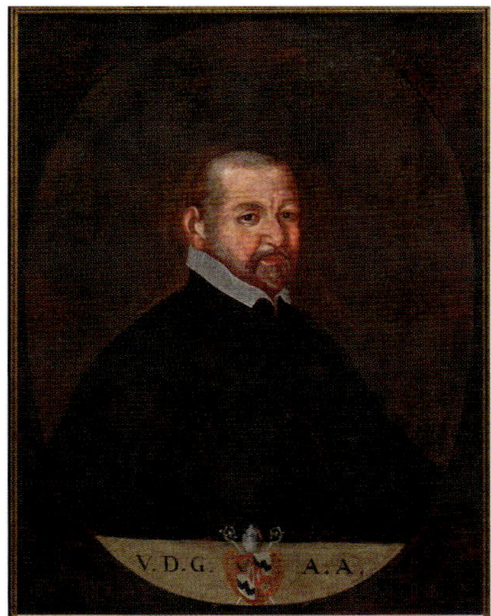

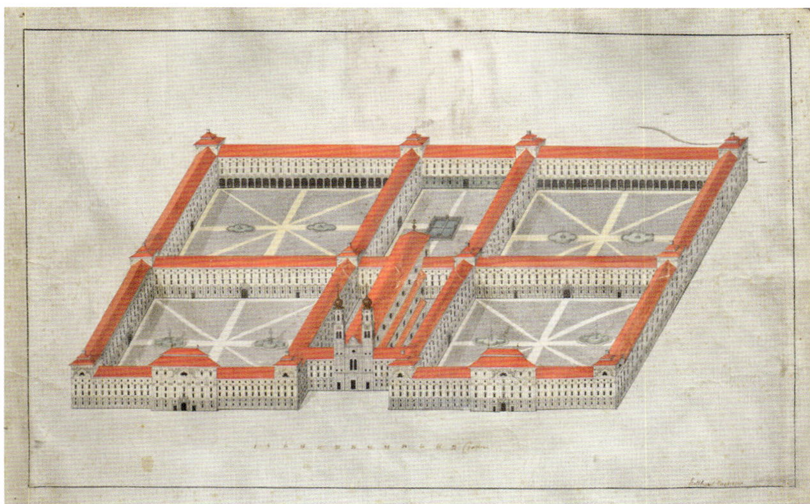

## 1.7.04
fr. Simeon (Felix) Grillenauer
**Stiftskirche Admont, Innenansicht**
nach 1738, Mischtechnik auf Pergament, 40 x 32,5 cm

Fr. Simeon Grillenauer (1694–1770) war Laienbruder im Stift Admont, wo er 1724 seine Ordensprofess ablegte. Er war ein Pergament- und Miniaturmaler. Zahlreiche seiner Pergamentbilder befinden sich im Stiftsarchiv, darunter die Innenansicht der beim Brand 1865 zerstörten Stiftskirche nach der Barockisierung der alten romanisch-gotischen Stiftskirche. Die Neugestaltung erfolgte unter den Äbten Matthias Preininger (reg. 1615–1628) und seinem Nachfolger Urban Weber (reg. 1628–1658).

Anstoß zur Barockisierung dürfte die kanonische Visitation im Jahre 1619 gegeben haben, die neben anderen Verbesserungen eine Freskierung der Mittelschiffwände und Gewölbe empfahl. Die Barockisierung der Stiftskirche gehört zu den frühesten Beispielen des deutschen Raumes. Sie ist neben dem 1628 geweihten Salzburger Dom der einzige Bau dieser Zeit, der eine umfassende und einheitliche Neuausstattung mit Stuckaturen, Fresken und Altären erhielt.

Ein völlig neues, die mittelterliche Bausubstanz überdeckendes Raumerlebnis wurde geschaffen. Auf

1.7.04

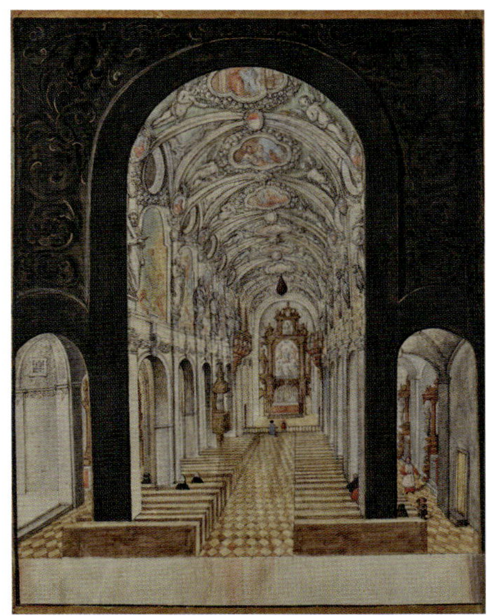

diesem nach 1738 entstandenen Blatt zu sehen ist bereits die in diesem Jahre erneuerte Stuckierung der Barbarakapelle am nördlichen Seitenschiff. (MB/CR)

Lit.: MANNEWITZ, Stift Admont, S. 59 u. Abb. 24.

1.7.05

fr. Benno Haan

**Kasel des Weihnachtsornats**

um 1680, bunte Seidenflach- und Metallfädenstickerei
auf weißem Seidengewebe, 110 x 87 cm

Der in Dänemark geborene Benno Haan (1631–1720)
war seit 1656 als Laienbruder im Stift tätig. Er schuf
eindrucksvolle Stickwerke in unterschiedlichen Tech-
niken, vor allem prachtvolle Ornate für die großen
Feste des Kirchenjahres. Unter Ornat versteht man die
Gesamtheit der liturgischen Obergewänder und Tex-
tilien, die für ein feierliches Hochamt verwendet werden. Dazu zählen: die Kasel, ein ärmelloses liturgisches
Messgewand, die Dalmatik, die unter der Kasel getragen werden kann, das Pluviale, ein mantelähnlicher
Umhang, und ein Velum, ein Tuch, das den Kelch be-
deckt.

Um ähnliche Effekte wie ein Maler bei Gemälden zu
erzielen, verwendete Haan schattierte, spaltbare Sei-
denfäden, die er als Nadelmalerei auf den Grundstoff
brachte. Die Fäden greifen so ineinander, dass feinste
Farbnuancen erreicht werden können. Zur Umrah-
mung fügte Haan oft Ornamente mit Gold- und Sil-
berfäden zusammen, teils in Relieftechnik, dazu kamen
Edelsteine und Perlen. Im Weihnachts- oder Perlornat
hat Haan seine höchste Leistung vollbracht. Im Rü-
ckenstab werden der hl. Blasius, eine Ansicht des Stiftes
Admont und unten der hl. Benedikt dargestellt. (CR)

Lit.: HIMMELSTOSS (Hg.), Kunstschatten,
S. 172, Nr. 54.

1.7.06

**Pedum des Abtes Adalbert Heufler von Rasen und
Hohenbühel**

3. Viertel 17. Jahrhundert, Narwalzahn (Schaft),
vergoldetes Silber mit Filigranarbeiten und
Edelsteinen (Curva), ca. 210 x 25 cm

Der barocke Abtsstab datiert in die Regierungszeit des
Abtes Adalbert (reg. 1675–1696), dessen Wappen als
Emailmedaillon am Knauf zu sehen ist. Die gleichsam
aufwendig und kostbar gearbeitete Krümme endet mit
der thronenden Muttergottes im Strahlenkranz mit



1.7.05

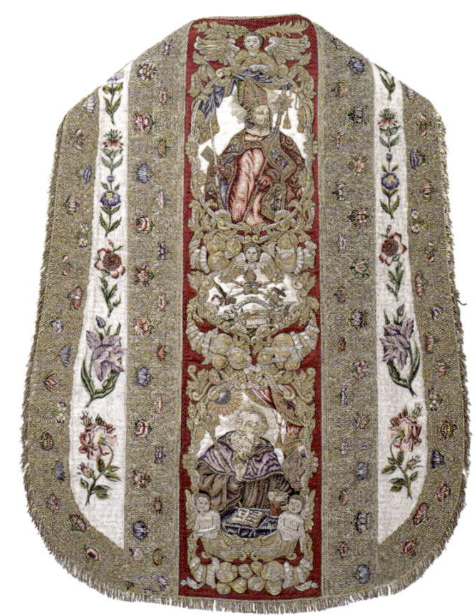

1.7.06

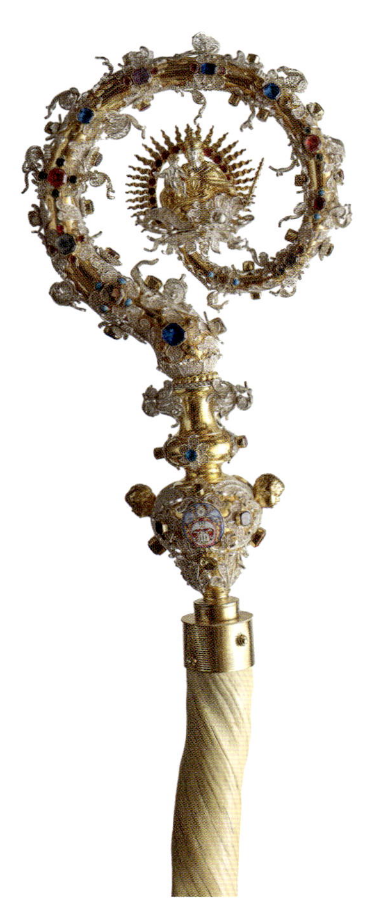

Kind, Krone und Szepter. Als Besonderheit gilt der Schaft aus Narwalzahn, der im Denken der Zeit mit den legendären Einhörnern christologisch bzw. mariologisch gedeutet wurde. In diesem Stück, das den Vergleich mit z. B. Salzburger Abtsstäben derselben Zeit nicht scheut, zeigt sich die barocke Kunstsinnigkeit, die auch in der Liturgie zum höchsten Ausdruck gelangt. (MRG)

Lit.: HIMMELSTOSS (Hg.), Kunstschatten, S. 156, Nr. 46.

## 1.7.07
### Pektorale des Abtes Anselm Lürzer von Zechenthal
um 1708, Silber (rücks. feuervergoldet), Glasstein- und Bergkristallbesatz, 105,1 x 63,8 x 12,4 mm

Das silberne, rückseitig feuervergoldete Pektorale weist sechs blaue Glassteine (ursprgl. Edelsteine) sowie 64 kleinere Bergkristalle auf. Die Steine werden von feinen Gliedern aus Silber verbunden. Kaiser Joseph I. machte das wertvolle Brustkreuz Abt Anselm (reg. 1707–1718) zum Geschenk wegen seiner „fürtrefflichen Eygenschafften“. Abt Anselm hatte das Land mehrfach am Kaiserhof vertreten, war sowohl Salzburger als auch kaiserlicher Rat. Verbürgt ist, dass es 1708 vom Abt zum Zeichen seiner Würde getragen wurde. Er ließ neben den barocken Statuen der Flora, Ceres, Minerva und Diana in der Gartenanlage des Stiftes auch die Mariensäule im heutigen Marienpark errichten, ein sichtbares Monument des Dankes für die Hilfe Gottes. (MRG)

## 1.7.08
### Wappen mit Kartuschen
um 1640, Holz, gefasst, 190 x 115 x 12 cm

Eine der bemerkenswertesten baulichen Einrichtungen aus der Zeit von Urban Weber war ein mit den vergoldeten Statuen von acht habsburgischen Fürsten ausgestatteter „Steinerner Saal“. Er war reich mit Stucco verziert und mit dem Doppeladler, dem Wappen Salzburgs und jenen der Kurfürsten dekoriert.

1.7.07

1.7.08

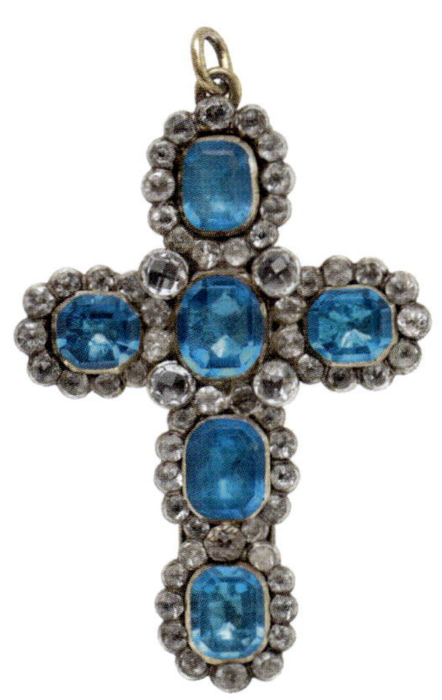

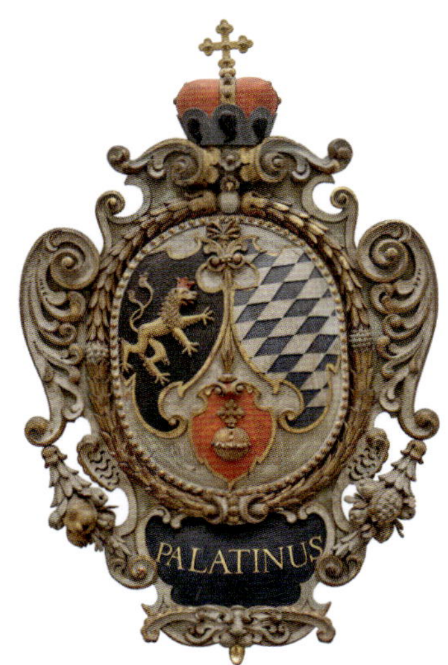

1.7.09-11

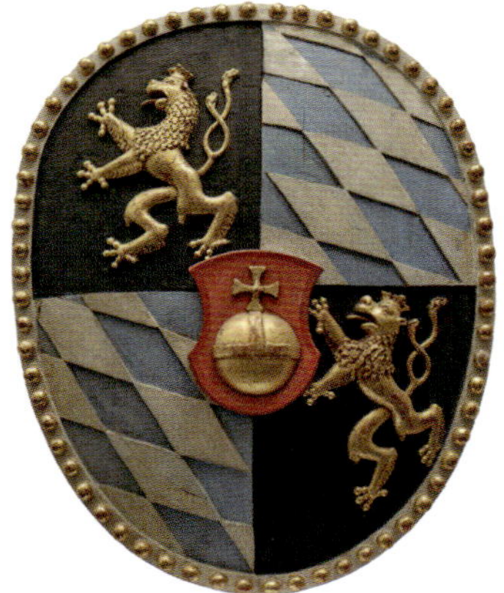 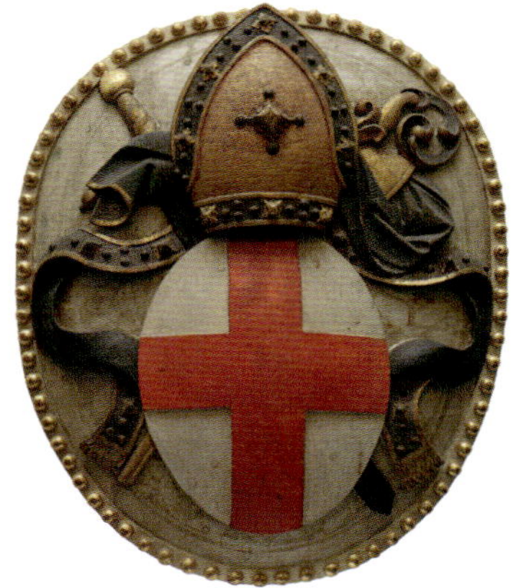 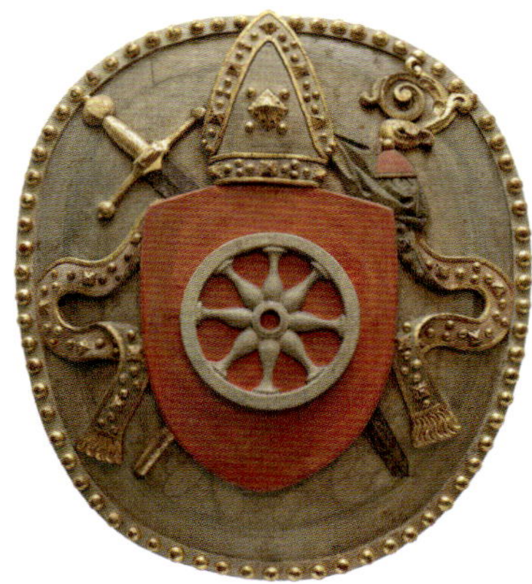

Hier zu sehen ist das Wappen des Pfalzgrafen bei Rhein. Der Pfalzgraf, seit dem 13. Jahrhundert aus der Familie der Wittelsbacher entstammend, gehör-

te dem siebenköpfigen Gremium der Kurfürsten an. Beim Brand von 1865 wurde der Steinerne Saal zerstört. (MS)

it.: MANNEWITZ, Stift Admont, S. 57.

## 1.7.09–11
**Drei Wappen aus dem Steinernen Saal**
um 1640, Holz, gefasst

Es handelt sich von links nach rechts um die Wappen der Kurfürsten von Bayern, Trier und Mainz. Die beiden Letzteren gehörten – wie auch der Erzbischof von

Köln – als geistliche Fürsten dem siebenköpfigen Gremium der Kurfürsten an. (MS)

## 1.7.12
Meister des Adalbert-Heufler-Zyklus
**Abt Adalbert Heufler zu Rasen und Hohenbühel umgeben von stiftischen Pfarren**
um 1684, Öl auf Leinwand, 74,5 x 51 cm

Dieses Gemälde ist Teil eines mehrteiligen Zyklus, der in der Regierungszeit des Abtes Adalbert (1675–1696) entstand. Abt Adalbert galt als Förderer der Wissenschaften und Künste. Während der Kämpfe gegen die Osmanen im Jahre 1683 fungierte er als Verteidigungskommissär. Er trat sein Amt mit dem Gelöbnis an, dass er ohne Zustimmung des Kapitels keine Baulichkeiten veranlassen dürfe. Trotz dieser Verpflichtung wurden gerade in seiner Epoche viele Kirchen erneuert und erweitert. Die in seiner Amtszeit umgebaute

Kirche von Frauenberg gilt überhaupt als erster großer Kirchenbau des steirischen Barocks.
Im Mittelfeld dieses Bildes ist Abt Adalbert dargestellt, dem von einem Engel der Krummstab gereicht wird. Darüber ist eine Gruppe mit Maria und zwei Bischöfen zu sehen. Abt Adalbert wird hier in der regionalen Landschaft um Admont verortet. In zwei Streifen werden links und rechts die Pfarren des Enns-, Palten-, und Liesingtales in topografischen Ansichten wiedergegeben. (CR/MRG)

126

1.7.12

1.7.13

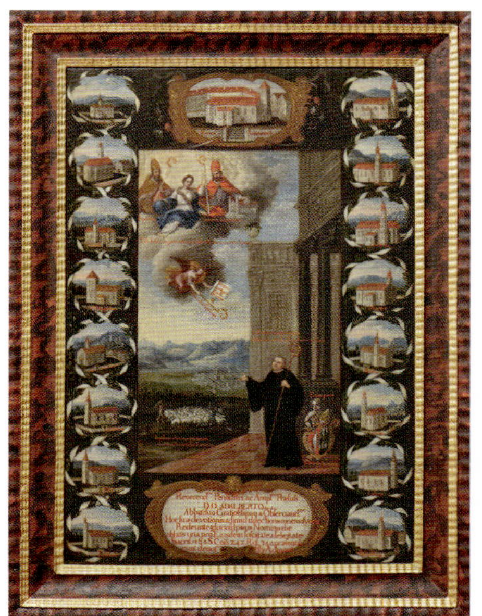

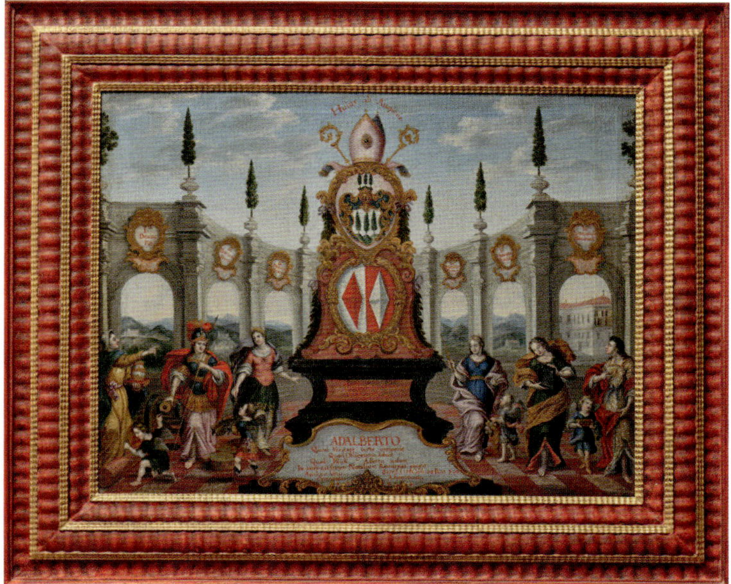

## 1.7.13
Meister des Adalbert-Heufler-Zyklus
**Allegorie auf Abt Adalbert Heufler zu Rasen und Hohenbühel**
um 1684, Öl auf Leinwand, 55 x 71 cm

Das Architekturelement im Zentrum verweist mittels Wappen auf die Regierungszeit von Abt Adalbert. Links und rechts davon sind je drei allegorische Figuren mit Engeln zu sehen. Sie stehen etwa für den Glauben, die Tapferkeit, die Gerechtigkeit oder die Klugheit. Allegorische Darstellungen sind in der Zeit des Barocks besonders en vogue. Sie spiegeln auch das Bildungsbewusstsein der Auftraggeber, in diesem Fall von Abt Adalbert, wider. (MRG)

## 1.7.14
**Reliquienkassette**
17./18. Jahrhundert (?), versch. Materialien,
13,5 x 25 x 14,5 cm

1.7.14

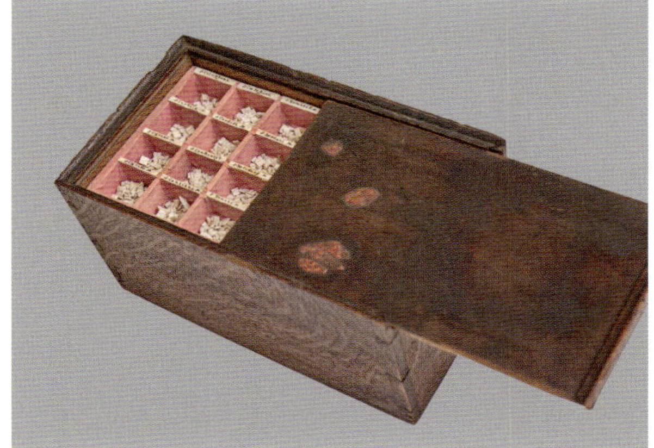

Die ungeschmückte Schubkassette aus Holz enthält mehrere Einlageböden, die wiederum in einer Vielzahl von Feldern gegliedert sind. In den Feldern befinden sich kleine und kleinste Heiligenpartikel, die in Päckchen, mit Golddraht verschnürt, gehüllt sind. Die heiligen Überreste dienen der Vergegenwärtigung der Heiligen, ihrer Verehrung. Die Reliquien- und Heiligenverehrung war letztlich auch ein zentrales Instrument der Gegenreformation. (MRG)

## 1.8. Klostersturm und Revolution

Bis in die Mitte des 18. Jahrhunderts schien es, als ob die erneuerten Ordensklöster und die Habsburger-Herrscher als Träger einer Pietas Austriaca nach der Gegenreformation eines Sinnes seien. Doch mit Joseph II., zunächst Mitregent und später Kaiser, änderte sich das.

Er stand wie andere europäische Herrscher auch Orden und Klöstern sehr kritisch gegenüber. Schon zur Mitte der 18. Jahrhunderts wurde schrittweise der Jesuitenorden aufgelöst, danach folgten Verordnungen, mit denen die Zahl aller Mönche vermindert werden sollten. Ab 1767 durften Klöster neue Mönche nur noch als Ersatz für verstorbene oder unheilbare kranke Brüder aufnehmen. Im Jänner 1782 wurde das erste große Klosteraufhebungsdekret erlassen, das alle „beschaulichen Klöster" erfasste, die, in den Augen des Kaisers und seiner Behörden, zu wenig zu Seelsorge und Ausbildung der Bevölkerung beitrugen. Gleichzeitig wurde ein Religionsfonds geschaffen, der aus dem Vermögen der aufgehobenen Klöster, Pensionen ehemaliger Klosterangehöriger sowie die Errichtung neuer Pfarren und diverse staatliche Aufgaben finanzieren sollte. Im Mai 1783 folgte eine weitere Aufhebungswelle, der über 700 österreichische Stifte und Klöster zum Opfer fielen. Obwohl Admont nach den josephinischen Kriterien keine Gründe für eine Aufhebung geboten hat, war es doch von dieser bedroht.

Auch in den Jahrzehnten nach dem „Klostersturm" hatte Admont existenzielle Herausforderungen zu meistern; nach den Napoleonischen Kriegen geriet das Stift in eine bedrohliche finanzielle Krise. Nach der Revolution von 1848 und der sog. Bauernbefreiung, mit dem das Kloster viele regelmäßige Einnahmen verlor, musste es seine wirtschaftlichen Verhältnisse neu ordnen.

**1.8.01**
**Bildnis des Joseph II.**
um 1780, Öl auf Kupfer, 19,2 x 15 cm
NÖ. Landessammlungen, Inv.-Nr. LK2037

Obwohl sie den Richtlinien der Klosteraufhebung nicht entsprachen, dekretierte Joseph II. am 30. Dezember 1785 die Aufhebung einiger steirischer Klöster, unter ihnen Göss, Neuberg, Stainz und Rottenmann – und auch Admont. Zwei Mitglieder des Staatsrates führten dagegen triftige rechtliche und politische Argumente ins Feld: Es gehe nicht an, Klöster, die durch ihre Prälaten Mitglieder des Landtags seien, aufzuheben. Auch müsse man Konflikte mit dem Erzbistum Salzburg vermeiden, das damals noch ein eigenes Reichsfürstentum war und gegen eine solche Maßnahme Einspruch erheben würde. (CR)

**1.8.02**
**Brief vom 21. Mai 1787 an den Erzbischof von Salzburg**
ca. 30 x 25 cm
Archiv der Erzdiözese Salzburg, Bestand Admont, Sign. 4/19/20

Tatsächlich konnte der Erzbischof von Salzburg dem Stift in der Auseinandersetzung um die geplante Klosteraufhebung helfen, weshalb man sich vonseiten des Stiftes Admont bedankte. Joseph II. zog die Aufhebung wieder zurück, forderte allerdings, dass die Zahl der Konventsmitglieder beschränkt werde und das Kloster alle Überschüsse aus seinen wirtschaftlichen Tätigkeiten an den Religionsfonds abzuliefern habe. (CR)

Lit.: Schiefermüller, Josephinische Klosterreformen, S. 39.

1.8.01  1.8.03

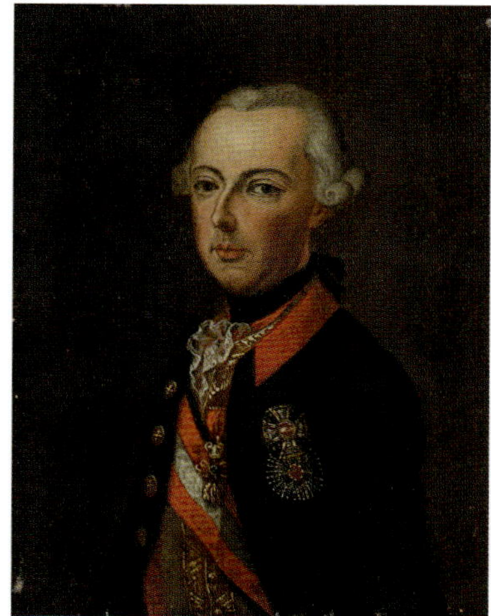

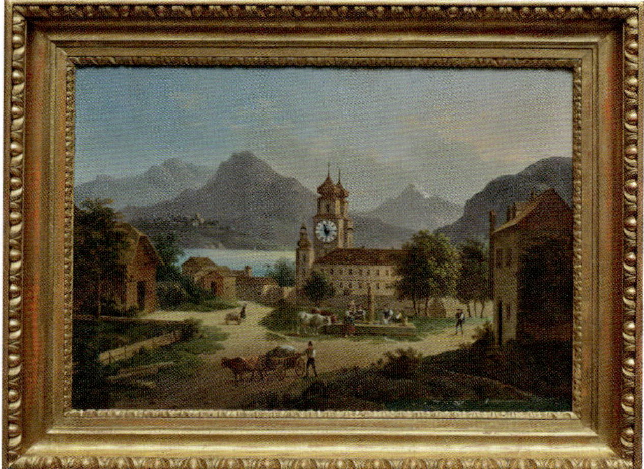

## 1.8.03
**Biedermeier Bilderuhr mit Musikspielwerk. bez. Admont in Oberstayer**
Österreich, um 1830/40, Öl auf Blech, gemaltes Zifferblatt, beschnitztes goldgefasstes Rahmengehäuse,
68 x 57 cm

Auf dieser Bilderuhr zu sehen ist eine idealisierte Ansicht von Admont aus Blickrichtung Süden gegen Norden mit den Haller Mauern im Hintergrund. Die Vedute bietet einen Eindruck vom Aussehen des Stiftes zur Biedermeierzeit und vom ländlichen Alltag des Marktes. Vom angeschnittenen Stift sieht man Teile des Südtraktes mit dem Eckturm und die Zwillingstürme mit den Zwiebeldächern. Die im 17. Jahrhundert nach Plänen von P. Gabriel Bucelinus barockisierte Stiftskirche hat ihr Aussehen bis zum verheerenden Stiftsbrand 1865 beibehalten. Doch die biedermeierliche Idylle trügt: Das Stift befand sich noch in den 1820er-Jahren in einer schweren finanziellen Krise, stand unter Zwangsverwaltung und war auf ein kaiserliches Darlehen angewiesen. Zum einen hatte das Stift in den Napoleonischen Kriegen große Opfer gebracht, etwa einen Großteil seines Edelmetalls, auch seines Tafelsilbers dem Staat überlassen, zum anderen hatte sich Abt Kuglmayr auf problematische finanzielle Transaktionen eingelassen. Auch die eigenen Betriebe, etwa der Kupferbergbau in Kalwang, wurden nicht gewinnbringend geführt. Erst dem späteren Abt Benno Kreil gelang als Administrator eine finanzielle Sanierung des Stiftes, nicht zuletzt weil er sich 1834 mit der Innerberger Hauptgewerkschaft auf eine profitablere Nutzung des stiftischen Waldbesitzes einigen konnte. (CR/MB)

Lit.: Mannewitz, Stift Admont, S. 57–64.

## 1.8.04
Anton Schiffer
**Ansicht des Stiftes Admont**
um 1840, Öl auf Leinwand, 89 x 108,8 cm

Anton Schiffer (1811–1876) war einer der bedeutendsten Landschaftsmaler seiner Zeit in Österreich. In diesem Gemälde bietet er eine atmosphärische Sicht auf das mittlere Ennstal und den südlichen Teil des Marktes Admont mit Weng im Hintergrund bis hin zur prächtigen Gesäusekulisse. Vom Röthelstein

1.8.04

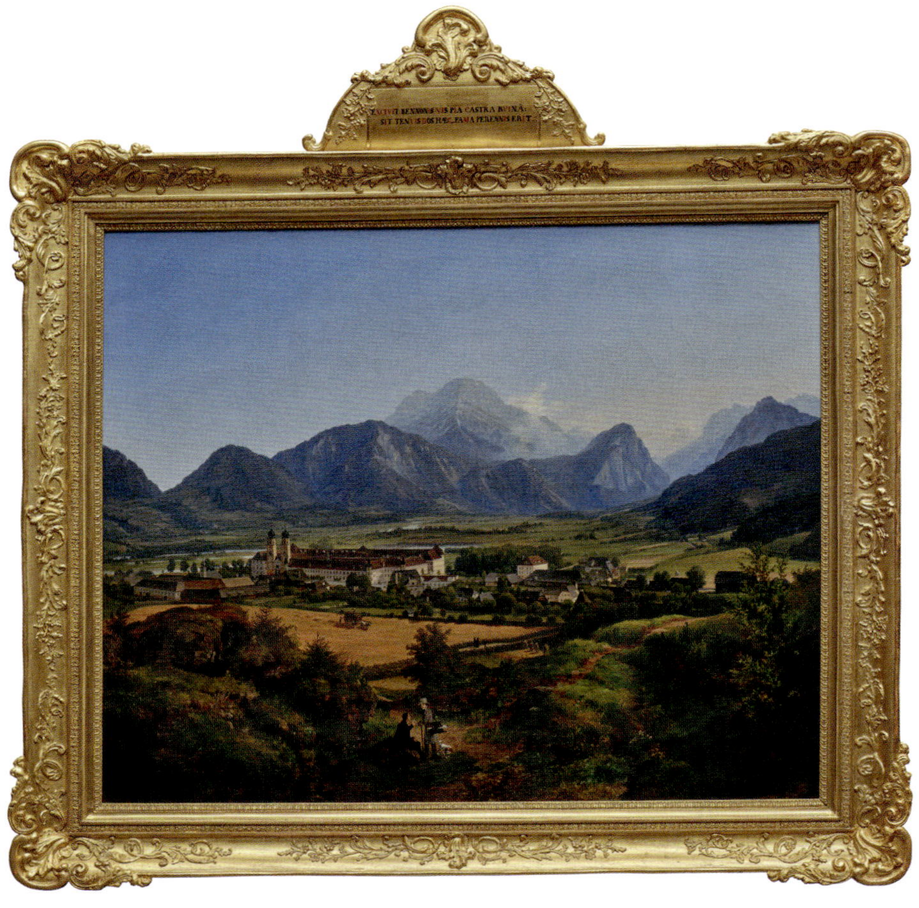

aus schweift der Blick über zwei disputierende Herren mit Hunden hinweg in das idyllische Tal mit dem Stift Admont, dem zugehörigen Gutshof, der Amandi-Kirche, dem Kasteneckgebäude, dem Hofrichterhaus und anderen Bauwerken. Das Stift mit der doppeltürmigen Stiftskirche ist in seiner barocken Gestalt zu sehen. (MB)

Lit.: SCHAFSCHETZY, Schiffer Anton.

1.8.05
P. Gerald Lehnert
**Buch mit Scherenschnitten**
zwischen 1820 und 1860, Buch gebunden, 32,6 x 25,6 cm
Stiftsarchiv Admont, o.S.

Scherenschnitte und Silhouetten stammten ursprünglich aus China und kamen im späten 17. Jahrhundert nach Europa, wo sie rasch als schnell herzustellendes grafisches Verfahren an Popularität gewannen. Vor allem im späten 18. und im frühen 19. Jahrhundert entwickelte sich eine Vorliebe für geschnittene Port-

1.8.05

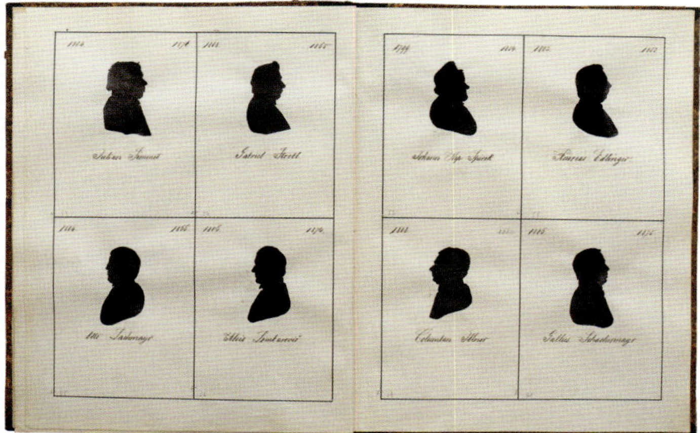

räts, die man in Alben sammelte, ähnlich wie später Fotografien. Humoristisch, aber mit einer großen Liebe zum Detail zeigen die Abbildungen auch Erscheinungsmerkmale und Eigenheiten der Mönche. (CR/MS)

## 1.9. Das Feuer von 1865 – „Heute existiert kein Admont mehr"

Am 27. April 1865 brach in einem Haus des Marktes Admont Feuer aus. Ein föhniger Nordwestwind trieb das Feuer an und verbreite dieses rasch auf die Nachbarhäuser. Die Menschen flüchten aus ihren Häusern und viele von ihnen in das Stift, das sie aufgrund seiner Bauweise für ungefährdet hielten. Funken und brennende Dachschindeln flogen durch die Luft und fielen im Stiftshof nieder. Da begann, kaum eine Stunde nach dem Ausbruch des Feuers, das Dach der Stiftskirche zu brennen. Da die stiftseigene Wasserpumpe im Ort zum Löschen im Einsatz war, musste man sich im Stift mit Kübeln behelfen. Unterdessen breitete sich das Feuer auf die gesamte Anlage aus. Im Osttrakt stürzte die Decke in sich zusammen und begrub das berühmte Universum von Josef Stammel unter sich. Es grenzt an ein Wunder, dass das Gewölbe des riesigen Bibliotheksaales der Wucht des einstürzenden Dachstuhls standhielt.

Fünf Tage dauerte der Brand. 17 Menschen kamen ums Leben, über 20 Häuser lagen in Schutt und Asche. Völlig zerstört wurde von der Anlage des Stiftes lediglich der Konventtrakt. Vieles wäre durchaus sanierbar gewesen, einschließlich der Kirche. Doch man entschied sich für ein „neues" Admont und einen Wiederaufbau bzw. Neubau im neugotischen Stil. Bereits im Jahre 1868 konnte die Stiftskirche geweiht werden. In den 1870er-Jahren geriet das Projekt allerdings ins Stocken und der Neubau blieb ein Torso.

1.9.01

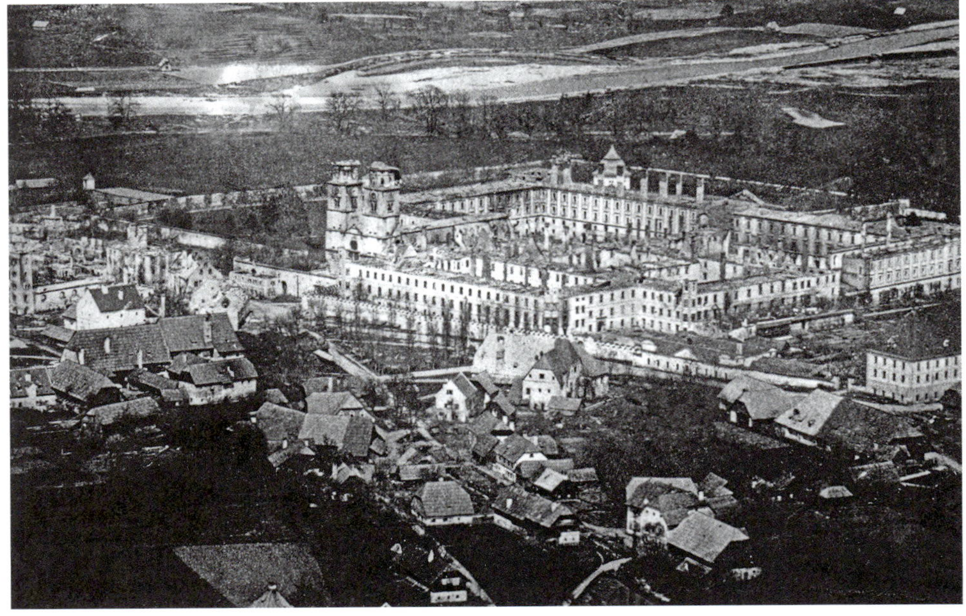

**1.9.01**

**Admont wenige Tage nach dem Brand 1865**
Fotografie, Reproduktion
Stiftsarchiv Admont, Fotoarchiv

Der Brand des Stiftes und des Marktes Admont stellt eine einschneidende Zäsur in der Geschichte der Abtei dar. Die Beschädigung des Klostergebäudes durch die gefräßigen Flammen war enorm. Sämtliche Dachflächen waren zerstört, Teile der Kirche, der Prälatur und des Konventstraktes waren eingestürzt. Noch verheerender wirkten sich allerdings die in den Jahren danach folgenden Demolierungsarbeiten am Gesamtgebäude aus, um Neubauten Platz zu machen. (MS)

Lit.: SCHIEFERMÜLLER, Der Brand, passim, Abb. 77.

**1.9.02**

**Bericht von P. Blitmund Tschurtschenthaler. „Wanderungen über Berg und Thal"**
2. Teil Papierhandschrift, 26 x 20 cm
Stiftsarchiv Admont, Ii-79

P. Blitmund war ein passionierter Wanderer und Beobachter, der seine zahlreichen Touren und Ausflüge in den Admont umgebenden Bergen und Almen genau dokumentiert hat. Mitten in seinen Aufzeichnungen folgt der Bericht über den Brand Admonts. Dieser detaillierte Augenzeugenbericht gehört zu den wertvollsten Dokumenten, die das Brandgeschehen überliefern. (MS)

Lit.: SCHIEFERMÜLLER, Der Brand, S. 159.

1.9.02

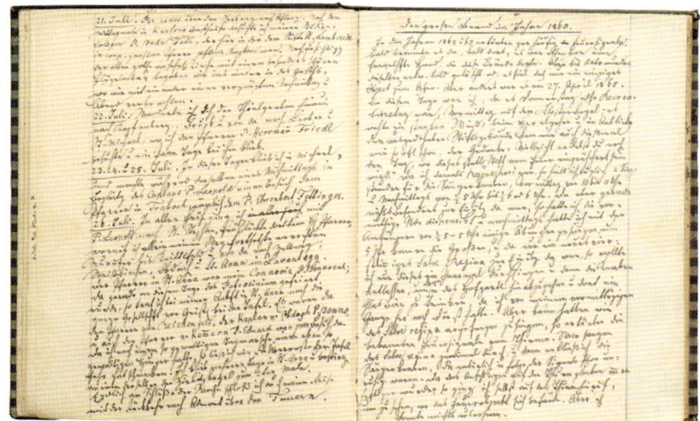

1.9.03

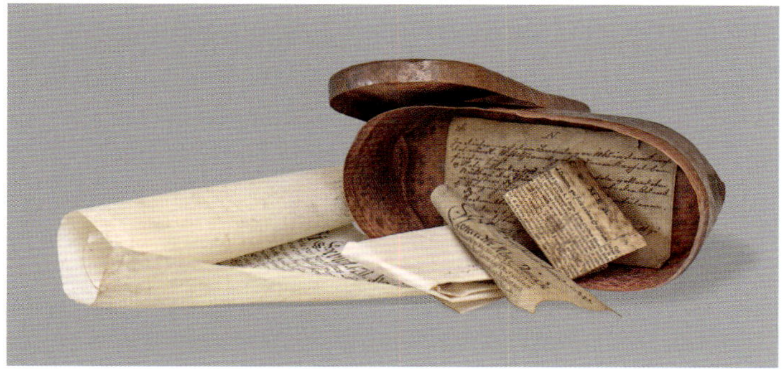

## 1.9.03
**Schatulle mit verschiedenen Dokumenten**
18. Jahrhundert, Metall und Papier, 27 x 12,5 cm
Stiftsarchiv Admont, o.S.

Traditionellerweise werden in Kirchturmkreuze Metallschatullen verborgen, die Zeitdokumente, Münzen und Urkunden beinhalten. Die nach dem Brand 1865 geborgene Schatulle stammte aus einem der beiden Turmkreuze der Stiftskirche. Sie enthält Dokumente aus dem 18. Jahrhundert. (MS)

## 1.9.04
**Stereofotos von Admont vor dem Brand und danach**
ca. 1860–1870
Stiftsarchiv Admont, o.S.

Die Abbrucharbeiten an der Stiftskirche Admont und am Klostergebäude begannen sofort nach dem Brand im April 1865 und wurden mit Schnelligkeit und Gründlichkeit durchgeführt. Das damals populäre Medium stereoskopischer Aufnahmen dokumentiert zum einen den Zustand vor dem Brand, wurde aber auch – vermutlich im Auftrag des Stiftes – eingesetzt, um den Fortschritt der Bauarbeiten festzuhalten. (MS)

1.9.04

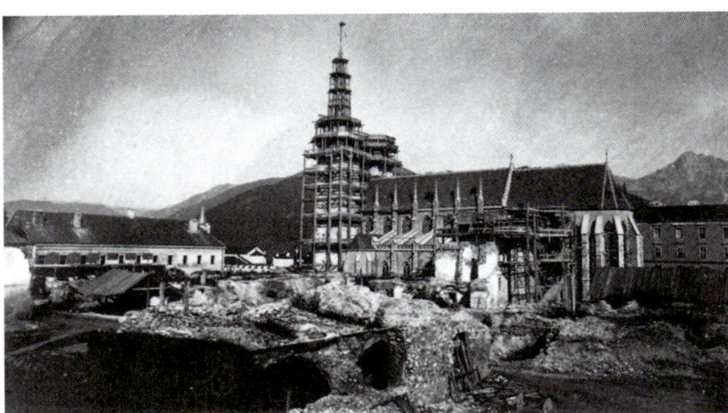

1.9.05

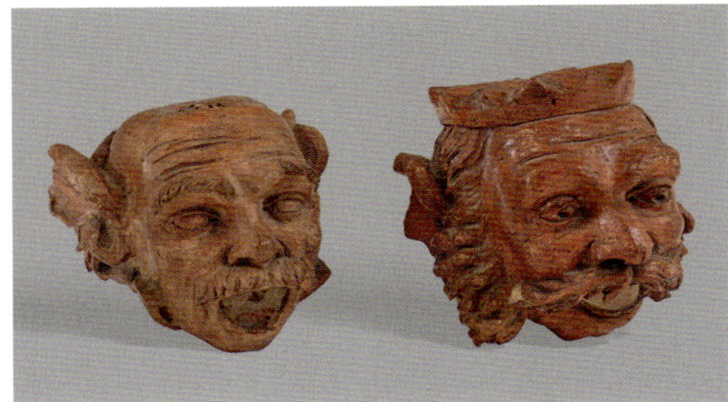

## 1.9.05
**Zwei Keramikmodelle (Wilhelm I. und Bismarck)**
nach 1866 bzw. vor 1869, Ton, gebrannt und glasiert, 14/12 x 15/17 x 17 cm (Wilhelm I./Bismarck)

Die beiden Stücke haben sich als Modelle für den Steinskulpturenschmuck an der neu errichteten Stiftskirche nach dem Stiftsbrand erhalten. Es handelt sich um Wasserspeier, die tatsächlich zur Ausführung an der Nordseite der Stiftskirche gelangten. Der Architekt Wilhelm Bücher hat die Köpfe des preußischen Königs und späteren Kaisers Wilhelm I. und von Otto von Bis-marck, dem späteren Reichskanzler, als „zeitpolitisches Statement" in den Bauschmuck integriert, um seinen Unmut hinsichtlich der politischen Geschehnisse um 1866 zu äußern. Bücher war ein hessischer Patriot, der mit den fratzenähnlichen Wasserspeiern die Ablehnung der Einverleibung seiner Heimat durch das Deutsche Kaiserreich zum Ausdruck brachte. (MS)

Lit.: Schiefermüller, Der Brand, S. 210.

## 1.9.06
August Ortwein
**Entwurf für den Seitenaltar Geburt Christi**
1892, Maßstab 1:10, Federzeichnung auf Papier, 110,5 x 65,5 cm
Stiftsarchiv Admont, BP-149

Es handelt sich um einen Entwurf für den Krippenaltar in der Barbarakapelle, welche die barocke Weihnachtskrippe des Meisters Josef Stammel (um 1740/55 – Fassung von Josef Pöttschnick) beheimatet. Die beiden Flügel des Schreins zeigen im geschlossenen Zustand in Reliefschnitzerei vier Heilige: Othmar, Karl Borromäus, Barbara und Klara – die Namenspatrone des Priors P. Othmar Berger und seiner beiden Schwestern, die den Altar gestiftet haben. In veränderter Form wurde dieser Altar tatsächlich errichtet, dessen Inneres mit der Krippe man zwischen dem 24. Dezember und dem 2. Februar sehen kann. (MS)

## 1.9.07
Wilhelm Bücher
**Entwurfsdarstellung der Westfassade der Admonter Stiftskirche**
um 1865, Fotografische Reproduktion auf Karton, 35,5 x 24 cm
Stiftsarchiv Admont, o.S.

1.9.06

1.9.07

1.9.08

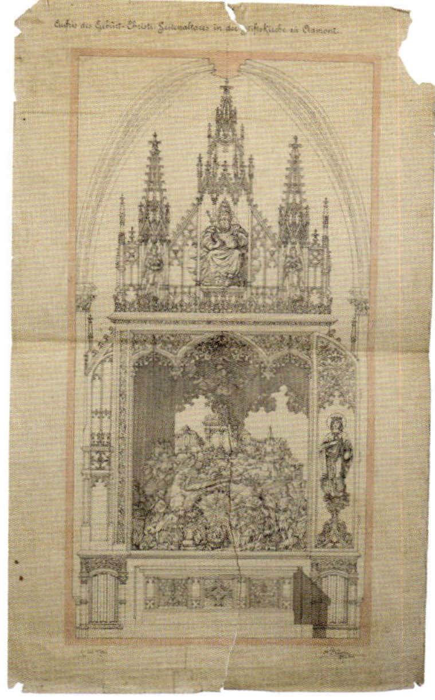

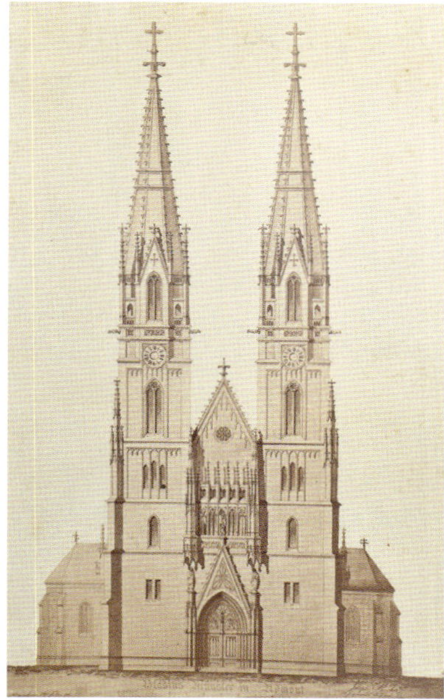

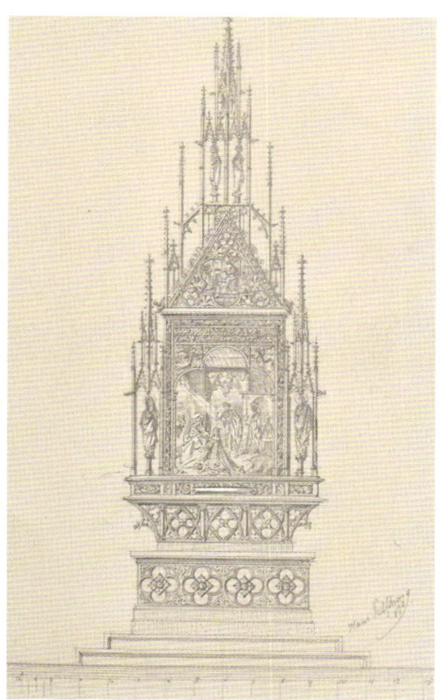

Ein Wiederaufbau in den alten Formen wäre finanziell und technisch durchaus möglich gewesen, aber in jener Zeit hat sich die Architektur im Kirchenbau der Neugotik verschrieben.

Nach dem Brand 1865 wurde der Großteil der beschädigten Kirche bis auf die Fensterhöhe abgetragen und der neugotische Bau auf altem Grundriss errichtet. Das neue Gotteshaus wurde unter Leitung des aus Wiesbaden stammenden Architekten Wilhelm Bücher in Stilformen der Neugotik unter Beibehaltung der mittelalterlichen Fundamente errichtet. Das frühgotische Presbyterium konnte dabei zu einem großen

Lit.: SCHIEFERMÜLLER, Der Brand, S. 226.

Teil in den Neubau einbezogen werden. Die Kirche wurde bereits am 12. September 1869 geweiht. Sie gilt als der erste große neugotische Kirchenbau in Österreich. Konstruktive Bauteile der Kirche wurden in Steinmetzarbeit aus Naturstein hergestellt, aber für zahlreiche Einzelformen wie Maßwerke der Fenster und dekorative Elemente wurde bereits Portland-Zement verwendet. In diesem Entwurf zur Westfassade sind die zahlreichen neugotischen Zierrate erkennbar, die aus statischen Gründen – nach deren tatsächlicher Umsetzung – bereits wenige Jahre später wieder abgetragen werden mussten. (MS)

### 1.9.08
Hans Petschnig
**Altarentwurf**
1870, Bleistiftzeichnung, 30 x 22,5 cm
Stiftsarchiv Admont, BP-146

Es handelt sich um den Entwurf für einen nicht ausgeführten Altar. Hans Petschnig war ein überzeugter Anhänger der neogotischen Kunst. Er gehörte einem

gleichgesinnten Kreis von Künstlern an, der enge Verbindungen mit England pflegte. Petschnig baute im Stil einer norddeutschen Gotik, und das auch im süd-

135

deutschen Raum. Er entwarf verschiedene katholische Kirchen, aber auch eine der ersten evangelischen Kirchen in Österreich, jene von Neunkirchen in Niederösterreich. (CR)

## 1.9.09–11
**Verschiedene Musterentwürfe**
um 1865/70, je 30,3 x 25,5 cm; 28,7 x 22,5 cm;
20,3 x 34 cm
Stiftsarchiv Admont, BP-151, 152, 154, 156

Zu sehen sind Musterentwürfe für eine Seitenwand des Tabernakels des Kreuzaltars sowie eines gotischen Tabernakels, weiters für verschiedene Dekorationselemente des Kircheninneren. (MS)

1.9.09

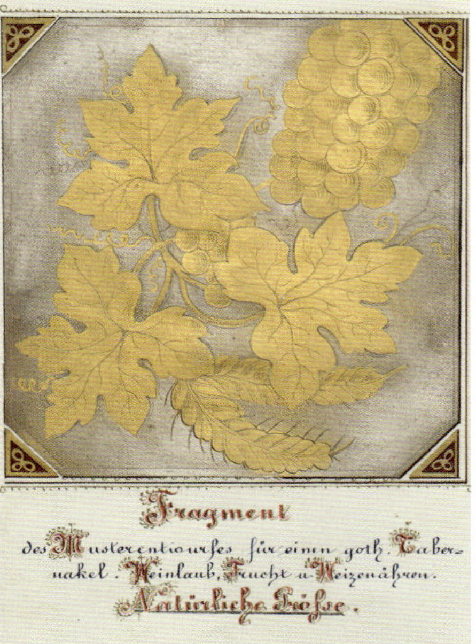

# 1.10. Zwischen Krieg und Diktatur

Nach dem Brand von 1865 und dem Wiederaufbau folgte eine relativ ruhige Entwicklung, die der Erste Weltkrieg 1914 jäh unterbrach. Wie andere österreichische Ordenshäuser auch hatte Admont beträchtliche finanzielle Mittel in Kriegsanleihen angelegt, die nach dem verlorenen Krieg wertlos waren. Die hohe Inflation der Nachkriegszeit, aber auch die Stagnation auf dem Holzmarkt aufgrund geringer Bautätigkeit brachten das Stift schon in den 1920er-Jahren in wirtschaftliche Schwierigkeiten. Zahlreiche Mitarbeiter mussten entlassen werden. Die Wirtschaftskrise der frühen 1930er-Jahre führte das Stift dann endgültig an den Rand des Ruins. Sogar die Armenversorgung musste 1933 eingestellt werden. Um seine Schulden zu bezahlen, blieb dem Stift nichts anderes übrig, als Grundstücke, wertvolle Handschriften und Kunstwerke zu verkaufen. Kaum war die finanzielle Krise einigermaßen überwunden, übernahmen die Nationalsozialisten im Frühjahr 1938 die Macht und stellten das Stift unter kommissarische Verwaltung. Im Herbst 1938 wurde das gesamte Vermögen beschlagnahmt und Ende 1939, unmittelbar nach Kriegsausbruch, das Stift schließlich enteignet. Die Mönche hatten das Kloster zu verlassen.

## 1.10.01
Maler P. M.
**Bildnis des Abtes Bonifaz Zölss**
1949, Öl auf Hartfaser, 119 x 98,5 cm

Das Porträt des sitzenden Abtes Bonifaz Zölss ist Teil der Äbtegalerie der Klausur. Als geschätzter Wirtschaf-

ter fand sich der aus Kremsmünster kommende P. Bonifaz vor die Aufgabe gestellt, in den 1930er-Jahren die

1.10.01

1.10.02

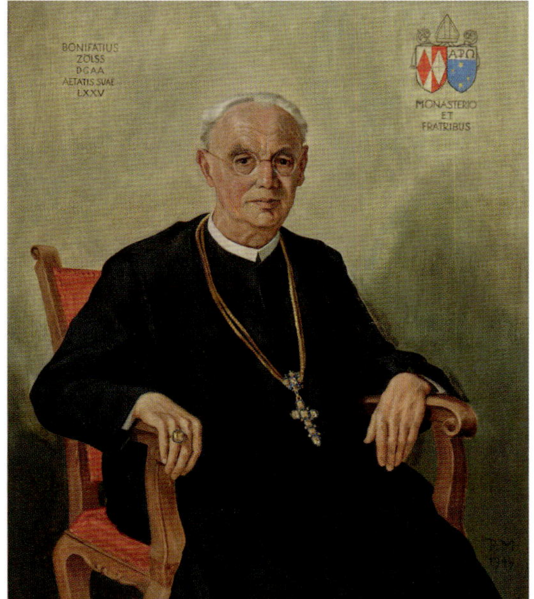

stiftischen Finanzen zu sanieren, was ihm auch gelang. Im Jahre 1935 übernahm er als Apostolischer Administrator und ab 1938 als Abt-Koadjutor Verantwortung für das Stift. 1953 wurde er schließlich zum 64. Abt gewählt. (MRG)

## 1.10.02
### Handschriftliche Übersichten über verkaufte Kunstgegenstände, Grundstücke und Handschriften
um 1935, Papier, je ca. 30 x 22 cm
Stiftsarchiv Admont, o.S.

Im Zuge der Wirtschaftskrise in den frühen 1930er-Jahren geriet das ohnehin finanziell bereits belastete Stift in eine bedrohliche Schuldenkrise. Hauptgläubiger waren das Österreichische Creditinstitut und das Land Steiermark, dem das Stift Steuern schuldete. Diese waren vorrangig zu bedienen. Man ließ sowohl Immobilien als auch Wertgegenstände von Experten schätzen und fertigte Übersichten wie diese an, in denen die theoretisch erzielbaren Werte angegeben sind. Tatsächlich waren angesichts der Wirtschaftskrise weder Immobilien noch Kunstgegenstände einfach zu verkaufen. Von letzteren durften aufgrund ihres besonderen Wertes einige nicht ins Ausland verbracht werden. Die Öffentlichkeit wurde über die Vorgänge nur teilweise informiert. Noch 1935 heißt es in Tageszeitungen, dass die Kunstschätze, deren möglicher Verkauf bekannt wurde, doch in Admont verbleiben würden. Zu den wertvollsten veräußerten Kunstwerken gehörte die Admonter Riesenbibel, die durch die Österreichische Nationalbibliothek erworben wurde, und einige gotische Kunstwerke wie die „Admonter Madonna", die dem Landesmuseum Joanneum gegen den Erlass von Steuerschulden übergeben wurde. Ihr damals geschätzter Wert entspricht nach heutiger Kaufkraft etwa 54.000 €. (CR)

1.10.03

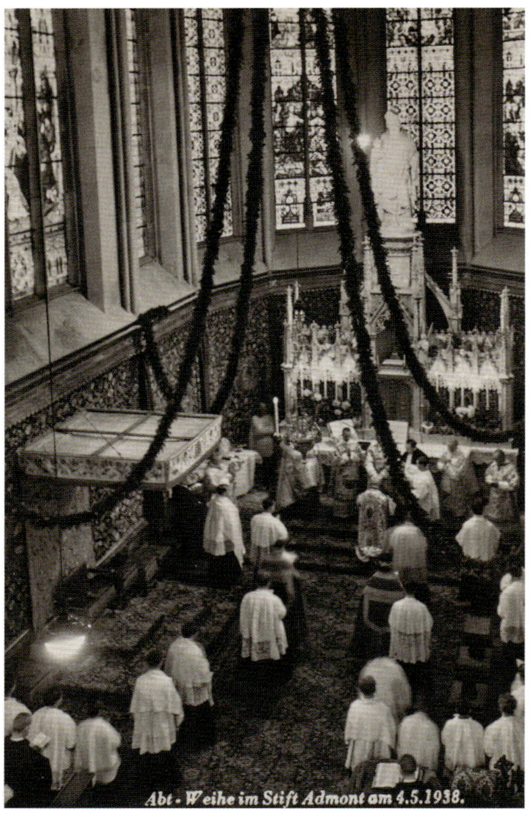


1.10.04

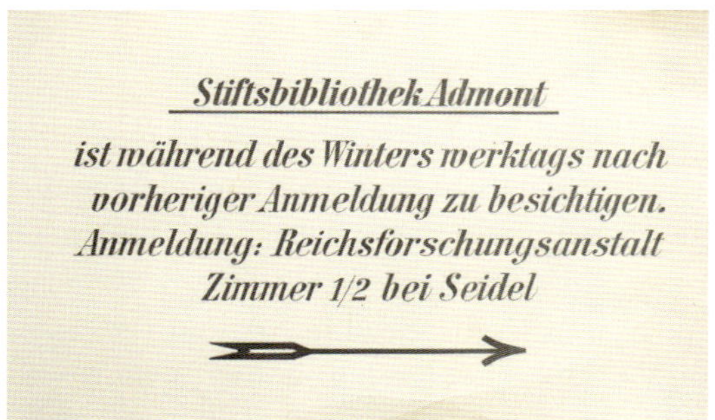


## 1.10.03
**Benediktion (Segnung) des Abtes Bonifaz Zölss in der Stiftskirche Admont, im Mai 1938**
Reproduktion einer Postkarte

Es handelt sich um das letzte liturgische Großereignis vor den Jahren der Vertreibung und Drangsalierung der Mönchgemeinschaft durch das nationalsozialistische Regime. (MS)

Lit.: SCHIEFERMÜLLER, Stift Admont im Zweiten Weltkrieg, Teil I.

## 1.10.04
**Hinweisschild zu den Öffnungszeiten der Stiftsbibliothek des beschlagnahmten Klosters Admont**
um 1940, ca. 22 x 40 cm
Stiftsarchiv Admont, o.S.

In den Räumlichkeiten des Stiftes wurde während der NS-Zeit eine Reichsforschungsanstalt für alpine Landwirtschaft untergebracht. Diese geht auf eine schon 1904 in Admont gegründete Außenstelle der landwirtschaftlichen chemischen Versuchsstation in Wien zurück, die sich speziell mit Moorwirtschaft befasste. Ihr Ziel war die Verbesserung der landwirtschaftlichen Produktionsleistung. Nach dem „Anschluss" und nach der Beschlagnahme des Stiftes wurden dessen Räumlichkeiten für die nunmehrige „Reichsforschungsanstalt" genutzt. In den ersten Jahren des Krieges fanden auch noch regulär Führungen durch den Prunksaal statt. (CR/MS)

Lit.: SCHIEFERMÜLLER, Stift Admont im Zweiten Weltkrieg, Teil I–III.

## 1.10.05
**Brief von Abt Bonifaz Zölss an seine Mitbrüder vom 19. November 1939**
30 x 21 cm
Stiftsarchiv Admont, o.S.

In diesem Schreiben informiert der Abt die Mönche, dass sie bis Jahresbeginn 1940 das Kloster zu verlassen hätten und „das gesamte bewegliche und unbewegliche Vermögen des Stiftes, als volks- und staatsfeindlich zugunsten des Deutschen Reiches. bzw. des Landes Steiermark eingezogen wurde". Die Mönche verließen das

1.10.05

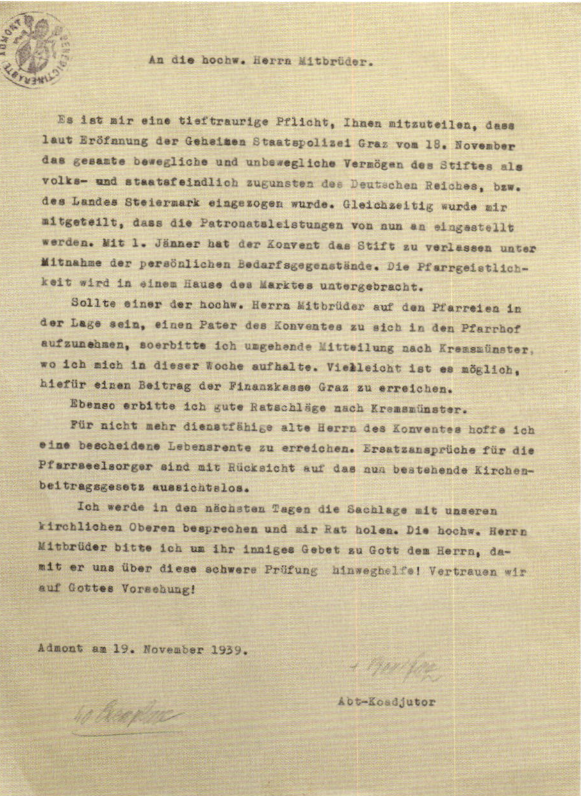

An die hochw. Herrn Mitbrüder.

Es ist mir eine tieftraurige Pflicht, Ihnen mitzuteilen, dass laut Eröffnung der Geheimen Staatspolizei Graz vom 18. November das gesamte bewegliche und unbewegliche Vermögen des Stiftes als volks- und staatsfeindlich zugunsten des Deutschen Reiches, bzw. des Landes Steiermark eingezogen wurde. Gleichzeitig wurde mir mitgeteilt, dass die Patronatsleistungen von nun an eingestellt werden. Mit 1. Jänner hat der Konvent das Stift zu verlassen unter Mitnahme der persönlichen Bedarfsgegenstände. Die Pfarrgeistlichkeit wird in einem Hause des Marktes untergebracht.

Sollte einer der hochw. Herrn Mitbrüder auf den Pfarreien in der Lage sein, einen Pater des Konventes zu sich in den Pfarrhof aufzunehmen, soerbitte ich umgehende Mitteilung nach Kremsmünster, wo ich mich in dieser Woche aufhalte. Vielleicht ist es möglich, hiefür einen Beitrag der Finanzkasse Graz zu erreichen.

Ebenso erbitte ich gute Ratschläge nach Kremsmünster.

Für nicht mehr dienstfähige alte Herrn des Konventes hoffe ich eine bescheidene Lebensrente zu erreichen. Ersatzansprüche für die Pfarrseelsorger sind mit Rücksicht auf das nun bestehende Kirchenbeitragsgesetz aussichtslos.

Ich werde in den nächsten Tagen die Sachlage mit unseren kirchlichen Oberen besprechen und mir Rat holen. Die hochw. Herrn Mitbrüder bitte ich um ihr inniges Gebet zu Gott dem Herrn, damit er uns über diese schwere Prüfung hinweghelfe! Vertrauen wir auf Gottes Vorsehung!

Admont am 19. November 1939.

Abt-Koadjutor

1.10.07

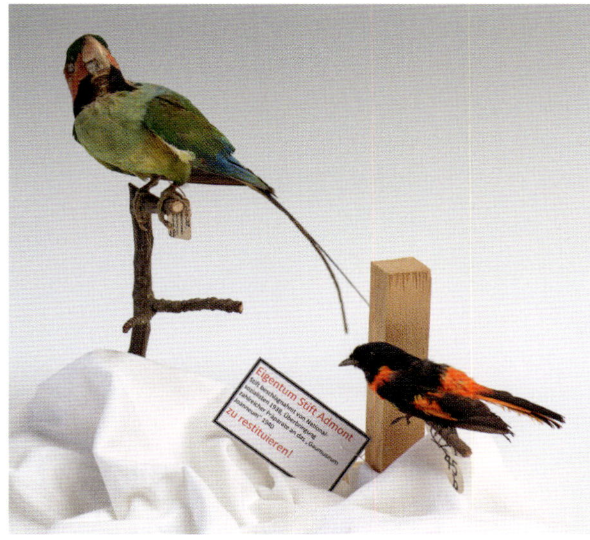


beschlagnahmte Kloster und lebten fortan in den zahlreichen Pfarren des Stiftes oder waren sogar gau- bzw. reichsverwiesen. Auch wenn das Stiftsgebäude nicht mehr betreten werden durfte, blieb die Gemeinschaft bestehen. (MS)

Lit.: SCHIEFERMÜLLER, Stift Admont im Zweiten Weltkrieg, Teil I.

## 1.10.06
Ernst Dieffenbach

**Charles Darwin's [...] Naturwissenschaftliche Reisen nach den Inseln des grünen Vorgebirges, Südamerika, dem Feuerlande, den Falkland=Inseln [...]. In zwei Theilen. Mit einer Karte und Holzschnitten**
Braunschweig 1844, 301 Seiten, 20,5 x 13 cm
Stiftsbibliothek Admont, 45/239

Nachdem das Stift enteignet worden war, sicherten sich die NS-Behörden auch den Zugriff auf die Bibliothek. Viele Bücher wurden nach Graz gebracht, aber etwa 3200 medizinische, botanische und pharmazeutische Werke entnahm die SS 1941, um sie der „Deutschen Versuchsanstalt für Ernährung und Verpflegung" für das KZ Dachau zu überlassen. Die Bücher erhielten einen Stempel dieser Versuchsanstalt. Nach 1945 wurden sie großteils zurückerstattet. (KS)

## 1.10.07
**Zwei Präparate: Geoffroyus rhodops aus Amboina, Indonesien; Javanischer Hornrachen Eurylaimus javanicus aus Malacca**
Naturhistorisches Museum Admont, Inv.-Nr. 29035 und 29064

Bereits im Sommer 1938 und vor allem im Jahre 1940, nach der endgültigen Enteignung, mussten aus den Sammlungen des Stiftes zahlreiche naturkundliche Exponate an das nunmehrige „Gaumuseum" Joanneum abgeliefert werden. Hintergrund der Aktion war der, dass das Museum in Graz die besten Stücke, die für die gesamte Steiermark und international relevant sind, erhalten sollte, während in Admont ein Ortsmuseum mit lediglich lokal bedeutsamen

Stücken sowie eine Lehrsammlung für die geplante nationalsozialistische Schule eingerichtet werden sollte. Die Rückführung dieser Exponate nach 1945 zog sich

lange hin. Erste Objekte wurden 1948 zurückgegeben, andere erst vor wenigen Jahren. (CR)

Lit.: Hausl-Hofstätter, Ein Erbe aus nationalsozialistischer Zeit.

## 1.10.08
**Hinweisschild für einen „Luftschutzraum"**
um 1940, 20,5 x 62 cm
Stiftsarchiv Admont, o.S.

Die Räume des Stiftes wurden gegen Kriegsende auch als Wohnungen und provisorische Unterkünfte genutzt. Viele Räume wurden dabei zum Teil schwer beschädigt. Als ab dem Herbst 1943 die Luftangriffe auf das Gebiet des heutigen Österreich zunahmen,

1.10.08

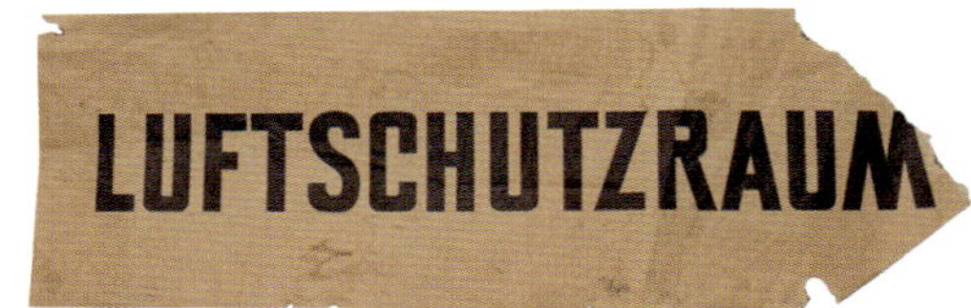


wurden in den Kellern des Stiftes Luftschutzräume eingerichtet. (CR)

## 1.11. Neubeginn nach dem Zweiten Weltkrieg

Nach dem Ende des Krieges kehrte der Konvent aus seiner Verbannung wieder zurück und hielt am 17. Oktober 1945 feierlichen Einzug in das Stift. Der Neubeginn glich einer Neugründung. Der enteignete Besitz musste zurückgeführt, beschädigte Gebäude mussten instandgesetzt und die Räume für klösterliche Zwecke neu eingerichtet werden. In den folgenden Jahrzehnten wurden die land- und forstwirtschaftlichen Betriebe modernisiert, Pfarrhöfe und Pfarrkirchen restauriert. 1976 erhielt das Stiftsgymnasium einen Neubau.

In den letzten Jahrzehnten wurden sowohl die sozialkaritativen als auch die kulturellen Aktivitäten verstärkt. Das drückt sich insbesondere in den Neueinrichtungen der Museen und einer Sammlung für Gegenwartskunst seit den 1990er-Jahren aus. In spiritueller Hinsicht wirkte sich seit den 1960er-Jahren das Zweite Vatikanische Konzil auf das Stift aus, sowohl hinsichtlich der Liturgie als auch der Öffnung in die Welt. Das Stift engagiert sich u. a. für den interreligiösen Dialog.

## 1.11.01
**Der Pfarrer von St. Michael**
Österreich 1957, Regie: Wolfgang Glück

Es handelt sich um einen typischen Heimatfilm der Nachkriegszeit, der eine melodramatische Geschichte von Schuld und Reue in schöne Landschaften einbettet. Ein Pfarrer, der sich um ein Kind kümmert, das ihm von der ledigen Mutter kurz vor ihrem Tod anvertraut wurde, wird von der eigenen Gemeinde verdächtigt, der Vater dieses Kindes zu sein. Als eines Tages der

tatsächliche Vater auftaucht, erkennen die Leute ihren Irrtum und bemühen sich, den Pfarrer von seinem Wunsch abzubringen, sich in eine andere Gemeinde versetzen zu lassen.
Gedreht wurde der Film u. a. in Johnsbach und in Admont. (CR)

1.11.02

1.11.03

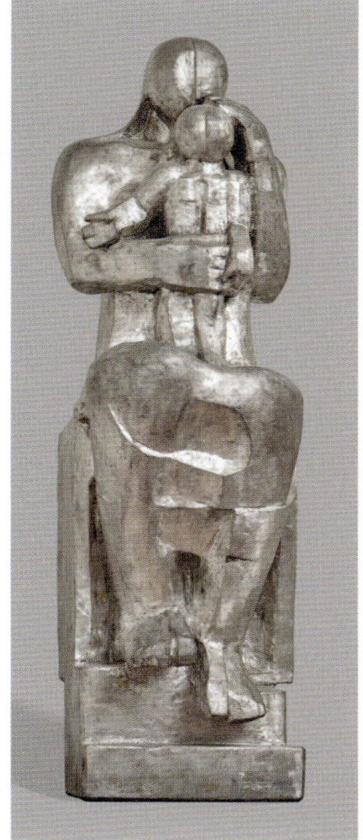

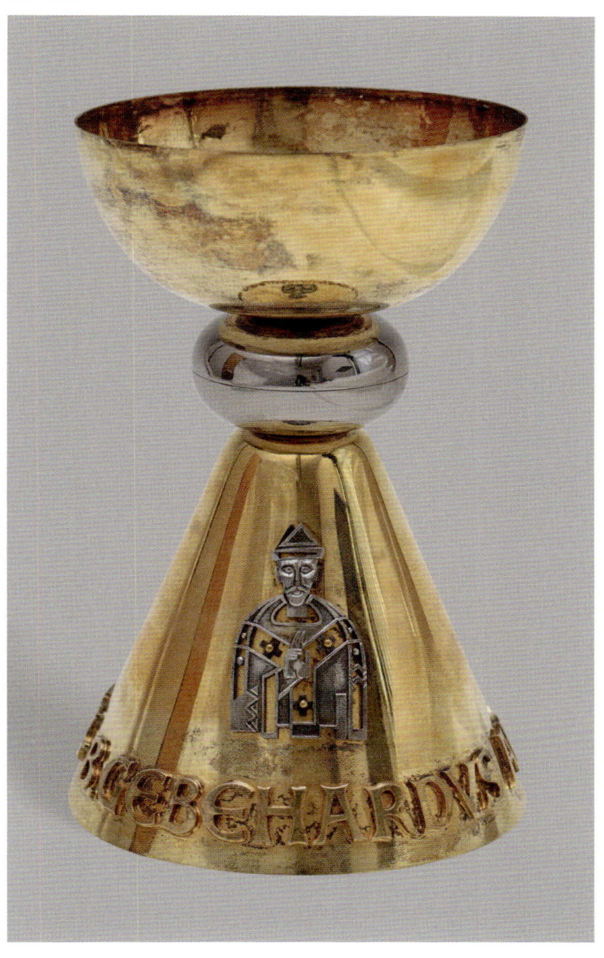

## 1.11.02
Elmar Kopp
**Madonna mit Kind**
um 1995, Bronze, versilbert, 142 x 43 x 50 cm

Die thronende Madonna mit Kind stammt aus der Benediktuskapelle der Stiftskirche Admont, die in der Regierungszeit von Abt Bruno Hubl im Jahr 1995 durch den Tiroler Maler und Bildhauer Elmar Kopp (1929–2020) neu konzipiert wurde und plastische Arbeiten sowie Wandmalereien des Künstlers enthält. Die geschlossene Form, das Blockhafte und archaisch anmutende Element der Kunst Elmar Kopps weist zurück in die Geschichte der modernen Plastik. (MRG)

## 1.11.03
Helmuth Gsöllpointner
**Gebhardskelch**
1960, Silber, teilvergoldet, Stahlschnitt, ca. 21,5 x 13 cm

Der sog. Gebhardskelch stammt aus der Hand des oberösterreichischen Künstlers Helmuth Gsöllpointner (*1933), der 1955 in der VOEST eine Abteilung für Metallplastik gründete und als einflussreicher Lehrer gilt. Sein Gebhardskelch, dessen Gestaltung auf die Anregung des damaligen Stiftsarchivars P. Adal-

bert Krause zurückgeht, ist ein gutes Beispiel für die Gestaltungstendenzen in den 1950/60er-Jahren. Am Nodus des Kelches befindet sich in stilisierter Form eine Darstellung des seligen Gründers Gebhard nach einer romanischen Miniatur einer Handschrift aus der Stiftsbibliothek. (MRG)

Lit.: LIST, Stift Admont, S. 490 f.

1.11.04

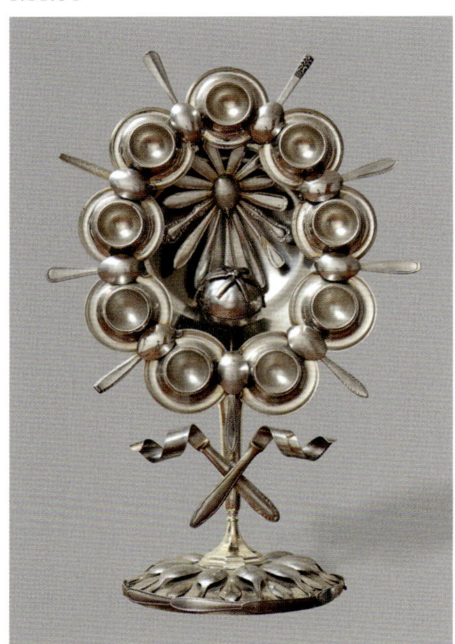

1.11.04
Götz Bury
**Eierlöffel- und Eierbechermonstranz**
2017, versch. Materialien (Edelstahlbesteck, Aluminium), ca. 75 x 30 cm

Die sog. Eierlöffel- und Eierbechermonstranz ist ein weiteres Beispiel für einen Auftrag an einen zeitgenössischen Künstler. Götz Bury (*1960) fertigte aus Alltagsmaterialien eine Monstranz, die ein wundersames Ei aus dem Kloster Maria Stern zu Taxa birgt. Der Tradition nach ist solch ein wundersames Stern-Ei für die Errichtung des Klosters im 17. Jahrhundert verantwortlich. Die Wallfahrt zu Taxa wird durch die Druckschrift „Gack, Gack, Gack, Gack, Gack, à Ga. Einer wunderseltsamen Hennen in dem Herzogthum Bayrn" aus der Hand des einflussreichen Barock-Predigers und -Poeten Abraham a Sancta Clara geschildert. Ein Exemplar dieses Druckes befindet sich in der Stiftsbibliothek Admont. (MRG)

# 2. Seelsorge und regionale Wirkung

Schon in der Frühzeit wurden dem Stift mehrere große Pfarren übergeben, aus denen sich im Laufe der Jahrhunderte ein weit gespanntes Netz von Seelsorgestationen entwickelt hat. Das geschah auch aus Gründen der materiellen Sicherung des Klosters. Die Zehenteinnahmen der dem Stift übertragenen Pfarren wurden teils zum Unterhalt der Mönche, teils zum Unterhalt des jeweiligen Pfarrers verwendet. Seit der Zeit der Gegenreformation wurden viele Pfarreien durch Mönche besetzt. Oft war mehr als die Hälfte der Mönche nicht im Stift, sondern „draußen" in den Pfarren tätig. Nicht zuletzt durch die josephinischen Reformen erhöhte sich noch die Zahl der Pfarrstellen. Heute werden von Admont aus 26 Pfarren betreut.

## 2.01
### Karte der Pfarrstellen

Auf der Karte sind die heute vom Stift Admont betreuten Pfarrstellen verortet.

# 3. Wissenschaft und Lehre

Die Benediktiner haben seit dem Mittelalter eine wichtige Rolle in der Wissenschaft und ihrer Vermittlung inne. Sie gehörten zu den Ersten, die sich systematisch mit der Überlieferung antiker Schriften befasst haben, förderten aber auch die Naturwissenschaften, insbesondere Mathematik und Astronomie.

Als nach der Mitte des 15. Jahrhunderts die ersten gedruckten Bücher erschienen, kam es in Admont zu einem Zustrom an Büchern in bisher unbekanntem Ausmaß. Es wurden Werke der klassischen Antike, medizinische Literatur und naturwissenschaftliche Abhandlungen gesammelt. Gleichzeitig entdeckte man den Reiz kurioser Objekte aus dem Reich der Natur und entwickelte eine Vorliebe für Gegenstände aus fernen Ländern. In allem wurde ein Widerschein von Gottes Schöpfung gesehen. Auch in Admont zeichnete sich das Barock durch eine geradezu enzyklopädische Sammellust aus. Leider ist von Exponaten dieser Epoche durch den Brand von 1865 fast nichts mehr erhalten. In der 2. Hälfte des 19. Jahrhunderts setzte sich in den Naturwissenschaften eine neue, systematische Methode des Sammelns und Bestimmens durch, für die das Naturhistorische Museum des Stiftes und insbesondere die Arbeiten von P. Gabriel Strobl charakteristisch sind. Aber auch die Geschichtsschreibung trat in dieser Zeit in eine wissenschaftliche, quellenfundierte Phase, wofür etwa die Historiker P. Albert von Muchar und P. Jakob Wichner stehen. Ebenso wichtig wie die Forschung war und ist den Admonter Benediktinern die Weitergabe des Wissens, insbesondere in Form des 1644 gegründeten Stiftsgymnasiums.

3.0.01
Johann Karl von Reslfeld
**Glorie des hl. Benedikt**
1701, Kupferstich, 4-teilig, 219 x 147 cm

Bei Johann Karl von Reslfelds (1658–1735) großformatigem, aus vier Blättern zusammengesetztem Stich handelt es sich um eine vielfigurige, inhaltlich komplexe Komposition. Zentrales Sujet der Darstellung unter dem Segen der Hl. Dreifaltigkeit ist der Triumphwagen des hl. Benedikt am Himmel, geführt von Vertretern der vier Erdteile und deren Tieren, flankiert von Fama und Chronos. Eine große Zahl an Ordensheiligen, Ordensstiftern und Zweigordensstiftern begleitet das Geschehen. Sie knien oberhalb des hl. Benedikt im Schein der Feuerkugel aus der Vision Benedikts auf Wolken. Das irdische Wirken des Ordens wird in Kleingruppenszenen thematisiert. Links die Mission: die Verkündigung des Evangeliums unter den Heiden, Taufe, Zerstörung von Götzenbildern und Kreuzesaufrichtung. Mittig im Hintergrund die Werke der Barmherzigkeit: Gefangenenbefreiung, Krankenseelsorge, Aufnahme Fremder, Erlösung armer Seelen durch den hl. Odilo, Totenerweckung. (MB)

Lit.: HIMMELSTOSS (Hg.), Kunstschatten, S. 21 f.

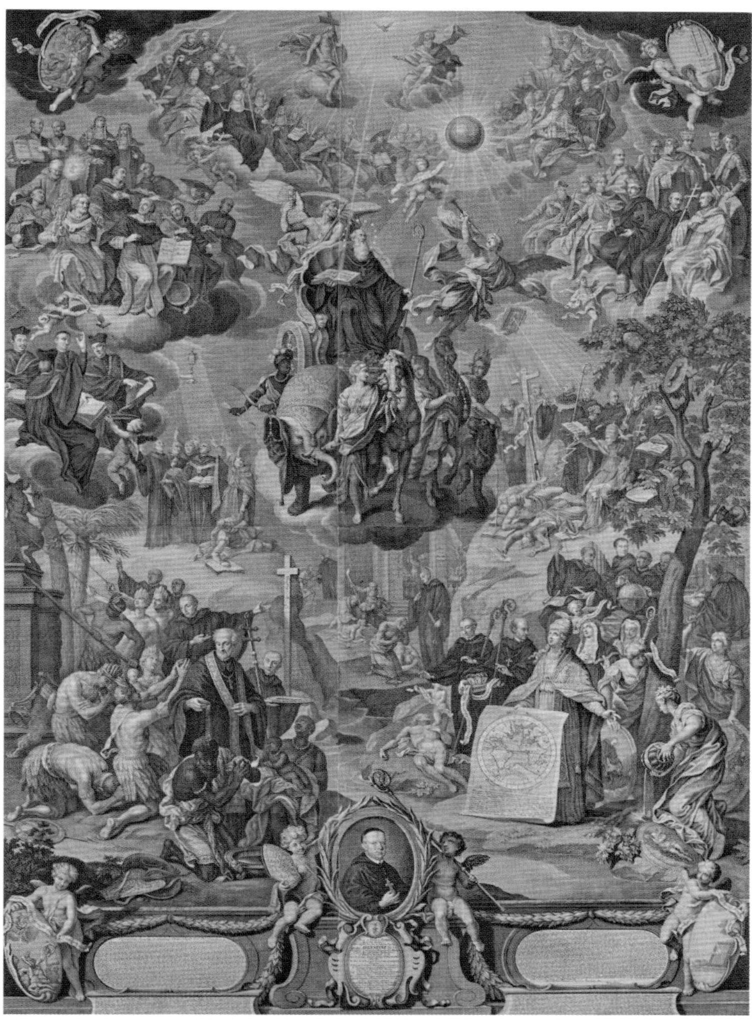

## 3.1. Die Ordnung der Natur

Nach biblischer Überlieferung bringt Gottes Schöpfung Ordnung ins Chaos, weshalb eine Beschäftigung mit der Naturwissenschaft durchaus zu den religiösen Überzeugungen der Benediktiner passte. Die Admonter Mönche zeigten schon früh Interesse an naturkundlichen Fragen, was Pergament-Handschriften belegen, die seit dem 12. Jahrhundert im Stift aufbewahrt werden. Abt Engelbert von Admont (reg. 1297–1327) etwa befasste sich mit der Ordnung der Säugetiere, Abt Valentin Abel (reg. 1545–1568) erwarb antike Klassiker und zeitgenössische Literatur zu naturwissenschaftlichen Themen, vor allem zu Bergbau und Chemie. Auch Globen und astronomische Geräte kamen ins Stift. Im 19. Jahrhundert setzten systematisch-naturwissenschaftliche Forschungen ein, auch unter dem Aspekt praktischer Nutzung der Ergebnisse. Sammlungen von Holzsorten oder die Wachsobstsammlung von P. Constantin Keller waren für Forstwirtschaft und Gartenbau von Bedeutung. Besondere Forschungsschwerpunkte von Mönchen wurden Mitte des 19. Jahrhunderts Botanik und Mineralogie. So machte sich P. Gabriel Strobl einen weit über die Landesgrenzen reichenden Namen als Pflanzen- und Insektenkundler.

3.1.01

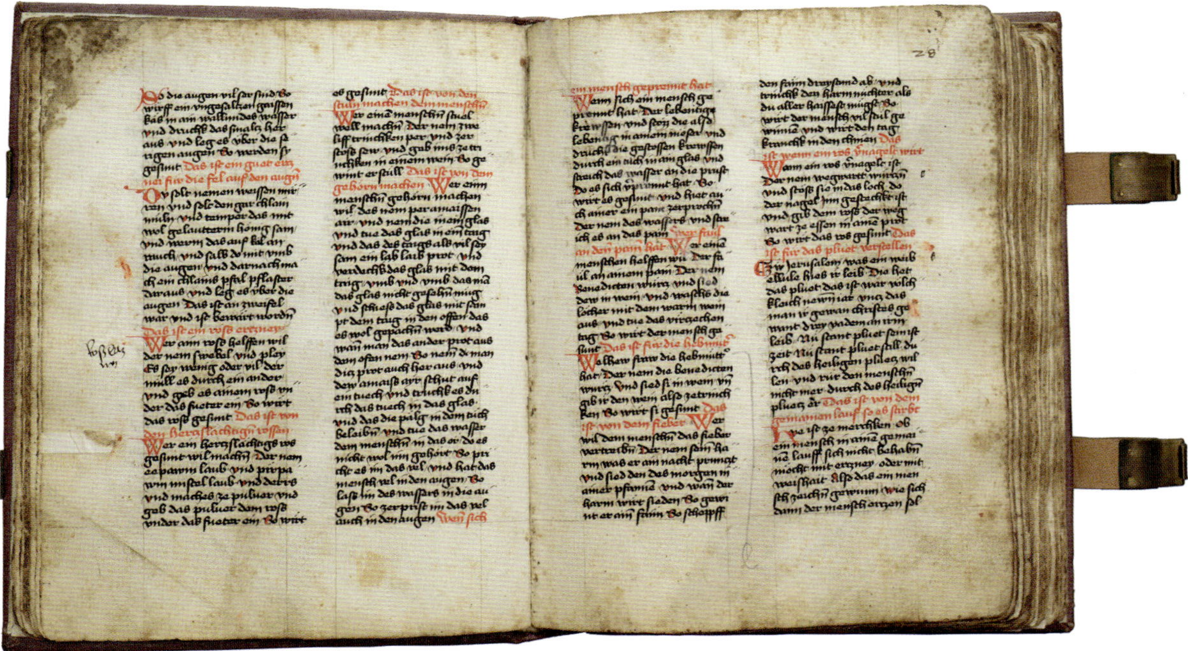

### 3.1.01
**Medizinische Sammelhandschrift (deutsch)**
Österreich, Anfang 15. Jahrhundert, Papier-Handschrift, 189 Blätter, 28 x 22 cm
Stiftsbibliothek Admont, Cod. 329

Es handelt sich um ein Arzneibuch, in dem das medizinische Wissen des Mittelalters zusammengefasst ist. Es ist im bairisch-österreichischen Dialekt geschrieben. Aufgeschlagen ist der Pesttraktat: „Dye ercznei ward geschriben dem chúnig von ffranchkreich von den aller pesten árczten von Paris". Danach folgen Hinweise auf die Körperstellen, an denen die Pestbeulen auftreten können, und welche Ader man dann öffnen solle. (KS)

Lit.: Rzihacek-Bedő, Medizinische Wissenschaftspflege.

### 3.1.02
Claudius Galen
**Opera. Ed: Diomede Bonardo**
Venedig: Filippo Pinzi 1490, 1. Teil: 224 Blätter, 2. Teil: 242 Blätter, 41,3 x 25,9 cm
Stiftsbibliothek Admont, Ink. 76/11

Der in der Büchersammlung des Abtes Gratiadeis vertretene Druck ist die erste lateinische Gesamtausgabe Galens aus dem Jahr 1490. Gratiadei hat sie wahrscheinlich 1490 auf dem Rückweg seiner diplomatischen Mission, die ihn an den Hof Herzog Ercoles I. von Ferrara brachte, in Venedig erworben. Beide Titelblätter sind – wohl im Auftrag von Gratiadei – aufwendig bemalt worden. Dabei hat er sich selbst eben-

3.1.02

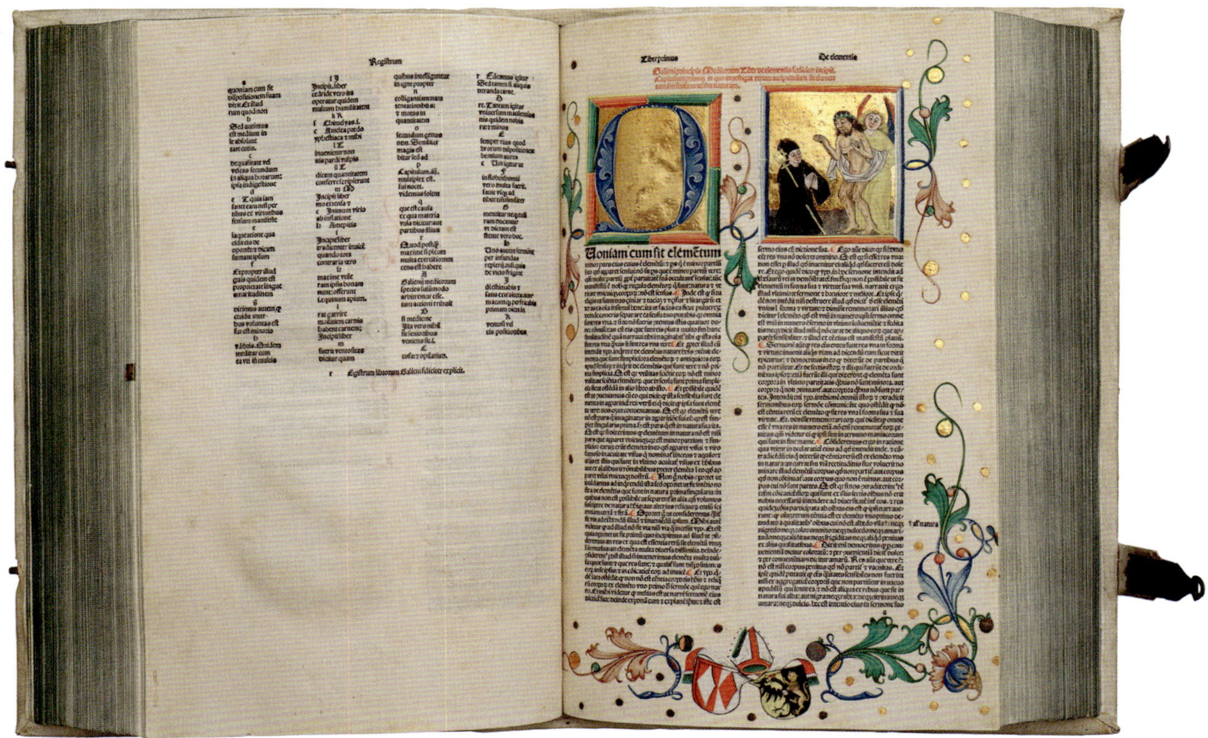

falls abbilden lassen. Dem Leser blickt der Abt etwa kniend vor einem Jesuskind, das von der hl. Jungfrau gehalten wird, während ein Engel im Hintergrund die Szene beobachtet, entgegen. (KS)

Lit.: GEORGIOU, Antonius Gratiadei.


## 3.1.03
Joachim Johann Nepomuk Spalowsky
**Erster Beytrag zur Naturgeschichte der vierfüßigen Thiere**
Wien 1794, [11] Blätter, 36 Seiten, [56] Blätter, 40 x 26,5 cm
Stiftsbibliothek Admont, 45/35

Der 1752 in Wien geborene Arzt und Naturforscher Spalowsky hat Bücher über Vögel, Säugetiere und Weichtiere, aber auch über Wirtschaft und Verwaltung veröffentlicht. Im vorliegenden „Ersten Beytrag zur Naturgeschichte" sind 56 Säugetiere nach damaliger Kenntnis dargestellt. (KS)

3.1.03

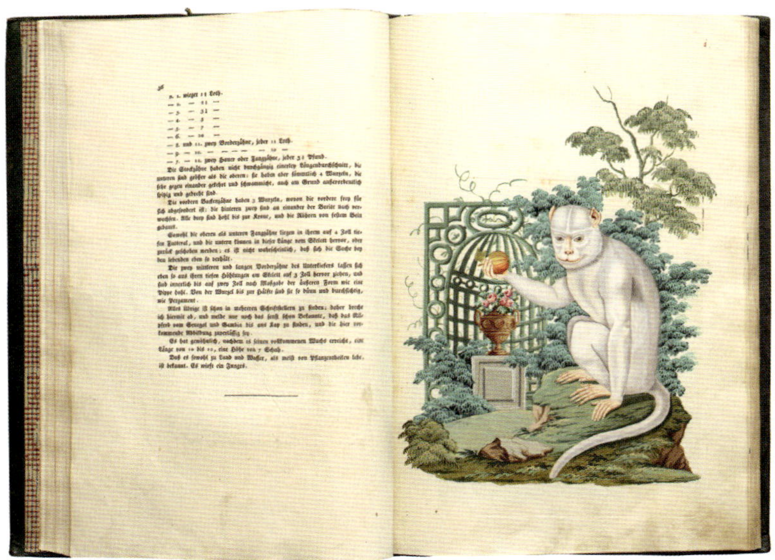

3.1.04
Augustin Kurtz-Gallenstein
**Porträt P. Gabriel Strobl**
1901, Kohle/Kreide auf Papier, Reproduktion

Im 19. Jahrhundert erfolgte im Stift Admont eine intensive Beschäftigung mit den Naturwissenschaften. Der Stiftsbrand 1865 hatte auch das Naturalienkabinett vernichtet. 1866 beauftragte Abt Karlmann Hieber den gerade als Novizen eingetretenen späteren P. Gabriel Strobl mit dem Aufbau eines neuen Naturhistorischen Museums. Bis zum Jahr 1910 baute Gabriel Strobl eine einzigartige naturhistorische Sammlung auf, die auch heute noch die Grundlage für diese Museumsabteilung im Stift Admont bildet. Sein vornehmliches Forschungsgebiet war die Entomologie, die Insektenkunde. Hier spezialisierte er sich auf die Dipterologie, die Lehre von den Zweiflüglern. (MB/CR)

Lit.: Krause, Kurtz-Gallenstein, S.17, Werkverzeichnis Nr. 28.


3.1.05
**P. Gabriel Strobls Forschungstagebücher**
um 1870, 15 x 9 und 10 x 6 cm
Naturhistorisches Museum Admont

P. Gabriel Strobl war Gymnasialprofessor, Reiseschriftsteller und Literat, auch ein Alpinist, dem mehrere Erstbesteigungen zugeschrieben werden. Seine Tagebücher sind zugleich Forschungsjournale seiner Reisen, versehen mit Skizzen und Daten. (MS)

3.1.04

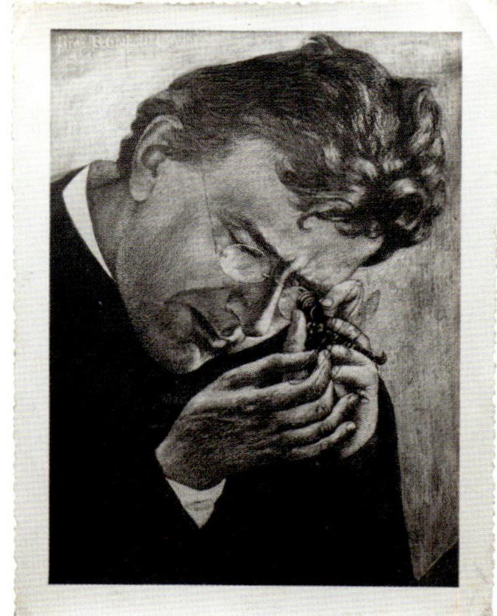

3.1.05

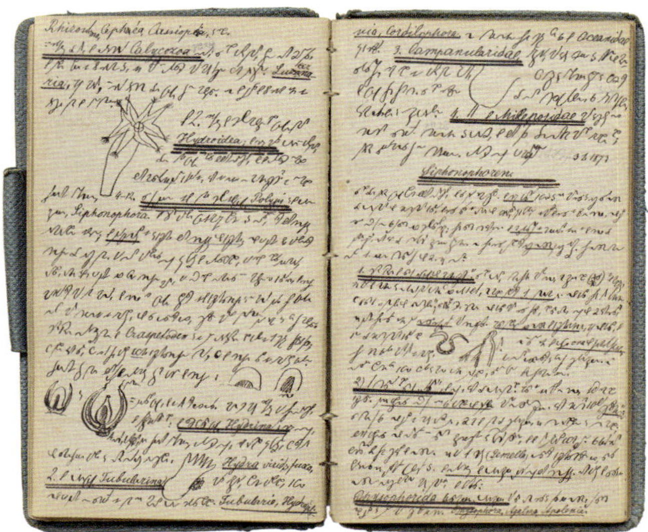

## 3.1.06
**Schaukasten aus dem Depot, „Ornithoptera" (Schwingflügler)**
um 1900, 7,5 x 43 x 70,5 cm
Naturhistorisches Museum Admont

Die von P. Gabriel begründete Insektensammlung umfasst etwa 252.000 Exemplare aus knapp 57.000 verschiedenen Arten und ist in vielen Hundert Schaukästen untergebracht. In der Gattung der „Ornithoptera"
finden sich exotische Exemplare von beträchtlicher Größe und Farbenpracht. P. Gabriel hat über 1000 neue Insektenarten bestimmt und seine Erkenntnisse in mehr als 100 Publikationen veröffentlicht. (MB)

3.1.06

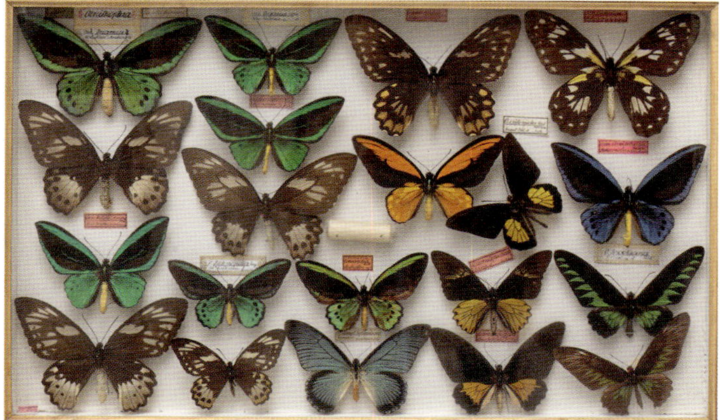

3.1.07
J. von Barbieri
**Bildnis des Abtes Guido Schenzl**
1892, Öl auf Leinwand, Reproduktion

Neben dem Naturforscher P. Gabriel Strobl ist P. Guido Schenzl als bemerkenswerte Wissenschaftsgröße des Konventes des 19. Jahrhunderts anzuführen. Schenzl war nach seinem Lehramtstudium der Physik und Mathematik erfolgreich mit seiner Lehrtätigkeit am k.k. katholischen Gymnasium Buda (Ungarn), dem er auch als Direktor vorstand. Ab 1870 widmete er sich als Leiter der königlich-ungarischen Zentralanstalt für Meteorologie und Erdmagnetismus ganz den umfassenden geophysikalischen und meteorologischen Forschungen, die ihm große Ehren in diesen Forschungsfeldern einbrachten. 1886 wurde er im Stift zum Administrator ernannt. Das Gemälde, welches Teil der Äbtegalerie ist, entstand postum, da Abt Guido das Prälatenamt nur wenige Monate des Jahres 1890 bekleidete. (MRG)

Lit.: TOMASCHEK, Schenzl.

3.1.07

Dr. Guido Schenzl. monast. Admont Administr. e.j.s. elect. 7. April 1886.
Mitra decorat. 10 Febr. 1890. Obiit 23. Nov. 1890.

3.1.08
**Jahrbuch der k.k. geologischen Reichsanstalt, Wien, Jahrg. 1**
1850
Stiftsbibliothek Admont, 90A/15

Der Band enthält einen Aufsatz von Guido Schenzl über die Analyse der Bleispeise von Oeblarn. Schenzl hat in diesem Jahr promoviert und ein Jahr später die Lehramtsprüfung bei Johann Christian Doppler für Physik und Mathematik abgelegt. Schenzl befasste sich in diesem Aufsatz mit dem Prozess der Kupfergewinnung, wie er in der Kupferhütte Öblarn betrieben wurde, und verglich verschiedene Bestimmungsmethoden miteinander. (CR)

Lit.: PRESSLINGER, Guido Schenzl.

3.1.09
Gerhard Mercator
**Erd- und Himmelsglobus**
dat. 1541 bzw. 1551 (das Gestell des Himmelsglobus ist jünger), bedrucktes Papier, Holz, Gips, Pappmaché, je ca. 45 x 58 cm

Diese bemerkenswert großen Globen des aus Löwen (heutiges Belgien) stammenden Gerhard Mercator wurden von dem Geografen und Kartografen als Globenpaar hergestellt. Weltweit existieren noch 22 Erd-

150

3.1.09

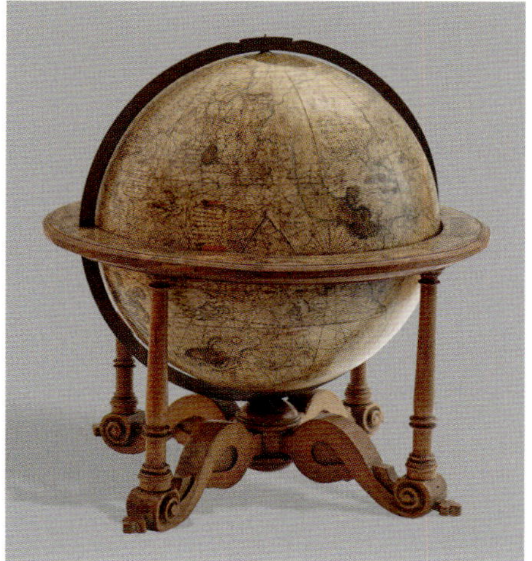 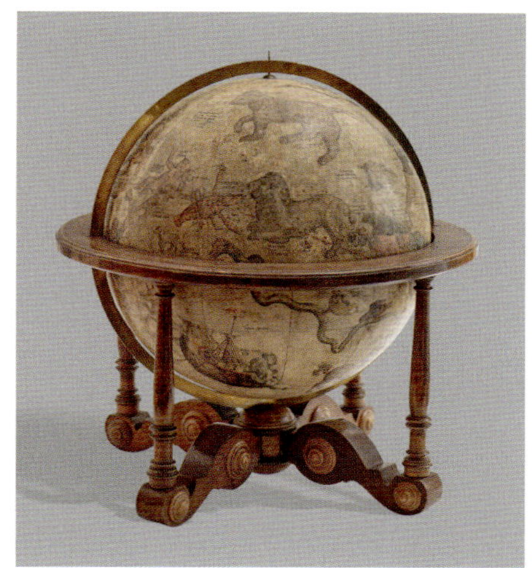

und 20 Himmelsgloben (in Österreich je ein Paar in Admont und Wien, ÖNB). Die beiden Globen sind mit schmalen Papierstreifen, welche die in Kupfer gestochenen Kartenelemente enthalten, beklebt und stellen damit ein Gesamtbild der damals bekannten kartografischen Forschungen dar, in die auch Ergebnisse von Entdeckerreisen einflossen. Auf dem Erdglobus befinden sich sog. Loxodrome, die ihn für die Navigation nützlich machen. Auf dem Himmelsglobus sind die verschiedenen Sternbilder und Gestirne abgebildet. Zu welcher Zeit die Globen in das Stift kamen, steht nicht fest. Jedenfalls sind sie Ausdruck des Interesses an frühneuzeitlicher Wissenschaftlichkeit. (MRG)

Lit.: UNTERBERGER, Universum im Kloster, S. 113.

## 3.1.10
**Homöopathische Reiseapotheke**
um 1850, 2,5 x 38 x 9 cm (geöffnet)

Auch mit der 1797 vom deutschen Arzt Samuel Hahnemann begründeten Homöopathie hat man sich in Stift Admont befasst. Einer bestimmten Person oder Verwendung im Stift lässt sich diese homöopathische Apotheke aber nicht mehr zuordnen. (MS)

3.1.10

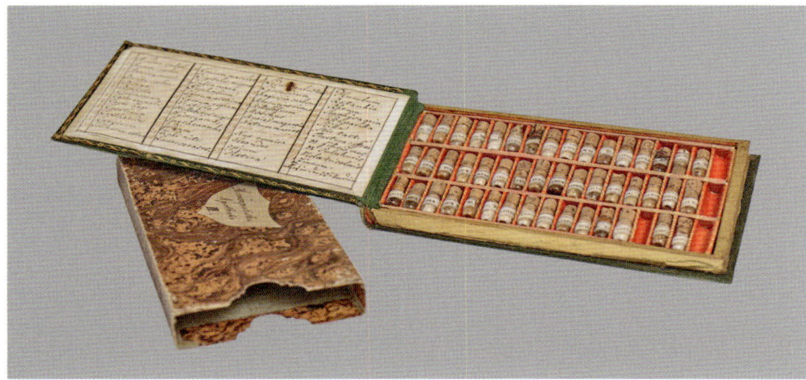

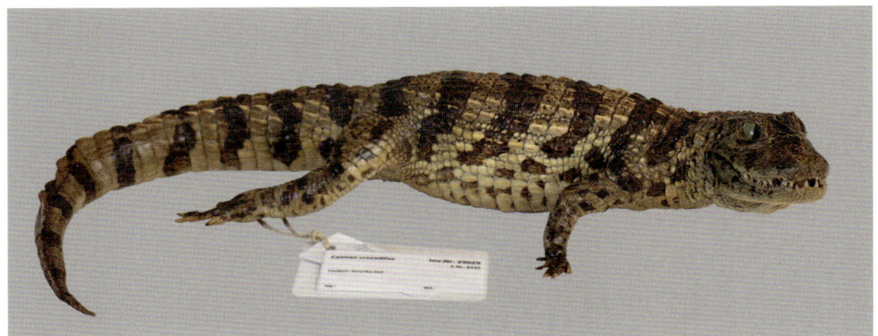
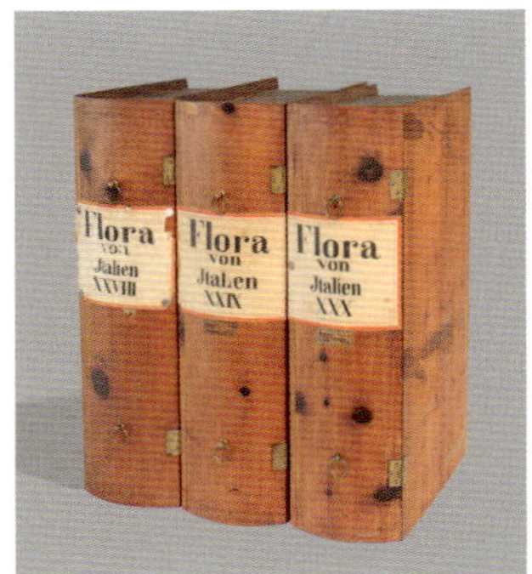


### 3.1.11
**Caimon crocodilus**
um 1900, 8 x 40 x 30 cm
Naturhistorisches Museum Admont

Auch die außereuropäische Fauna ist im Naturhistorischen Museum Admonts vertreten. Zahlreiche exotische Exemplare erwarb P. Gabriel Strobl privat und bezahlte sie von seinem Professorengehalt. Anderes tauschte er ein oder wurde ihm geschenkt. Hier handelt es sich um das Präparat eines Krokodilkaimans aus der Familie der Alligatoren, der in Süd- und Mittelamerika beheimatet ist. (CR)

### 3.1.12
**Herbar-Kassetten**
um 1900, je 50,5 x 13,5 x 34 cm
Naturhistorisches Museum Admont

Abt Gotthard Kuglmayr hatte um 1800 eine umfangreiche Xylothek, also eine forstbotanische Sammlung in Buchform, weiters eine reichhaltige Mineraliensammlung sowie eine umfangreiche Herbarkollektion erworben. Davon ist vieles beim Brand von 1865 zerstört, aber nach 1865 von P. Gabriel Strobl neuerlich gesammelt worden. Das gilt auch für die Herbarien. In seinen ersten zwölf Jahren hat sich Strobl vor allem mit Botanik befasst, erst danach mit Insektenkunde. Die Herbarsammlung umfasst heute etwa 28.000 Formen. (CR)

### 3.1.13
P. Constantin Keller
**Wachsobst (Apfel, zwei Birnen)**
um 1815, bossiertes Wachs, bemalt, je ca. 10 x 5 cm
Naturhistorisches Museum Admont

Die Wachsobstsammlung von P. Constantin Keller gehört zu den eindrucksvollsten Objektgruppen der stiftischen Sammlungen. Der Priester, Lehrer, Pomologe und Vertraute von Erzherzog Johann von Österreich legte in Mautern und Gröbming Obstbaumschulen an, züchtete selbst Äpfel und formte diese

3.1.13

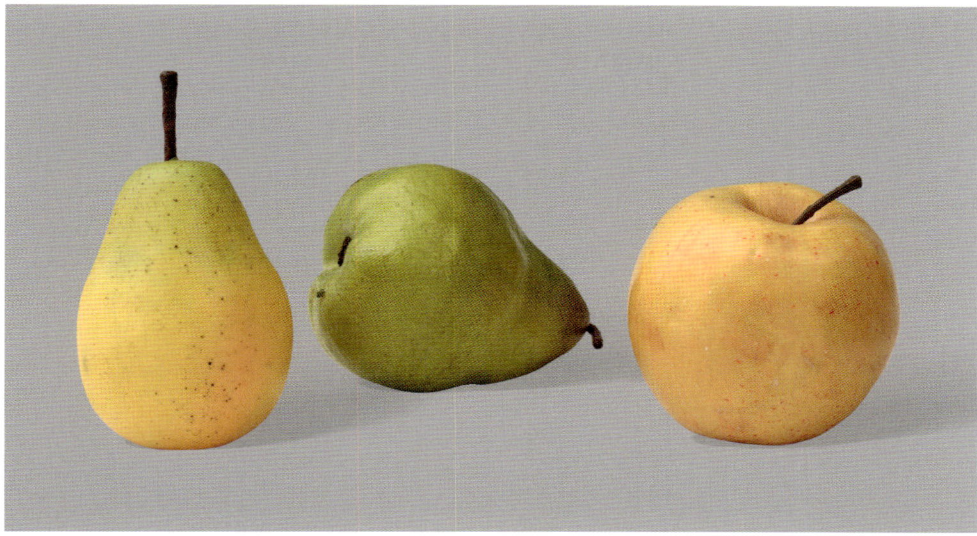

zu Lehr- und Anschauungszwecken in Wachs mittels Bossierverfahren nach. So finden sich in der Naturkundlichen Sammlung des Stiftes 243 Modelle obersteirischer Obstsorten, welche die reiche Sortenvielfalt des 19. Jahrhunderts aufzeigen. (MRG)

Lit.: UNTERBERGER, Universum im Kloster, S. 154.


## 3.1.14
**Eisenblüte**
Fundort: Admont.
Naturhistorisches Museum Admont

Die Mineraliensammlung des Stiftes folgt zum einen dem naturkundlichen Interesse der Mönche, zum anderen entspringt sie dem Wunsch nach einer Übersicht mineralischer Rohstoffe, die sich wirtschaftlich nutzen lassen. Die Sammlung enthält Stücke aus der ganzen Welt. Sie umfasst mehr als 2300 Exemplare und gliedert sich in Bestände zur Kristallografie, zur Petrografie, zur Lagerstättenkunde und zur Mineralogie. (CR)

## 3.2. Wort und Geist

Schon Ordensgründer Benedikt hat darauf hingewiesen, dass neben den biblischen Büchern auch weitere Literatur im Kloster zur Verfügung stehen sollte: Damit waren die Schriften der Mönchsväter, die Werke der großen Kirchenlehrer sowie die für die Messfeiern benötigten Bücher gemeint. Die zahlreichen Aktivitäten des Klosters, die Verwaltung des Grundbesitzes oder Aufgaben der Pflege und Fürsorge ebenso wie die Beschäftigung mit historischen und politischen Entwicklungen machten zusätzliche Fachliteratur notwendig. Werke von Juristen, Medizinern, Geschichtsschreibern sowie gelehrten Autoren aus den eigenen Reihen sorgten für kontinuierlichen Zuwachs in den Bibliotheken. Mit den Entdeckungsfahrten und Missiontätigkeiten in der Frühen Neuzeit erweiterte sich der Horizont der philologischen Interessen, außerdem war ein möglichst umfangreicher Buchbestand auch eine Sache des Prestiges. Im frühen 19. Jahrhundert besaß Admont eine besonders große Anzahl wissenschaftlich geschulter Konventsmitglieder, die in verschiedenen Lehranstalten tätig waren. Viele Mitbrüder überließen ihren privaten Bücherbesitz dem Stift. Auch nach dem Brand von 1865 und während der schweren Krisen des 20. Jahrhunderts haben die Admonter Benediktiner die Erweiterung ihrer Bibliothek und ihrer wissenschaftlichen Sammlungen stets vorangetrieben.

### 3.2.01
**Abrogans (lateinisch/deutsch)**
Süddeutschland, Anfang 9. Jahrhundert, zwei Pergamentschnipsel, je ca. 120 x 90/100 mm
Stiftsbibliothek Admont, Fragm. D1

Die Handschrift, aus der die Fragmente stammen, ist der Schrift nach im frühen 9. Jahrhundert im südwestdeutschen Raum in einem Kloster zwischen Bodensee, Donau und Voralpenland entstanden. Die Fragmente wurden 1963 bei einer Restaurierung aus einem Bucheinband gelöst und 2012 vom damaligen Bibliothekar des Stiftes Klosterneuburg, Martin Haltrich, erstmals als lateinisch-althochdeutsches Glossar erkannt. (KS)

Lit.: Haltrich/Schamberger, Von Abrogans und Nibelungen; Haubrichs/Müller (Hg.), Der Admonter Abrogans.

### 3.2.02
Beda Venerabilis
**Explanatio in actus apostolorum et apokalypsin**
Österreich, 12. Jahrhundert, Pergament-Handschrift, 183 Blätter, 28 x 18 cm
Stiftsbibliothek Admont, Cod. 246

Der englische Benediktinermönch Beda Venerabilis hat in seinen Schriften viele Wissensgebiete abgedeckt. Dieser Kommentar zur Apostelgeschichte und zur Apokalypse ist um 710 entstanden. Beda legte die biblischen Texte meist allegorisch aus, hinter dem wörtlichen Sinn vermutete er eine verborgene, symbolische Ebene – vor allem das Alte Testament fasste er so auf. (KS/CR)

3.2.01

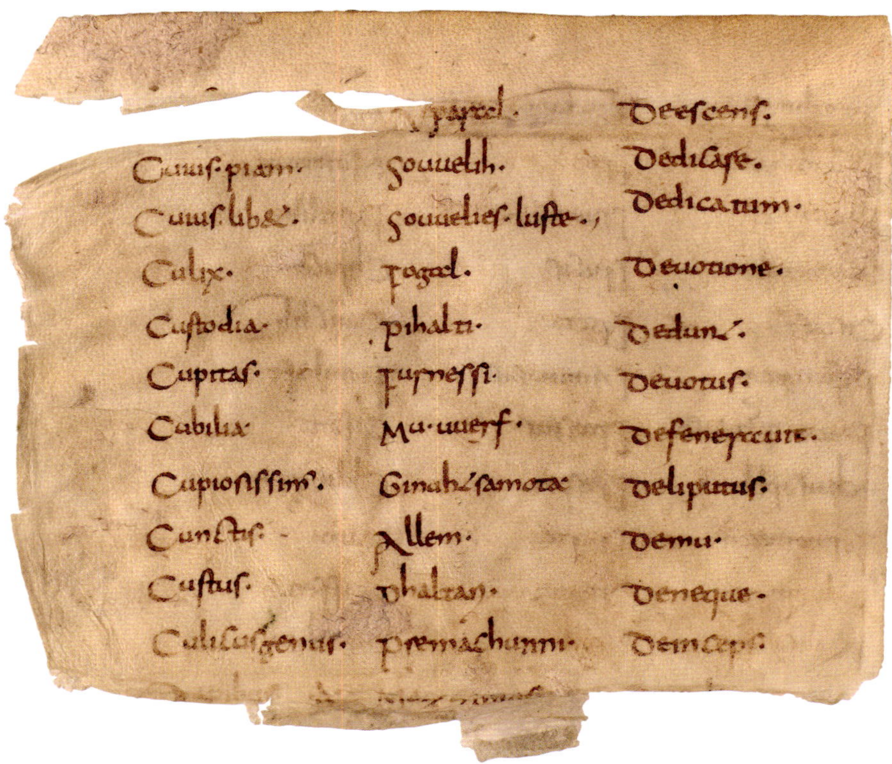

3.2.02

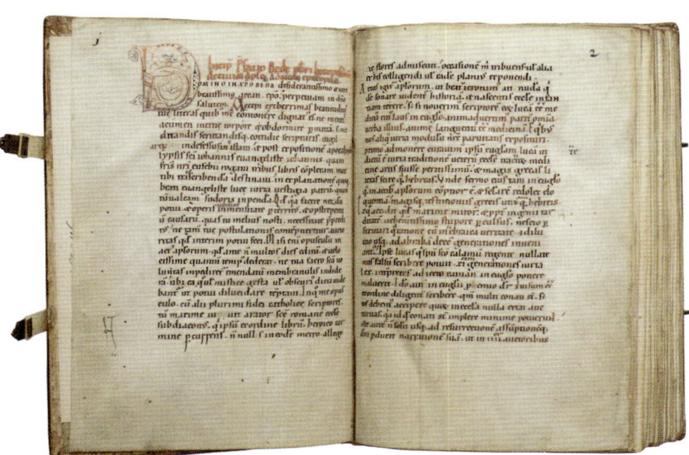

3.2.03

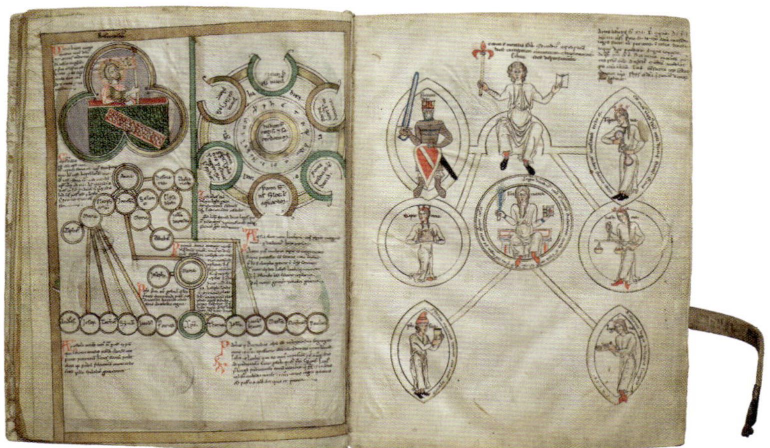

## 3.2.03
Petrus von Poitiers
**Compendium historiae in genealogia Christi**
Frankreich (?), um 1260, Pergament-Handschrift, 165 Blätter, 32 x 24,5 cm
Stiftsbibliothek Admont, Cod. 128

Das „Compendium" des bedeutenden Theologen und Kanzlers der Pariser Universität ist eine kurz gefasste Abstammungsgeschichte Christi in Text und Bildern. Sie beginnt mit Adam und Eva, führt durch das Alte Testament, zeigt die heilsgeschichtlichen Tatsachen im Leben Christi und schließt mit dessen Auferstehung. Aufgeschlagen ist fol. 13r: vier Tugenden und drei Wissenschaften. (KS)

## 3.2.04
Marco Polo
**Heydnische Chronik**
Thüringen, 2. Hälfte 14. Jahrhundert, Pergament-Handschrift, 60 Blätter, 24 x 17 cm
Stiftsbibliothek Admont, Cod. 504

Es handelt sich um die erste abendländische Schilderung einer Reise durch das gesamte Asien, durchgeführt von dem Venezianer Marco Polo. Die mitteldeutsche Bearbeitung des Textes ist nur in diesem Codex erhalten. In der Ausstellung zu sehen ist die aufgeschlagene Seite mit der Schilderung des Großkhans Kublai Khan, der als idealer Herrscher mit nahezu unbegrenzter Macht und einem ausgeprägten Sinn für Gerechtigkeit dargestellt wird. In der Sommerresidenz Ciandu wurden rauschende Feste gefeiert.

3.2.04

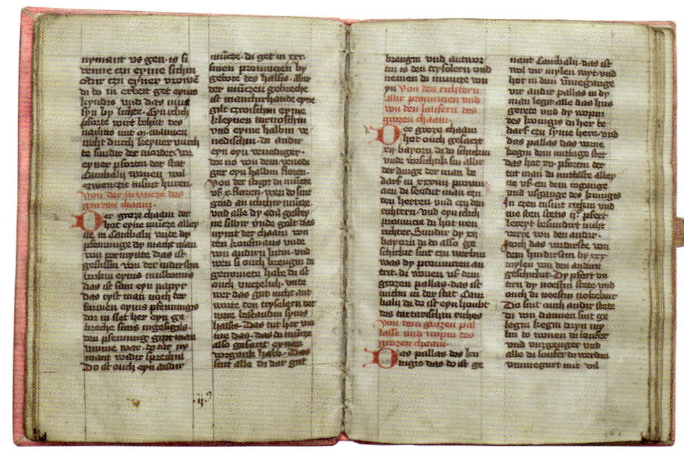

Dort befand sich ein Palast aus Bambus, der in seine Einzelteile zerlegt werden konnte. Damit die Feste nicht durch Regen gestört wurden, sorgten Zauberer für schönes Wetter (Kap. XXXIII, S. 21). (KS)

Lit.: Von Tscharner (Hg.), Marco Polo, S. IL–LII; Steidl, Heydnische Chronik.

## 3.2.05
**Manuscriptum Persicum, Arabische Handschrift**
ca. 1677, Papier-Handschrift, 317 Blätter, 16 x 10,5 cm
Stiftsbibliothek Admont, Cod. 842

Das aus Persien stammende Manuskript enthält verschiedene literarische Texte, u. a. von Badr al-Din Hilali, einem persisch-türkischen Dichter des 16. Jahrhunderts, und von Fattâhî von Nisapur, einem wichtigen Vertreter der persischen Literatur des 15. Jahrhunderts. Von ihm enthält die Handschrift eine Dichtung, die sich dem Zusammenhang von Liebe und Schönheit annimmt, personifiziert in der Zuneigung eines Sohnes eines maghrebinischen (nordafrikanischen) Herrschers zur Tochter eines aus dem Maschrek, dem Nahen Osten, stammenden Herrschers. Die beiden machen eine Art innere Reise und Reifung durch. (CR)

3.2.05

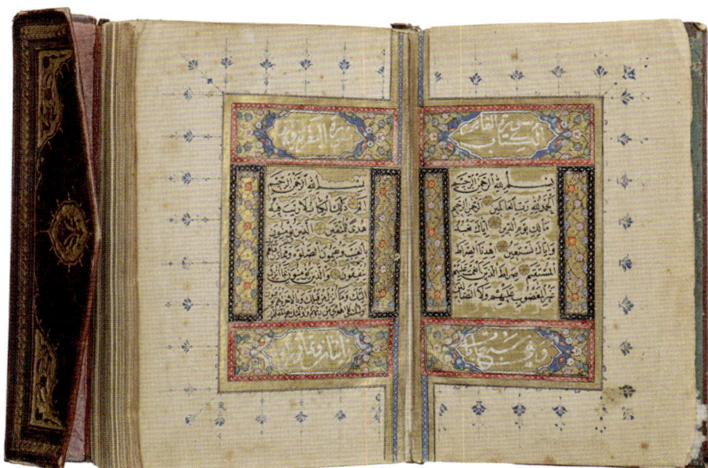

## 3.2.06
**Sog. Esther-Rolle**
Admont um 1894, Format ca. 24 x 10 cm, Kolumnen ca. 5 x 4 cm, Handschriftlicher Vermerk auf der Rückseite der Rolle: P(atris) Placidi Steininger
Stiftsbibliothek Admont, Fragm. B

Megilla bezeichnet im Hebräischen eine Buchrolle. In dieser wird die Geschichte der biblischen Königin Esther erzählt, einem jüdischen Waisenmädchen, das von seinem Cousin Mordechai aufgezogen und vom persischen König zur Frau erwählt wird. Von Haman, einem hohen königlichen Beamten, erfährt Esther,

3.2.06

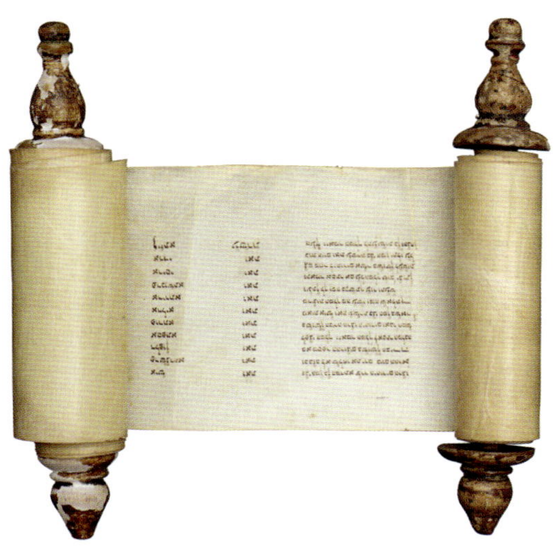

dass Mordechai und mit ihm alle Juden in Persien vernichtet werden sollen. Esther mobilisiert daraufhin die Juden Persiens, damit sich diese gegen ihre Feinde verteidigen. An den Sieg über ihre Gegner erinnert bis heute das Purim-Fest, bei dem die Geschichte von Esther vorgelesen wird. Für den privaten Gebrauch werden die Esther-Rollen häufig illustriert, die in der Synagoge eingesetzten sind ohne Bilder. P. Placidus Steininger, dem diese Rolle gehörte, befasste sich im Rahmen seiner Bibelforschungen intensiv mit dem Hebräischen und veröffentlichte wissenschaftliche Artikel zur hebräischen Sprache und Grammatik. (CR)

## 3.2.07
Denis Diderot
**Encyclopédie, ou dictionnaire raisonné des sciences, des arts et des métiers. Par une société de gens de lettres. Mis en ordre & publié par M. Diderot (…) par M. D'Alembert. Tome Premier**
Lucca 1758, 777 Seiten, 38,9 x 24,2 cm
Stiftsbibliothek Admont, 73

Die wohl berühmteste frühe Enzyklopädie der Aufklärung entstand unter der Herausgeberschaft des französischen Philosophen Denis Diderot und des Mathematikers und Physikers Jean Baptiste le Rond d'Alembert. Sie enthält Beiträge von 142 Bearbeitern, den sog. Enzyklopädisten. Die insgesamt 17 Textbände, elf Tafelbände und sieben Ergänzungsbände enthalten mehr als 70.000 Artikel. Da viele Enzyklopädisten der Katholischen Kirche kritisch gegenüberstanden, wurde mehrmals versucht, die Veröffentlichung der Encyclopédie zu verbieten, allerdings hatte sie prominente Unterstützer, und der Verkaufserfolg war enorm. (KS)

3.2.07

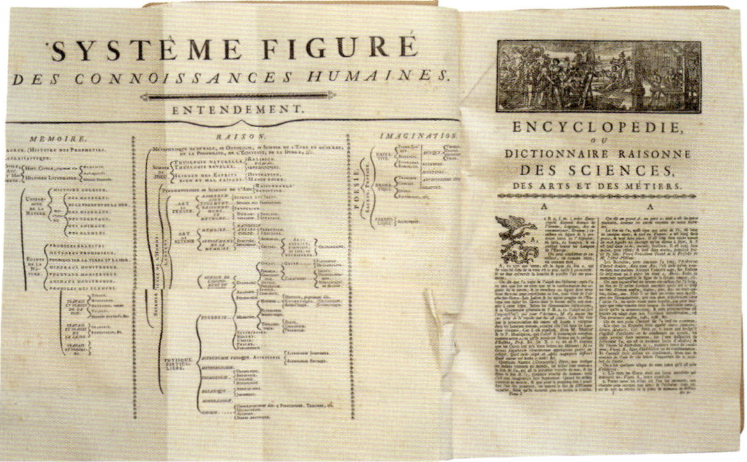

158

## 3.2.08
**Bildnis des Albert von Muchar**
1849, Öl auf Leinwand, 55 x 44 cm

Zahlreiche Mönche des Stiftes Admont haben sich neben ihren anderen Aufgaben intensiv dem Studium und der Wissenschaft gewidmet. Diese Offenheit der Admonter Benediktiner zieht sich wie ein roter Faden durch die Jahrhunderte. Einer von ihnen ist der 1805 in das Stift eingetretene P. Albert von Muchar OSB (1786–1849). Er war Bibliothekar und Stiftsarchivar, Universitätsprofessor für Ästhetik, klassische Philologie und Literatur, klassischer Philologe, Historiker sowie historischer Schriftsteller. Muchar wurde Dekan der philosophischen Fakultät (1827 bis 1829) der Universität Graz, ab 1835 ordentlicher Professor für Ästhetik, klassische Philologie und Literatur sowie 1842/43 Rektor der Universität Graz. (MB)

Lit.: TOMASCHEK, P. Albert von Muchar OSB.



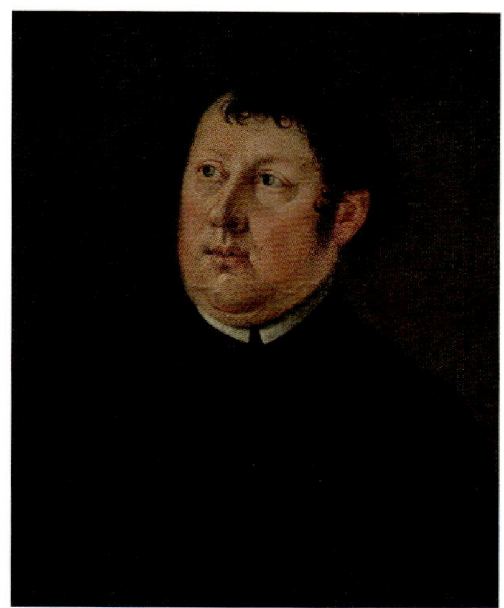

## 3.2.09
Albert von Muchar
**Geschichte des Herzogthums Steiermark. 1. Teil**
Graz 1844, 474 Seiten, zwölf Tafeln, 23 x 15 cm
Stiftsbibliothek Admont, UL 11/5-2

Der in Lienz 1786 geborene Admonter Benediktiner Albert von Muchar war Mitbegründer des Historischen Vereines für Steiermark und verfasste eine neunbändige Geschichte des Herzogthums Steiermark (1844–1867), die zu seinen wichtigsten Veröffentlichungen gehört. (KS)

Lit.: TOMASCHEK, P. Albert von Muchar OSB.



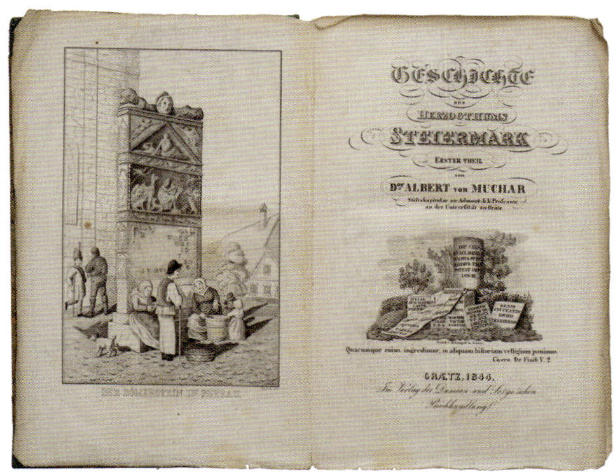

## 3.2.10
Augustin Kurtz-Gallenstein
**Bildnis des Stiftsarchivars P. Jakob Wichner**
1901 datiert, Öl auf Holz, 47 x 35 cm

Das Brustbildnis des verdienstvollen Stiftsarchivars P. Jakob Wichner in Ordenskleidung gehört zu den besten Bildnissen von Kurtz-Gallenstein, der im Jahre 1900 nach einigen erfolgreichen als Maler tätigen

3.2.10

3.2.11

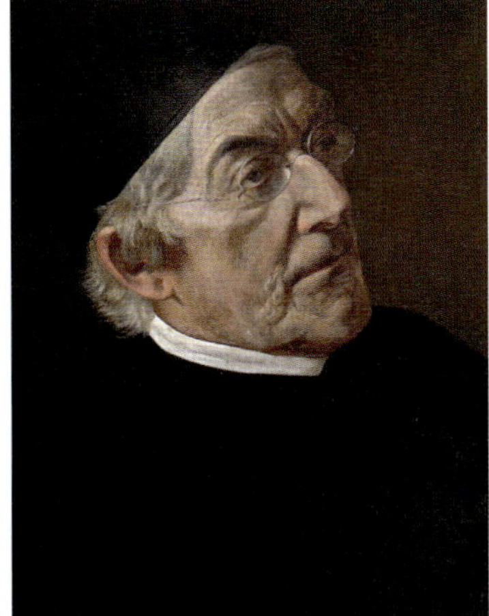

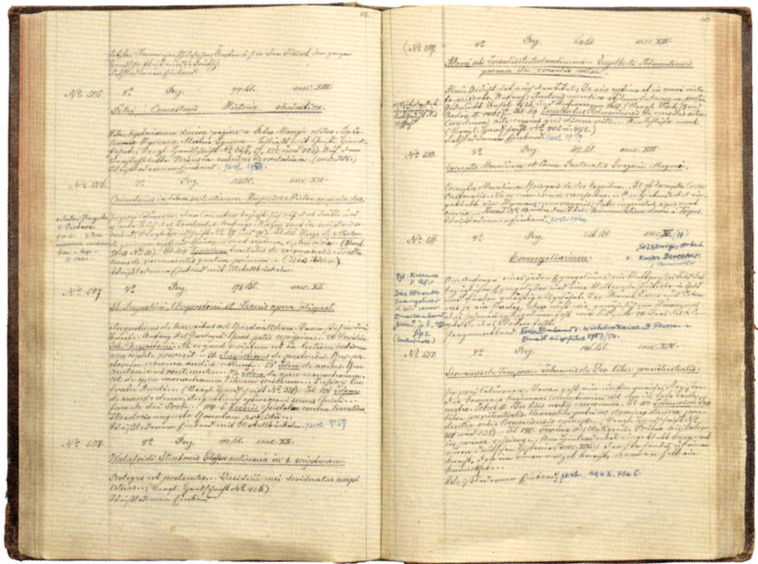

Jahren der Stadt München den Rücken kehrte und in seinen Heimatbezirk zurückkehrte. Noch nicht als Hofmaler, sondern zunächst als Prälatendiener angestellt, setzte er P. Jakob Wichner gekonnt und in der Pose eines nachdenklichen Benediktinergelehrten ins Bild. (MRG)

Lit.: KRAUSE, Kurtz-Gallenstein, S. 16 f., Werkverzeichnis Nr. 29.

## 3.2.11
### Katalog der 1100 mittelalterlichen und frühneuzeitlichen Handschriften des Benediktinerstiftes Admont, zusammengestellt durch den Stiftsbibliothekar Jacob Wichner
Admont, 1887, Papier-Handschrift, 396 Seiten, 40,3 x 24,5 cm
Stiftsbibliothek Admont, o.S.

Jacob Wichner trat 1846 in das Stift Admont ein. Als Stiftsarchivar und -bibliothekar legte er umfangreiche Kataloge an, arbeitete aber auch wissenschaftlich. Sein Hauptwerk ist die vierbändige Geschichte des Benediktinerstiftes Admont. Insgesamt hinterließ Wichner ein umfangreiches Gesamtwerk von 87 Schriften, von denen 52 in wissenschaftlichen Zeitschriften erschienen sind. Wichner schuf die Grundlage eines modernen Archivwesens für das Stift Admont. (KS)

## 3.2.12
**Stift Admont und seine Schulen – eine digitale Chronik**
2024

Seit seiner Gründung verfügte das Stift über eine theologische Lehranstalt. Sie diente der Ausbildung des Klerus, aber auch von Buben aus dem Laienstand. Mit der Gründung des Gymnasiums im Jahre 1644 entstand eine allgemein zugängliche Bildungseinrichtung, orientiert an den Schulen der Jesuiten. Im Jahre 1778 erhielt das Gymnasium das Öffentlichkeitsrecht und wurde zu einer landesfürstlichen Schule erhoben. Doch schon wenige Jahre später erfolgte eine Weisung der Schulbehörde, das Gymnasium nach Leoben zu verlegen, in Admont selbst wurde lediglich Sängerknaben und externen Schülern Privatunterricht erteilt. Für einige Jahre vermochte Abt Gotthard Kuglmayr das Gymnasium wieder nach Admont zurückzuholen, ehe es 1818, diesmal aus wirtschaftlichen Gründen, erneut geschlossen werden musste. Es folgte die etwa 100-jährige Ära des Admonter Sängerknabeninstituts, das stets nach der Umwandlung in ein Vollgymnasium strebte. Erst nach dem Ersten Weltkrieg gelang dies stufenweise, sodass 1931 die erste Matura abgenommen werden konnte. Vom „Anschluss" an NS-Deutschland war auch das Gymnasium betroffen, das aufgelöst und in dessen Räumlichkeiten eine nationalsozialistische Lehranstalt eingerichtet wurde. Nach der Rückkehr der Ordensgemeinschaft im Jahre 1945 wurde das Gymnasium wieder eröffnet. Seit dem Schuljahr 1972/73 sind Mädchen zugelassen, die mittlerweile mehr als die Hälfte der Schülerschaft stellen. Das Schulgebäude wurde in den 1970er-Jahren völlig neu errichtet und seither immer wieder erweitert und modernisiert. Neben Sprachen und Musik erhielt 2004 die Naturwissenschaft einen eigenen Zweig. In den letzten Jahren wurden die Klassenräume erneuert und der Große Festsaal renoviert. Inhaltlich werden im Bereich Nachhaltigkeit, etwa durch die Teilnahme an verschiedenen ökologischen Initiativen sowie durch die Kooperation mit dem Nationalpark Gesäuse, Schwerpunkte gesetzt, aber auch auf die Vermittlung digitaler Kompetenzen wird großer Wert gelegt. (CR)

# 4. Wald und Eisen, Wasser und Wein

## Die vielfältige Wirtschaft des Stifts

Klöster sind seit dem Mittelalter wirtschaftliche Kristallisationszentren für ganze Regionen. Sie haben Land gerodet und kultiviert. Durch Abgaben der Bauern und Zehente, aber auch durch den Handel mit Salz und Wein wurden die Einrichtungen des Klosters erhalten und der Unterhalt der Mönche gesichert. Nach der schwierigen Gründungszeit verstanden es Admonter Äbte durch geschickte Wirtschaftsführung den Stiftsbesitz zu vergrößern. Admont verfügte im Mittelalter über Grund und Boden in Kärnten, Tirol, Salzburg, Ober- und Niederösterreich sowie in Bayern und war einer der mächtigsten Grundherren der Steiermark. Auf die Ressourcen des Stiftes wurde allerdings seitens der Landesherren immer wieder zurückgegriffen, vor allem dann, wenn es darum ging, Kriege zu finanzieren, was das Stift mitunter in arge Bedrängnis brachte. Seit dem 17. Jahrhundert engagierte sich das Stift verstärkt im Bergbau und Hüttenwesen und schuf sich damit ein zweites Standbein.

Nach dem Ende der feudalen Ordnung im Jahre 1848 wurden Land- und Forstwirtschaft modernisiert und es wurde in Industriebetriebe investiert. In der 2. Hälfte des 20. Jahrhunderts wurde das Stift vor allem im Bereich der Holzverarbeitung führend.

## 4.1. Besitz und Herrschaft

Grundbesitz ist der wirtschaftliche Kern vieler Klöster. Zu den Rechten als Grundherr gehörte ursprünglich der Bezug von Geld und Naturalabgaben, von Zehnten und dem sog. Robot, das sind unentgeltliche Dienstleistungen der Untertanen wie etwa Fuhrdienste, Garten- und Feldarbeiten. Die Grundherrschaft war allerdings auch mit Pflichten verbunden, der Armenfürsorge, der Hilfe in Notzeiten sowie der Aufrechterhaltung von Ruhe und Ordnung. Der Grundbesitz von Admont war weit gestreut. Das machte zwar die Verwaltung nicht einfach, hatte aber den Vorteil einer Vielfalt an Böden und landwirtschaftlichen Erzeugnissen. Das war zu jener Zeit wichtiger als ein großer zusammenhängender Besitz. In wirtschaftlichen Turbulenzen oder wenn das Stift genötigt war, einen Krieg mitzufinanzieren, musste es auch Grund verkaufen.

4.1.01
**Besitzungen von Stift Admont**
1673–1696 (Stiche), Kupferstich-Collage,  53 x 69 cm

Die Collage zeigt zwölf, zum Teil ehemalige Besitzungen des Stiftes Admont in Ansichten aus dem Steirischen Schlösserbuch von Georg Matthäus Vischer. Es sind dies das Stift Admont, Schloss Röthelstein, Frauenberg, Strechau, Thalhof, Gallenstein, die Propstei Zeiring, Propstei Gstadt, St. Martin, Admontbichl, der Propsthof Kammern und der Jaringhof (Jarenina). Im Laufe der Jahrhunderte sind einige dieser Besitzungen abgetreten worden. (MRG)

4.1.01

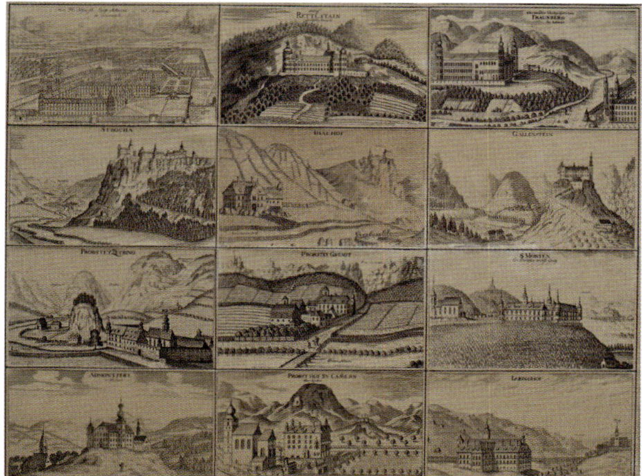

4.1.02

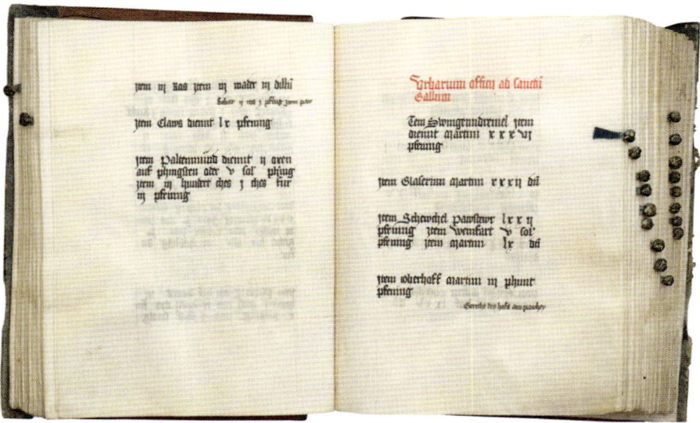

## 4.1.02
**Prachturbar von 1434**
Pergamenthandschrift, 391 Blätter, 40 x 31 cm
Stiftsarchiv Admont, Qq-10a

Ein Urbar verzeichnet den Güterbesitz und dessen Verteilung an Grundholden, meist Bauern, sowie deren zu leistende Abgaben. Bei diesem Dokument handelt es sich um ein sog. Gesamturbar, das Aufzeichnungen des gesamten Stiftsbesitzes und die verschiedenen Abgaben der Untertanen enthält. Güter, Besitzungen und Ämter sind nicht geografisch, sondern offenbar nach der Bedeutung für das Stift geordnet. Auch Maßsysteme sind in diesem Band angeführt sowie Informationen darüber, wie bestimmte Dienste in Geld abgegolten werden, weiters Aufzeichnungen über Propstrechte, Weinfuhren, Bausteuern, Getreideablösen und anderes. Die größten Teile des stiftischen Besitzes sind in sog. Propsteien zusammengefasst. Es waren sowohl an die einzelnen dezentralen Ämter Abgaben zu leisten als auch an die allgemeine Verwaltung des Stiftes, was man als Hinweis auf eine frühe Zentralverwaltung deuten kann. Je ferner ein Besitz lag, umso weniger wurde in Naturalabgaben geleistet. So zinsten Kärntner und niederösterreichische Besitzungen fast ausschließlich Geld. Das Prachturbar diente der Kontrolle als auch der rechtlichen Handhabe gegenüber unrechtmäßigen Besitzansprüchen, wurde aber auch zu Repräsentationszwecken angelegt, was seine besonders schöne Gestaltung nahelegt. (CR)

Lit.: FAJFAR, Verwaltungsnormen, S. 83–88.

## 4.1.03
**Reitergefecht**
1. Hälfte 18. Jahrhundert, Öl auf Leinwand, 78 x 106 cm

Das Bild stammt aus einer Serie von Gemälden, die sich auf die Kriege gegen die Osmanen beziehen. Diese flammten während der Amtszeit von Abt Adalbert Heufler im letzten Drittel des 17. Jahrhunderts neuerlich auf und kulminierten in der Zweiten Wiener Osmanenbelagerung von 1683. Der Abt hatte in dieser Zeit die Funktion eines Verteidigungskommissärs inne und war für die Einhebung der Kriegssteuer

4.1.03

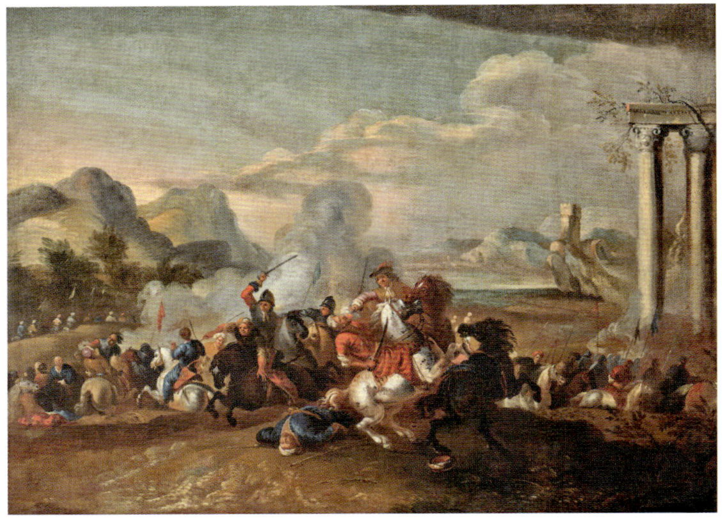

verantwortlich. Das Stift nahm zahlreiche Flüchtlinge auf, zum einen Admonter Kleriker, die in Graz studierten, zum anderen aber auch Mitglieder der Stifte Kleinmariazell, St. Pölten, Lilienfeld und Melk. Nach dem Ende der Konflikte erhielt das Stift 1000 Gulden, weil es gemeinsam mit seinem Abt beim jüngsten „Türkhenauflauff dem Landte Steyer" gute Dienste geleistet habe. (CR)

## 4.1.04
**Abt Amand und der Konvent von Admont verkaufen dem Hans Hoffman zu Grünbüchl und Strechau zur Finanzierung der Rüstung gegen die Türken den Strechhof. 24. April 1534**
Pergament, 40 x 23,5 cm
Stiftsarchiv Admont, Uk-1929

Bereits während der Osmanenkriege des 16. Jahrhunderts musste das Stift zur Finanzierung der militärischen Verteidigung Grundbesitz verkaufen. Man spricht von etwa einem Viertel seines Gesamtbesitzes. Fast alle außerhalb der Steiermark liegenden Güter wurden veräußert. Mitunter wurden Güter verpfändet, um zu Darlehen zu kommen, die der Kriegsfinanzierung dienten. (MS)

4.1.04

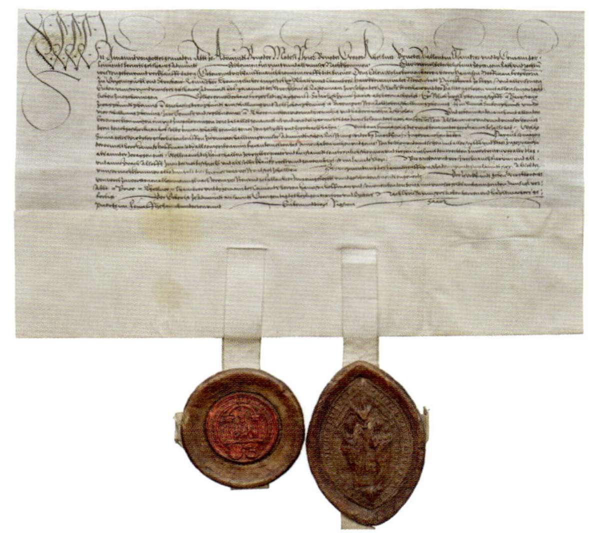

## 4.2. Salz, Kupfer, Eisen – Admonter Bergbaubetriebe

Bereits seit der Gründung des Klosters im 10. Jahrhundert besaß es in Hall bei Admont Salzpfannen, die als die ältesten des Landes gelten. Salz steht also am Beginn der Rohstoffeinkünfte des Stiftes, ehe es sich anderen Ressourcen zuwandte. Sehr reichhaltig waren seine Lagerstätten nie, aber dafür vielfältig, weshalb immer wieder neue erschlossen werden mussten. Schon im 12. Jahrhundert begann das Stift damit, Erze auf seinen Grundstücken abzubauen, nachdem es von Kaiser Friedrich Barbarossa und dem Erzbischof von Salzburg dazu die Erlaubnis erhalten hatte. Im 13. Jahrhundert wurde in den Niederen Tauern ein Silberbergbau eingerichtet, im 15. Jahrhundert Kupfergruben eröffnet und nach Silber, Quecksilber und Kobalt geschürft. Im 16. Jahrhundert wurde neuerlich Eisenerz abgebaut. Auch Schwefel und Vitriol gewann man auf Stiftsgütern. Seit dem 17. Jahrhundert betrieb das Stift Hammerwerke und konzentrierte sich verstärkt auf die Eisenverarbeitung. Abt Gotthard Kuglmayr, der eng mit Erzherzog Johann befreundet war, engagierte sich wie jener für die Modernisierung des Montan- und Hüttenwesens. Verschiedene neue Erzgruben wurden erschlossen und Hüttenwerke errichtet. Ab dem 2. Drittel des 19. Jahrhunderts drosselte das Stift seine montanistischen Aktivitäten, ging zur Verpachtung oder Kooperation mit externen Unternehmen über. Im 20. Jahrhundert spielten der Abbau von Gips und Magnesit noch eine Rolle.

### 4.2.01
**Sog. Admonter Bergmannsfahne**
um 1790, Öl auf Leinwand, 91,5 x 71 cm

Die Fahne zeigt auf der Rückseite die hl. Barbara als Schutzpatronin der Bergleute. Auf der Vorderseite ist der hl. Blasius zu sehen, der das Kloster Admont und dessen Montanwesen segnet. Im Hintergrund erkennt man Schloss Röthelstein mit dem dortigen Bergwerk. Im Vordergrund stehen zwei Bergbeamte, vor denen zwei Häuer (Bergarbeiter) mit Erz auf einer Schüssel knien; auf dem Boden liegen Spitzbohrer, Kronenbohrer und ein sog. Fäustel. (CR)

Lit.: Presslinger/Tomaschek, Admonter Benediktiner als Montanhistoriker, S. 129.

4.2.01

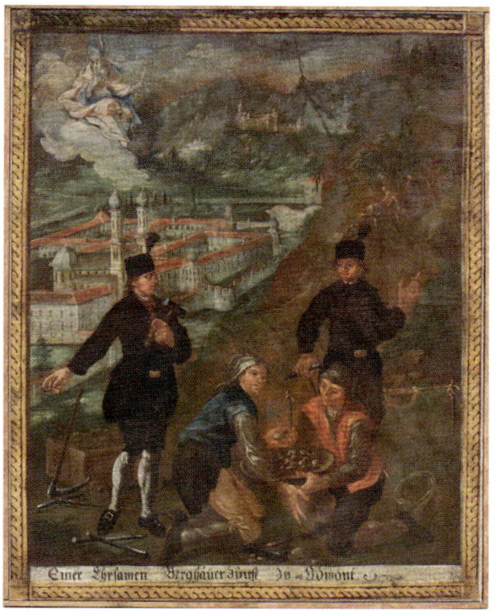


### 4.2.02
Augustin Kurtz-Gallenstein
**Steirisches Hammerwerk**
um 1890, Öl auf Leinwand, 80,3 x 120,3 cm

Augustin Kurtz-Gallenstein verbrachte die letzten 16 Jahre seines Lebens im Stift Admont, gefördert von Abt Kajetan Hoffmann (reg. 1891–1907). Er war im Stift als Hofmaler tätig. Zahlreiche seiner Ölgemälde, Skizzen und Schriften werden im Stift aufbewahrt. Dieses atmosphärisch meisterhaft aufgeladene Gemäl-

4.2.02

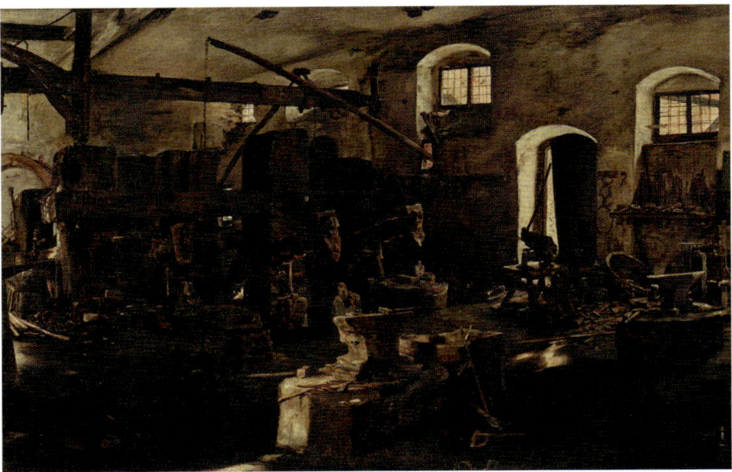

de lässt uns einen Blick in eines jener Hammerwerke werfen, wie sie lange Zeit für die steirische Eisenindustrie bestimmend waren. Auch das Benediktinerstift Admont betrieb etliche Hammerwerke. In Lassing am Strechenbach lag das stiftisch admontische Hammerwerk Klamm. Aber auch in benachbarten Regionen gab es eisenverarbeitende Betriebe wie das Hammerwerk Stegmühl bei Kalwang im Bezirk Leoben. (MB)

Lit.: KRAUSE, Kurtz-Gallenstein, S. 27 u. Abb. 13; LAFER, Zwei Künstler, S. 96; TREMEL, Hammerwerk.

## 4.2.03
### Bruchstück eines Salzsudgefäßes
13./14. Jahrhundert, ca. 17 cm
Stiftsarchiv Admont, o.S.

4.2.03

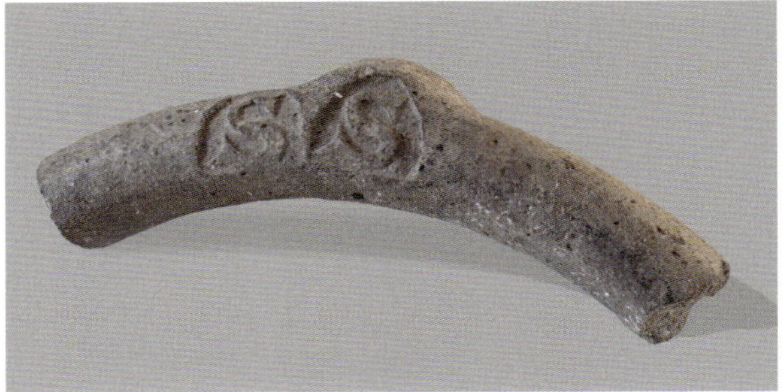

Seit der Gründung 1074 besaß das Stift in Hall bei Admont Salzpfannen. Beim Graben eines Kanals in Hall in den 1960er-Jahren traten einige Scherben von alten Salzsudgefäßen zutage, die Buchstaben als Stempel eingedrückt haben, die auf das Stift hinweisen. Ursprünglich musste sich Admont die Salzrechte mit anderen teilen. Da ihm aber die Gerichtsbarkeit über die Haller Salzgewinnung übertragen wurde, erreichte es bald eine Vormachtstellung und wurde Alleinbesitzer. Allerdings konnte man in Hall aus geologischen Gründen nur die Quellsole nutzen und nicht, wie etwa in Altaussee, ins Gestein vorstoßen, weshalb der Salzabbau im Laufe des Mittelalters nicht mehr konkurrenzfähig war. Auf Befehl Kaiser Ferdinands I. wurde er 1543 eingestellt. Dafür erhielt das Stift als Ersatz ein Salzdeputat von Aussee. Mit dem Salz verbunden war für die Untertanen der Grundherrschaft die Verpflichtung zur höchst unbeliebten Fuhrrobot. (CR)

Lit.: GAISBAUER, Salzgewinnung; KRAUSE, Bergbau des Stiftes Admont, S.265 f.

## 4.2.04
### Situationsplan des Hammerwerkes in Trieben
1817, 54,9 x 41 cm
Stiftsarchiv Admont, o.S.

Das Hammerwerk in Trieben war seit 1622 im Eigentum des Stiftes. Es erzeugte vor allem Sensenstahl und verfügte im frühen 19. Jahrhundert über mehrere Frischfeuer, Luppenhämmer, Streckhämmer und einen Blechhammer. Jährlich wurden 320 t Roheisen und 11.000 m³ Holzkohle verbraucht. Mitte des 19. Jahrhunderts ging die Produktion zurück, Ende der 1860er-Jahre stand eine Betriebsauflassung zur Diskussion. (CR)

Lit.: Köstler, Eisenwerke, S. 77–79.

## 4.2.05
### Münze aus Weißblech der
### Stift Admont'schen Blechfabrik
um 1880, Dm: 2,4 cm
Technisches Museum Wien, Inv.-Nr. 9701/334

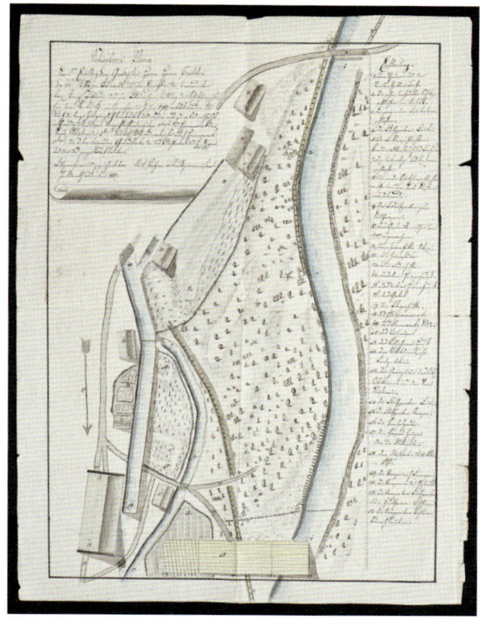

4.2.04

Auf Initiative des Abtes Zeno Müller wurde das Hammerwerk in Trieben nicht stillgelegt, sondern 1871 in eine Kommanditgesellschaft mit dem Stift als offenem Gesellschafter umgewandelt und 1873 als Blechfabrik neuerlich in Betrieb genommen. Das Werk verfügte über einen Turbinenantrieb für Gebläse und Walzstrecken sowie einen modernen Schweißofen. Mitte der 1880er-Jahre wurde das Stift Alleineigentümer. Um 1890 gab man die eigene Stahlerzeugung auf und verarbeitete nur noch Fremdmaterial. Nach einer Hochwasserkatastrophe im Jahre 1907 wurde die Blechfabrik stillgelegt. (CR)

## 4.2.06
### Wertvolle Rohstoffe
Haselgebirge (Salz) (10 x 30 x 15 cm), Kupfer (2 x 6 x 5 cm), Eisen (10 x 12 x 8 cm), Braunkohle (8 x 12 x 8 cm), Pinolit (10 x 20 x 8 cm)
Stift Admont, Privatbesitz

Die Mineralien und Steine wurden auf Grundbesitzungen des Stiftes gefunden und repräsentieren die wichtigsten montanistischen Rohstoffe für die Wirtschaft des Klosters. (CR)

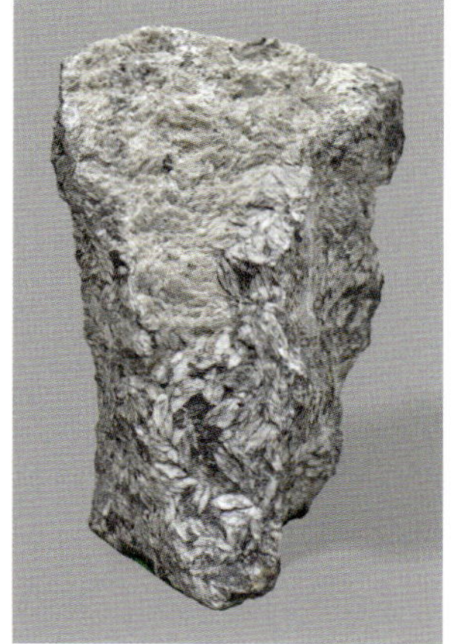

4.2.06

## 4.3. Wald und Wasser

Stift Admont verfügte immer über viel Wald. Ein beträchtlicher Teil davon wurde allerdings lange vom Landesfürsten bzw. der Innerberger Hauptgewerkschaft beansprucht, die aus dem Holz Kohle für den Betrieb von Eisenwerken herstellte, und das oft ohne oder nur gegen geringe Entschädigung. Erst mit der Errichtung der Eisenbahnverbindung durchs Gesäuse, wodurch sich die Eisenindustrie mit Steinkohle versorgen konnte und nicht mehr auf den Wald angewiesen war, setzte eine nachhaltige wirtschaftliche Nutzung des Waldes durch das Stift ein. 1923 wurde ein modernes Sägewerk in Betrieb genommen, aus dem später die STIA, heute Admonter AG, hervorging. Doch die Flaute der Baubranche, die Konkurrenz durch billiges Holz aus Osteuropa und schließlich die Weltwirtschaftskrise der frühen 1930er-Jahre hemmten, nach erfolgsversprechenden Anfängen, die Entwicklung dieses Industriezweigs. Erst nach dem Zweiten Weltkrieg wurde die Holzverarbeitung zu einer zentralen Säule der stiftischen Wirtschaft. Wichtig für Admont und seine Wirtschaft war neben dem Wald die Nutzung der Wasserkraft, zunächst für den Betrieb von Mühlen und Hammerwerken, im frühen 20. Jahrhundert dann für das erste Elektrizitätswerk der Region, das den Grundstein des heutigen Elektrizitätsversorgungsunternehmens ENVESTA darstellt.

4.3.01

### 4.3.01
Josef Stammel
**Vier Jahreszeiten: Frühling, Sommer, Herbst und Winter**
zwischen 1748 und 1755, Lindenholz, farbig gefasst, je ca. 11 cm hoch

Die Figurinen verkörpern die vier Jahreszeiten, durch einzelne Attribute wie Blumenstrauß (Frühling), Strohgarbe (Sommer), Weintraube (Herbst) und Mantel bzw. wärmendes Feuer (Winter). In der Art stehen sie den Callotfiguren bzw. Zwergenfiguren in österreichischen Barockgärten nahe, da ihnen groteske Überzeichnung und satirischer Eindruck anhaften. Diese waren besonders in der 1. Hälfte des 18. Jahrhunderts beliebt. Parodiert werden sollen wohl die Genüsse, aber auch die Erschwernisse des Jahres. Aufgrund einiger signifikanter Kennzeichen und Details lassen sich die Figurinen, die eine Besonderheit im Oeuvre darstellen, Josef Stammel (1695–1765) zuweisen. (MRG/MB)

Lit.: SCHWEIGERT, Die Barockbildhauer, S. 135–136.

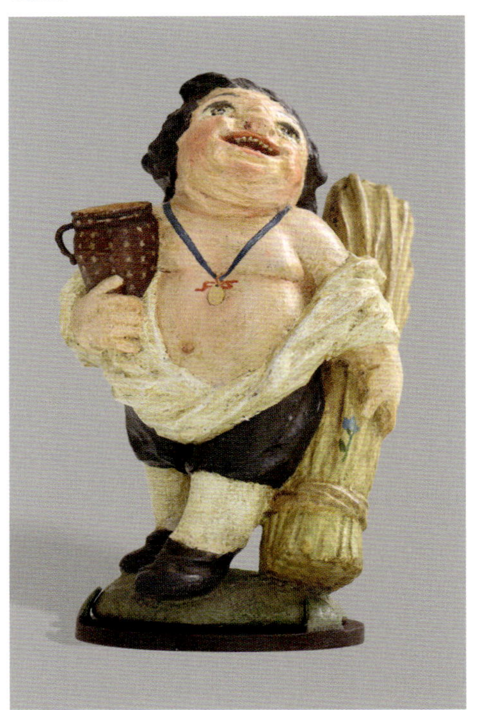

## 4.3.02
**Bauteile und Einrichtungsgegenstände der Stiftsmühle Admont, ausgestellt im Technischen Museum Wien**
um 1920, Fotografie (Reproduktion)

1911 hat das stiftische Elektrizitätswerk in der Mühlau den Betrieb aufgenommen. Es sollte die Orte Admont, Hall und Selzthal sowie eine neue elektrisch betriebene Mühlenanlage mit Strom versorgen. Die alte, mit Wasserkraft betriebene Stiftsmühle aus dem 18. Jahrhundert war damit überflüssig geworden und wurde dem gerade im Aufbau befindlichen Technischen Museum in Wien übergeben – als Beispiel einer für ihre Zeit moderne und leistungsfähige Mühle der josephinischen Zeit. Die Bestandteile der Mühle fanden Eingang in die Abteilung „Lebensmittelindustrie", umgeben von Modellen von Schiffs- und Windmühlen sowie römischen Getreidemühlen. Die Admonter Stiftsmühle steht aber auch für das hohe Niveau der Zimmermannskunst und Holzbearbeitung. (CR)

## 4.3.03
**Bottich der Admonter Stiftsmühle**
1776, 51 x 61,5 x 49 cm
Technisches Museum Wien, Inv.-Nr. 9598/11

Die Stiftsmühle „heimelt durch Übersicht und Sauberkeit an", heißt es in einem Zeitungsbericht vom Juli 1937. Sie entspreche trotz ihres Alters modernen hygienischen Anforderungen. (CR)

## 4.3.04
**Petroleum-Hängelampe aus der Admonter Stiftsmühle**
19. Jahrhundert, 61,5 x 37,5 cm
Technisches Museum Wien, Inv.-Nr. 18223/1

## 4.3.05
**Admonter Wirtschaftsbetriebe heute – digitale Präsentation**

Holz, Wasser, Wein, Erholung und Kunst sind die wesentlichen Ressourcen der stiftischen Wirtschaft. Nach dem Zweiten Weltkrieg hat das Stift vor allem seine Forstbetriebe modernisiert und großzügig ausgebaut, eine wichtige Voraussetzung für den wirtschaftlichen Erfolg der letzten Jahrzehnte, denn vom stiftischen Grundbesitz im Umfang von 25.000 ha sind etwa 17.800 ha Wald. 1972 wurde die STIA-Holzindustrie gegründet, die sich auf Produktion von Naturholzböden konzentriert und diese erfolgreich exportiert. Aus den E-Werken des Stiftes ging die ENVESTA hervor, die 16 Kleinkraftwerke betreibt und sowohl als Energieversorger und Wärmelieferant denn auch als regionaler Netzbetreiber fungiert. Bekanntheit erlangte Admont auch durch seine Stiftsgärtnerei, die sich auf Dahlien und Fuchsien spezialisiert hat. Seit den 1970er-Jahren wurde auch in den Tourismus investiert: Zum einen hat man das Erholungs- und Skigebiet Kaiserau systematisch ausgebaut, zum anderen in den letzten Jahrzehnten die Kulturbetriebe umfassend erneuert und erweitert. Mit der Restitution der slowenischen Weingüter im Jahre 2004 entstand der jüngste Wirtschaftsbetrieb DVERI PAX. Ebenfalls ein junges Tochterunternehmen ist die 2011 gegründete STIA Immo GmbH, die Immobilien entwickelt, vermittelt und verwaltet. (CR)

## 4.4. Weinbau und Gastwirtschaft

Viele Weingärten Europas sind den Klöstern zu verdanken. Mönche pflanzten überall dort Weinstöcke an, wo sie annehmen konnten, dass die Trauben reifen würden. Sie konnten sich auf das Paulus-Wort berufen, dass man nicht nur Wasser, sondern auch etwas Wein trinken dürfe. Um die Schwachen zu stärken, hat auch der hl. Benedikt, in Maßen, den Genuss von Wein gestattet. Nicht zuletzt benötigt man zur Feier des Messopfers Wein. Admont selbst besaß zunächst an der Donau und in Niederösterreich zahlreiche Weingärten, die aber im 16. Jahrhundert veräußert werden mussten. Umso wichtiger wurden die im untersteirischen, heute nordslowenischen Jarenina erworbenen Weingüter, wo sich benediktinische Mönche seit 1139 der Weinherstellung gewidmet hatten. Nur wenig Wein ist im Stift selbst verbraucht worden, das meiste wurde verkauft. Im 17. Jahrhundert stammte etwa die Hälfte der Einnahmen des Stifts aus dem Handel mit Wein.

4.4.01
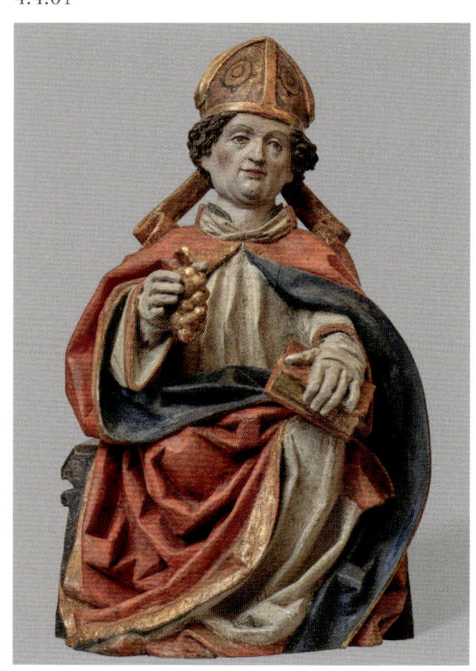

### 4.4.01
**Hl. Urban**
salzburgisch (?), 1460–1470, Holz, geschnitzt, polychrom gefasst, 56 x 31 x 24,5 cm

Der hl. Urban mit Trauben als Attribut ist seit dem 15. Jahrhundert ein verbreitetes künstlerisches Motiv. Neben dieser spätgotischen Darstellung findet sich Bischof Urban in Form einer Steinplastik auch über dem Eingang zum Stiftskeller. Von Bedeutung ist er auch für Abt Urban Weber (reg. 1628–1658), in dessen Wappen Weintraubenreben integriert sind. (MB)

Lit.: KRAUSE, Denkmalpflege, S. 77.

### 4.4.02
**Ansicht der Propstei St. Martin nach**
**Georg Matthäus Vischer**
1713 datiert, Öl auf Leinwand, 76 x 115 cm

Der Weinbau des Stiftes wurde im 12. und 13. Jahrhundert in ertragreichen Gegenden Niederösterreichs, wie etwa in Wösendorf und bei Krems, gepflegt, aber auch im sonnigen Hügelland von Hartberg und Gleisdorf. Seit 1144 befand sich die Propstei St. Martin im Besitz von Admont. 1638 wurden Schloss und Schlosskirche umgebaut und erhielten die heutige Form. Vor dem Schloss sind ausgedehnte Weingärten zu sehen. Auch in der damaligen Untersteiermark, heute ein Teil von Slowenien, verfügte das Stift über Weingärten. 1950 wurden diese durch den jugoslawischen Staat enteignet, im Jahre 2004 aber von Slowenien wieder restituiert. Nach einem Inventar des Jahres 1779 belief sich der Gesamtwert der Weinvorräte in diesem Jahre auf fast 23.000 Gulden, das entsprach dem Wert von mehr als 2000 Kühen. Schloss und Gut St. Martin wurden im Zuge der wirtschaftlichen Notverkäufe im Jahre 1936 Landeseigentum. (CR)

4.4.02

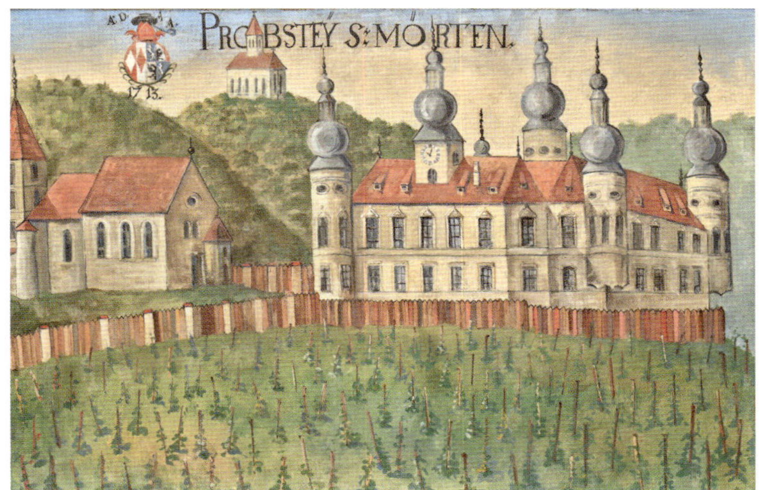


## 4.4.03
**Drei Ansichtskarten des Admonter Stiftskellers**
um 1900, Fotopostkarten und Chromolithografien, je
9 x 14 cm
Stiftsarchiv Admont, AK-1-399, 797, 841

4.4.03

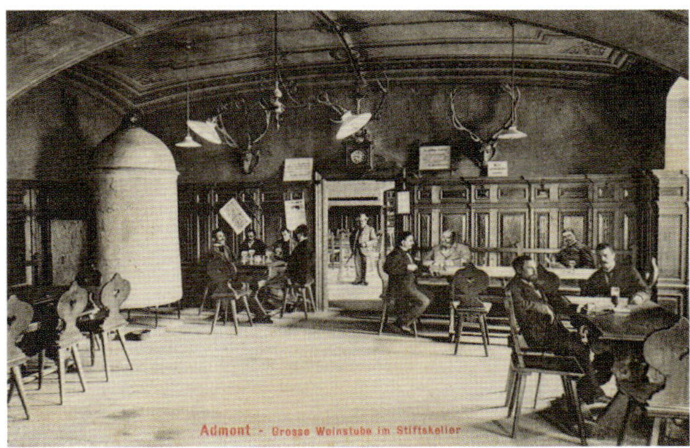


Seit der Errichtung des weitläufigen Kastengebäudes
um 1680 ist man über die Lage der Stiftskeller genauer unterrichtet, in denen der Kellermeister den Wein
lagerte. Abnehmer der Admonter Weine waren die
Gastwirte der Umgebung, die zeitweilig überhaupt nur
Weine aus dem stiftischen Keller ausschenken durften. Gewöhnliche Weine waren der „Jahringer", der
„Marburger", oder der „Radkersburger". Als besonders
kostbar galt der „Luttenberger". Im frühen 19. Jahrhundert wird im Stift eine einfache Ausschank eingerichtet, in der der Stiftswein auf eigene Rechnung
verkauft werden konnte. Eine moderne Gastwirtschaft
entsteht erst nach der Fertigstellung der Kronprinz-
Rudolf-Bahn im Jahre 1872, die alljährlich eine große
Zahl von Touristen nach Admont brachte. Die große

Zahl an Ansichtskarten aus der Zeit um 1900 spricht
für die Popularität dieser Gaststätte. Nach der Enteignung der untersteirischen Weingüter 1950 standen
die weiträumigen Stiftskeller lange leer. Aufgrund des
zunehmenden Tourismus in der Nachkriegszeit ent-
schloss man sich 1968 zum Um- und Ausbau des Admonter Stiftskellers. In den letzten Jahren wurde dieser
neuerlich modernisiert. (CR)

Lit.: Tomaschek, Geschichte unseres Stiftskellers.

4.4.04

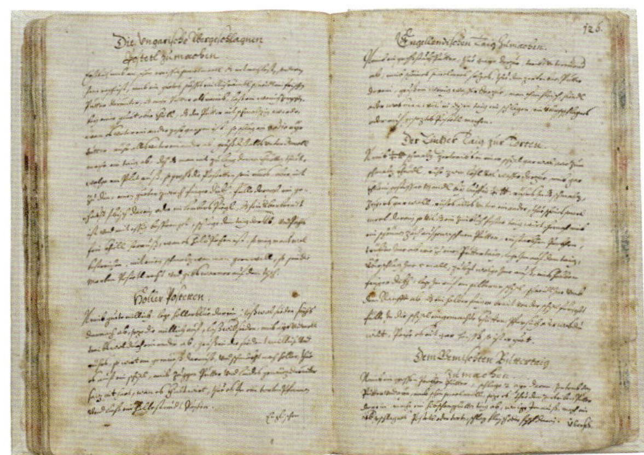

## 4.4.04
**Kochbuch (deutsch, Rezeptsammlung, zusammengetragen von Anna Margarita Sagramosa)**
1653, Papier-Handschrift, 188 Blätter, 30,5 x 19 cm
Stiftsbibliothek Admont, Cod. 35/31

Anna Margarita Sagramosa war eine in Verona lebende Adelige. Ihr Kochbuch, das wahrscheinlich in der Stiftsküche verwendet wurde, trägt einen typisch barocken Titel: „Buech von allerley Eingemachten Sachen, also Zuggerwerckh, Gewürtz, Khütten und sonsten allerhandt Obst wie auch andere guett und nützlich Ding etc. Durch die Frau Anna Margarita Sagramosin, geborne Gräffin Paradeiserin, mit grossen Fleisß mühe arbeit wie unkosten, vil Jar nach einander zusamen, geklaubt und beschreiben lassen". Das Kochbuch enthält das erste bekannte Rezept der Linzertorte. (KS)

# 5. Kunst im Kloster

## Tod, Leben, Auferstehung

Die Frage nach dem Sinn des Lebens, unser Wissen um die unvermeidliche Vergänglichkeit allen Seins und unsere Ungewissheit, was nach dem Tode kommt, beschäftigen die Menschheit seit jeher. Je nach Zeitalter und Betrachtungsweise aus philosophischer, religiöser oder spiritueller Perspektive existieren unterschiedliche Vorstellungen davon. Diese finden ihren Niederschlag in der Kunst, Kultur und Wissenschaft. Für das Christentum ist der Tod nicht das Ende. Christen hoffen auf das ewige Leben mit Gott. Den Glauben an die Auferstehung gab es zwar schon davor, aber klar begründet liegt diese Hoffnung im Tod Christi und in dessen Auferstehung von den Toten.

Im Benediktinerstift Admont spiegeln zahlreiche Werke sakraler Kunst, Ausgaben von theologischen Schriften und Musikalien vom Mittelalter bis in die Gegenwart dieses Thema wider. In dieser Ausstellung bietet eine kleine Auswahl davon erste Zugangsmöglichkeiten zu diesem weiten Bereich. Gemäß unserem Konzept des Dialoges versteht sich unser gesamtes Kloster als Teil der Ausstellung. In der Stiftsbibliothek, im Natur- und Kunsthistorischen Museum, im Gotik Museum und im Museum für Gegenwartskunst sowie in der Stiftskirche eröffnet sich ein breites Feld zur tieferen Auseinandersetzung mit diesem Thema.

## 5.01
### Kreuzannagelung Christi
dat. 1616, Öl auf Leinwand, 153 x 186 cm

Das monumentale Querformatbild zeigt nach Matthäus, Kapitel 27, Verse 37–42 die Kreuzannagelung Christi, also jenen Moment, als Jesus neben den beiden Schächern Dismas und Gesmas am Hügel von Golgota an das Kreuz genagelt wurde. Der Maler schildert äußerst eindrücklich das Geschehen und jede einzelne Handlung jener Personen, welche die grauenvolle Aufgabe haben, die Männer an den Kreuzen zu befestigen. Die Darstellung fokussiert neben der drastischen Erzählung, die durchaus die Betrachtenden zur compassio, zum Mitleiden, anregen sollte, auch auf die Zeugenschaft. Einerseits sind hinten links Schriftgelehrte, obendrein in der negativ behafteten Farbe Gelb, auszumachen, die laut dem Matthäus-Evangelium das Geschehen beobachteten, andererseits sind mit der Gruppe der drei Marien wiederum die Mitleidenden dargestellt. Am originalen Rahmen findet sich die Buchstabenfolge M.D.G.A.A., welche für Mathias Dei Gratia Abbas Admontensis steht und auf die Regierung des Abtes Mathias Preininger (reg. 1615–1628) deutet. Die Komposition geht auf einen Stich von Adriaen Collaert aus der Serie „Passio, mors et resurrectio dn. Nostri Jesu Christi" nach einer Vorlage von Jan van der Straet zurück. Stichserien zur Passion waren sehr weit verbreitet. (MRG)

Lit.: WICHNER, Beziehungen zur Kunst, S. 101.

5.01

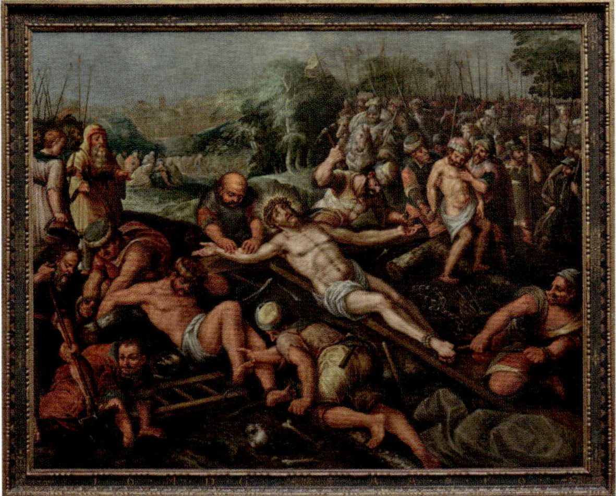

5.02

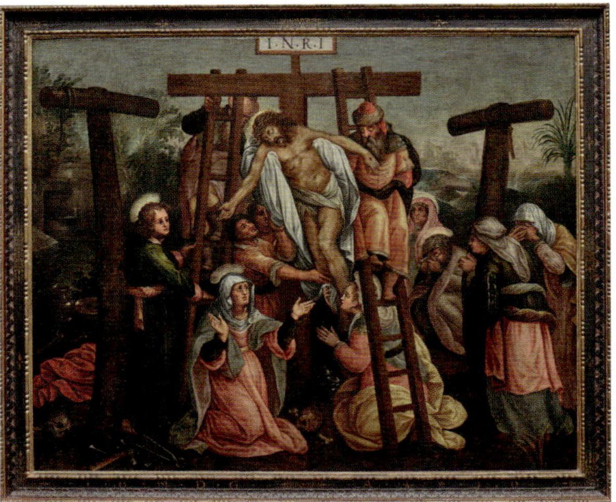

## 5.02
**Kreuzabnahme Christi**
dat. 1616, Öl auf Leinwand, 152 x 186 cm

Als Pendant zur Kreuzannagelung stellt dieses monumentale Querformatbild die Abnahme des Leichnams
Jesu vom Kreuz dar. Mit Leitern sind sowohl Joseph
von Arimathäa als auch Nikodemus, auffallend orien-
talisierend bekleidet, zur Erfüllung dieser Aufgabe
aufgestiegen. Umringt sind sie dabei in dieser figu-
renreichen Komposition, bei der Christus durch das
leuchtende Inkarnat eindrücklich im Zentrum steht,
von vielen trauernden Personen, die wiederum bei den

Betrachtenden zur compassio anregen soll. Zu erkennen sind links stehend Johannes, weiters Maria, am
Boden kniend mit erhobenen Händen, sowie Maria
Magdalena, die zu Johannes aufblickt. Im Mittelgrund
ist die Vegetation eines östlichen Landes angedeutet,
im Hintergrund ist wohl Jerusalem zu sehen. Wie die
Kreuzannagelung geht auch dieses Gemälde auf einen
Stich von Adriaen Collaert aus besagter Serie nach einer Vorlage von Jan van der Straet zurück. (MRG)

Lit.: WICHNER, Beziehungen zur Kunst, S. 101.

## 5.03
Siegfried Anzinger
**Kreuzigung und Taufe**
2000, Leimfarbe auf Leinwand, 110 x 130 cm

Siegfried Anzinger (*1953) lenkt in diesem Werk die
traditionelle Sichtweise des Themas Kreuzigung in
eine andere Richtung. Subtil aufgeladen mit bren-
nenden Themen unserer Zeit transferiert er das ernste
Thema ins Tragisch-Komische, Groteske, Satirische.
Durchaus provokant sehen wir uns konfrontiert mit
einem fettleibigen Christus am Kreuz. Er erweckt As-
soziationen an unsere Überschussgesellschaft, die von

5.03

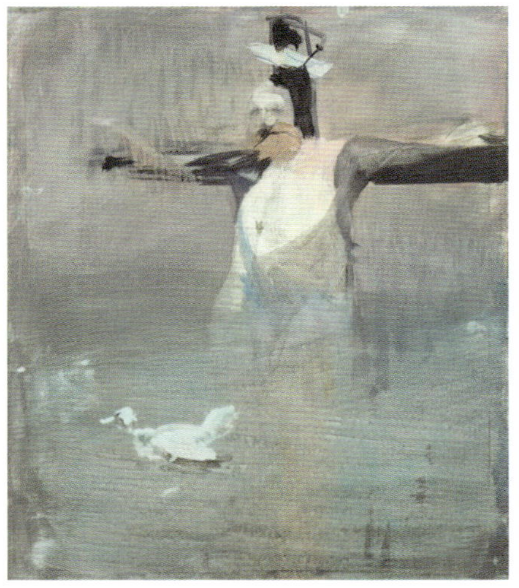

5.04

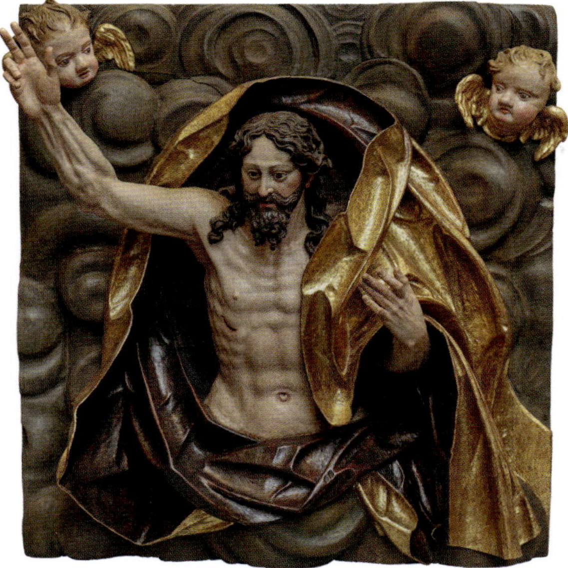

allem nicht genug bekommen kann. Die schmutzige Ursuppe, die die untere Bildhälfte bis zur Mitte Christi einnimmt, lässt an Klimawandel, Umweltschutz, Apokalypse denken. Und wie das Tüpfelchen auf dem i schwimmt auch noch eine hässliche, boshafte Ente auf dieser Brühe. Man kann aber ebenso die religiösen Inhalte oder auch etwas völlig anderes in diesem Werk sehen, je nachdem, unter welchem Gesichtspunkt man dieses Bild betrachtet. (MB)

Lit.: BRUGGER (Hg.), Anzinger.

## 5.04
Georg Remele
**Christus, der Auferstandene**
um 1645, Holzrelief, farbig gefasst, teilweise bronziert und vergoldet, 99,5 x 93 x 38 cm

Das Relief zeigt den auferstandenen Christus als Halbfigur und von Wolken umgeben. Seinen rechten Arm hält er ausgestreckt im Segensgestus. Der Oberkörper ist entblößt und mit sichtbarer Seitenwunde dargestellt. Das Lendentuch umrahmt die Figur als weite, bogenförmige Draperie. Auffallend sind die scharfkantig gearbeiteten Faltenstöße und Stoffkanten. Das zweite, zugehörige Relief befindet sich im Kunsthistorischen Museum Admont. Es stellt Maria Magdalena dar, der Christus nach der Auferstehung erschienen ist. Georg Remele (Stiftsbildhauer von 1638–1674) stammte vermutlich aus Schwaben. Er dürfte in der Werkstatt der Familie Zürn in Überlingen (Bodensee) ausgebildet worden sein. Remeles Lebenswerk ist eng mit Admont und der Obersteiermark verbunden: Unter Abt Urban (reg. 1628–1659) war er als Stiftsbildhauer beschäftigt. (MB)

Lit.: BIEDERMANN, Georg Remele; HIMMELSTOSS (Hg.), Kunstschatten, S. 138, Nr. 37.

## 5.05
Josef Stammel
**Zwergpage Oswald Eyberger**
um 1747/51, Lindenholz, geschnitzt, ungefasst, 95 x 50 x 35 cm

In fürstlichen Diensten waren Zwerge sehr beliebt. Auch der Admonter Abt Anton II. folgte dieser Mode: Sein Page Oswald Eyberger war zwergwüchsig. Er blieb dem Stift bis zu seinem Tod 1752 treu. Josef Stammel, der große Admonter Barockbildhauer, porträtierte den „Stiftszwerg" in der Husarenuniform, die damals am Hof Maria Theresias üblich war. Mit all ihren minutiösen Details ist die Figur ein schnitz-

5.05

5.06

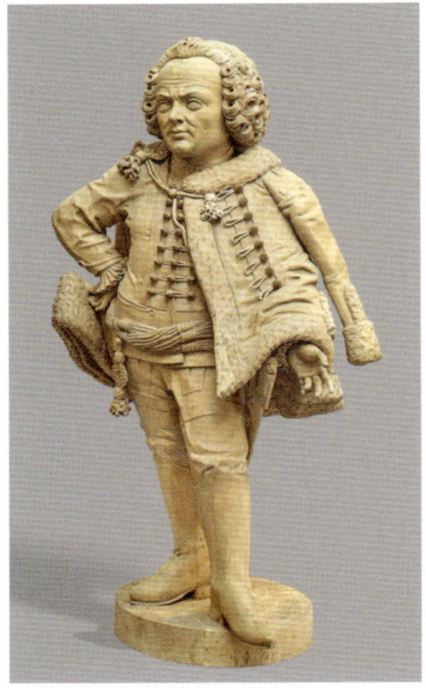

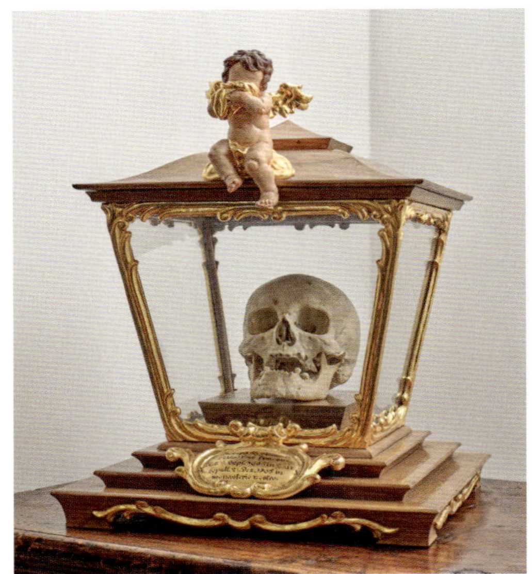

technisches Meisterwerk. Sie zeigt Eyberger mit Allongeperücke und in Lebensgröße. Körperhaltung und Mimik des kleinen Mannes verraten Stolz, Würde und Entschlossenheit. Unter den erhaltenen Darstellungen barocker Hofzwerge zählt das Werk zu den bedeutendsten dieses Genres. (MB)

Lit.: Schweigert, Die Barockbildhauer, S. 132 f.

## 5.06
Klothilde Rauch
**Vitrine mit Totenschädel Josef Stammels**
1958, Holz (geschnitzt, teils gefasst und vergoldet), Glas, 55 x 45 x 48 cm

Im Auftrag des ehemaligen Stiftsarchivars P. Adalbert Krause entstand anlässlich der Arbeiten zur Neuanlage des Stiftsarchives diese Gedenkvitrine. Sie wurde von der österreichischen Bildhauerin und Restauration Klothilde Rauch (1903–1990) angefertigt. Auf einem mehrtreppigen hölzernen Sockel ruht, geschützt vom Glas, der Schädel des Stiftsbildhauers Josef Stammel. Eine vergoldete Kartusche hält seine Lebensdaten fest. An der vorderen Kante des hölzernen Deckels der Vitrine sitzt ein kleiner Putto und hält sich, in tiefem Schmerz befindend, ein Tuch vor den Kopf. Dies ist eine Hommage an einen der beiden Klage-Engel von Josef Stammel. (MRG)

Lit.: Krause, Stiftsarchiv, S. 22; Ahlgrimm-Siess, Zum Totenschädel Josef Stammels.

## 5.07
**Das Burgfräulein von Strechau**
17. Jahrhundert, Öl auf Leinwand, 106,4 x 90,2 cm

Dieses Halbfigurenbildnis einer toten Frau in der Gestalt eines aufwendig bekleideten und geschmückten

5.07

5.08

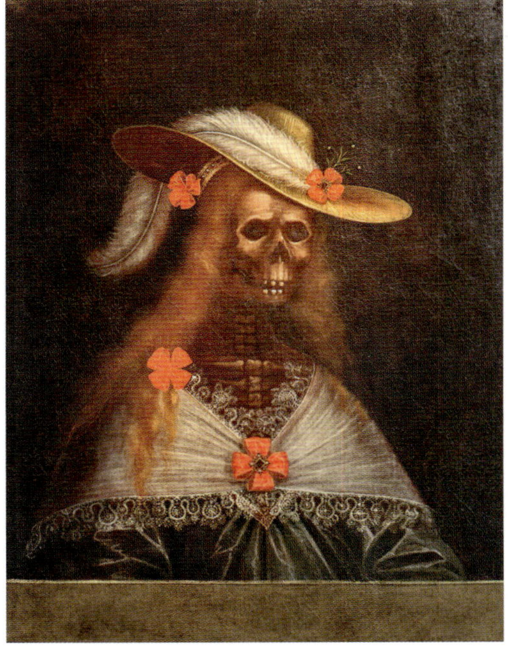

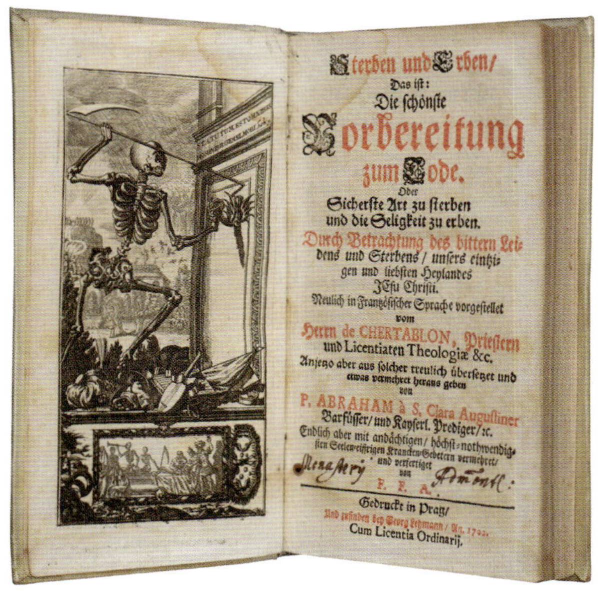

Skelettes führt eindrücklich die Vergänglichkeit des Lebens (lat. vanitas) vor Augen. Es dürfte sich, folgt man der Interpretation Naschenwengs, um eine Mahnung aus der Zeit der Gegenreformation handeln, dass der „falsche" protestantische Glaube zum „ewigen Tod im Jenseits" führe. Mit der Dargestellten soll demnach die letzte Besitzerin der Burg Strechau, bevor das Stift Admont 1629 die Herrschaft übernahm, in

Verbindung zu bringen sein, deren Ehemann ein zur Flucht gezwungener protestantischer Freiherr war. Bemerkenswert ist die detailgetreue Wiedergabe der modischen Bekleidung in Gestalt eines Birettes und eines Schultertuches, dessen Klöppelspitze in das 17. Jahrhundert weist und eine Grundlage für die Datierung des Gemäldes darstellt. (MRG)

Lit.: Naschenweng, Das Fräulein von Strechau.

## 5.08
Abraham a Sancta Clara
**Sterben und Erben, Das ist: Die schönste Vorbereitung zum Tode. Oder Sicherste Art zu sterben und die Seligkeit zu erben**
Prag 1702, [8] Blätter, 300 Seiten, 16,9 x 9,5 cm
Stiftsbibliothek Admont, 71/111

Es handelt sich um die deutsche Ausgabe einer ursprünglich von Chertablon (David de la Vigne) veröffentlichten Schrift, die um eine Vorrede und drei Andachten von Abraham a Sancta Clara ergänzt wurde. Sancta Clara, eigentlich Johann Ulrich Megerle, trat

1662 in das Wiener Augustinerkloster ein. Er wurde in das Kloster Taxa in Bayern als Ordensprediger geschickt, von dort aber im Jahre 1668 oder 1669 nach Wien zurückberufen, wo er seinen Ruf als Volksprediger begründete. Am 28. April 1677 ernannte ihn Kai-

5.09

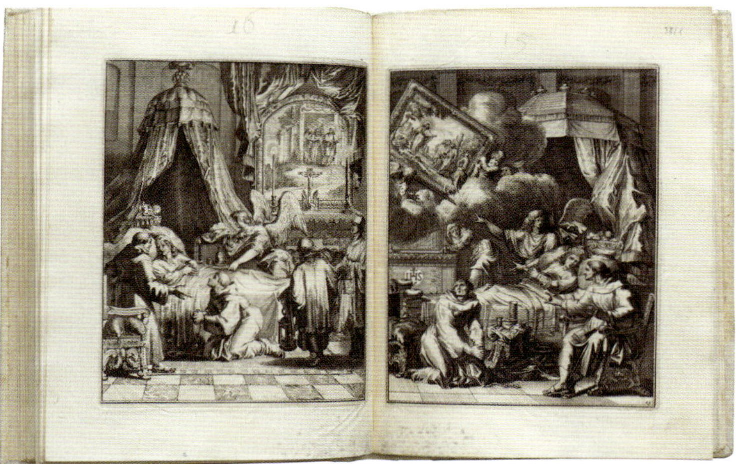

ser Leopold zu seinem Hofprediger. Wie kein anderer befasste sich Sancta Clara mit den verschiedenen Facetten des Todes und des Sterbens. Er schuf mehrere Totentänze, die in Admont durch verschiedene Buchausgaben vertreten sind, und stand einer Totenbruderschaft vor, einer Form der Sterbebegleitung, bei der sich Laien einem Geistlichen anschlossen, Kranke und Sterbende besuchten, Trauernden beistanden und sich und andere auf ein seliges Ende vorbereiteten. Sancta Clara verband seine Gedanken zum Sterben stets mit einer strengen Sittenkritik. Nicht der Tod sei das Übel, sondern das Sterben in Sünde. (KS/CR)

Lit.: WUNDERLICH (Bearb.), Lebendiger Tod.

## 5.09

M. de Chertablon

**La manière de bien se préparer à la mort**

Antwerpen 1700, 63 Seiten, Frontispiz u. 41 Kupfertafeln nach R. de Hooghe, 26 x 41 cm

Stiftsbibliothek Admont, 74/1

1673 wurde bei dem protestantischen Künstler Romeyn de Hooghe eine Reihe von Kupferstichen für den Franziskaner David de la Vigne und sein Werk „Miroir de la bonne mort" in Auftrag gegeben. Der „Spiegel" zeigt, was am Lebensende zu beachten ist: Mönche fordern den Sterbenden auf, sein Testament zu machen. Wenn die Angehörigen schlafen, anstatt am Bett des Kranken zu wachen, haben Dämonen leichtes Spiel. Als Vorbild dient in jeder Szene das Leben Christi, das in Form eines an der Wand befindlichen Gemäldes eingeblendet ist. Es gibt verschiedene Ausgaben dieser Stichserie. Kommentare wurden immer wieder erweitert, manchmal auch Tafeln ergänzt, die von unbekannten Künstlern neu gestochen wurden. In jeder Szene liegt ein Mensch im Sterben. Ein Engel erscheint mit der Darstellung einer Bibelstelle und ermutigt den Menschen, sich würdig auf den Tod vorzubereiten. Jeder einzelne, so die Botschaft, könne durch erbauliche Gespräche, Lieder und Gebete zum Ausgang des Kampfes beitragen, der am Ende des Lebens zwischen Engel und Teufel um die Seele des Menschen geführt wird. (KS/CR)

5.10

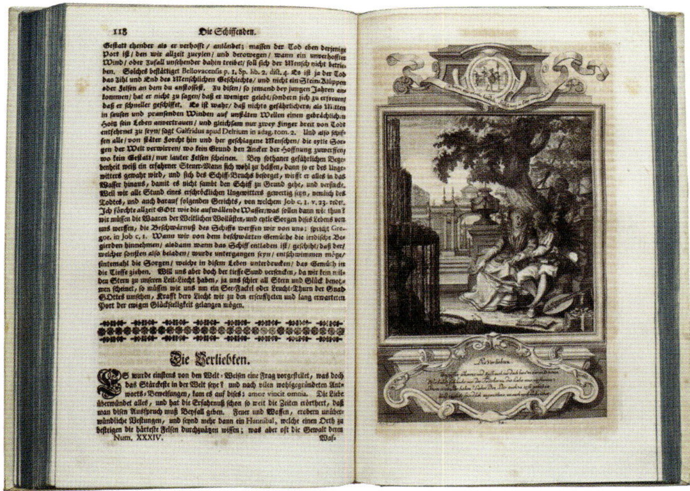

5.10
Michael Rentz
**Geistliche Todts-Gedanken Bey allerhand Gemählden und Schildereyen […]**
Passau/Linz 1753, 182 Seiten, 52 Tafeln, 31,5 x 43 cm
Stiftsbibliothek Admont, 70/67

Michael Heinrich Rentz war Hof-Stecher des Franz Anton Graf von Sporck und illustrierte viele von Sporck herausgegebene Bücher. Nach dessen Tod stach Rentz in den 1840er-Jahren 52 herausragende Kupferplatten in drei Ausgaben (1753, 1767 und 1777) unter dem Titel „Geistliche Todts-Gedancken". Die Kupferstiche sind Variationen einer Bilderfolge von Hans Holbein. Charakteristisch im Vergleich zum Vorbild ist jedoch die Gegenüberstellung von sündigen und ängstlichen Vertretern weltlicher Stände und den furchtlosen Geistlichen, die den Tod geradezu mit Freude erwarten. Ein Dominikanermönch etwa sagt dem Tod, der ihn aus seiner Zelle holt, dass er ihn nicht erschrecken könne und vielmehr erst durch ihn „das wahre Leben" erhalte. Eine Nonne sagt: „Drum komm nur, angenehmer Tod." Aufgeschlagen ist die Seite mit dem Stich „Die Verliebten". Im begleitenden Text ist von der Kraft der Liebe die Rede, mit der man Tod und Hölle zu überwinden vermag. Und doch könne sie auch eine „unglückliche Bezauberung" sein, wenn eine liebende Person sich dem äußeren Schein verschreibe, der vergänglich ist. Wer aber die innere Schönheit eines Menschen liebe, sei tatsächlich auch über dessen Tod hinaus mit diesem verbunden. (KS/CR)

5.11
Lois Renner
**Der Tod, aus einer mehrteiligen MADE-FOR-ADMONT-Serie**
2000, C-Print, 190 x 152 cm

Als erster „artist in residence" kam Lois Renner (1961–2021) mit seinem Modell „Festung" in das Stift Admont und arbeitete dort mehrere Wochen. Er installierte sein Modell und dokumentierte es fotografisch in seiner neuen Umgebung. Dieses Werk ist in der Admonter Stiftsbibliothek entstanden. Der prunkvolle barocke Bibliothekssaal (vollendet 1776) und Josef Stammels „Der Tod" aus seiner im Mittelraum positionierten Figurengruppe „Die Vier Letzten Dinge" (1760) fließen hier mit Renners Kunst ineinander. Die künstlerischen Absichten und Ergebnisse von Stammel und Renner, die von rund 250 Jahren getrennt sind, treten in einen spannungsreichen Dialog. Beide Künstler finden sich vereint in ihrem Interesse an den großen Fragen des Lebens, des Todes und der Frage, was danach kommen könnte. Stammel gibt eine klare Antwort. Renner stellt uns eine Reihe offener Fragen. (MB)

Lit.: Hochleitner, Lois Renner, S. 264; Braunsteiner (Hg.), famosus statuarius, S.166 f.

# 6. Die Kunst des Hörens

„Obsculta" – „Höre" lautet das erste Wort der Regula Benedicti. Mit dem Hören auf Gesagtes, Gesungenes und Geschriebenes endet der Streifzug durch die Stiftsgeschichte. Der Schwerpunkt ist dem Musikleben Admonts gewidmet. Bezüglich des Chorgesangs hatte der hl. Benedikt konkrete Vorstellungen: Sänger und Sängerinnen sollten über musikalisches Gehör und eine gute Stimme verfügen sowie die gesungene Liturgie beherrschen. Für die Frühzeit der Admonter Chöre ist man auf Vermutungen und Beschreibungen angewiesen. Nach Regeln der Cluniazenser, die auch für Admont galten, hatte der Bibliothekar die Aufgabe, als Vorsänger (Cantor) den liturgischen Gesang zu leiten. Er unterrichtete die Mitbrüder im Singen, entschied, was und wie gesungen werden sollte und legte die dazu erforderlichen Bücher auf. In den einzelnen Klöstern sang man unterschiedlich. Beispielsweise baten die Kremsmünsterer Mönche im Zuge der Ernennung eines aus Admont stammenden Abtes darum, ihre Methode des Chorgesangs beibehalten zu dürfen. Aus dem 12. Jahrhundert haben sich Hinweise auf den Kirchengesang der Nonnen im Admonter Frauenkloster erhalten. Zu dieser Zeit lässt sich bereits eine beachtliche Sammlung von Musikschriften in der Bibliothek des Klosters feststellen. Der vielseitige Abt Engelbert von Admont (reg. 1297–1327) befasste sich mit Musiktheorie und komponierte vermutlich auch eigene Gesänge. Mit seinem vierbändigen Werk „De musica" (Über die Musik) knüpfte er an antike und spätantike Musikschriftsteller, etwa Aristoteles und Boethius, an und zählt somit zu den ersten und wichtigsten Musiktheoretikern Österreichs. Mit seiner Aussage „Recte cantare es debito modo et more cantare" (IV/39), „Richtiges Singen bedeutet Singen nach verbindlicher und herkömmlicher Weise", forderte er Traditionsgebundenheit beim gregorianischen Gesang. So plädierte er auch für eine fundierte musikalische Ausbildung auf diesem Gebiet. Schon zu seiner Zeit dürfte sich eine Orgel in der Stiftskirche befunden haben. 1377 taucht erstmals der Name eines Organisten auf. Andere Instrumente galten in dieser Zeit nicht als kirchlich angemessen.

Der mehrstimmige Gesang dürfte sich in Admont erst im 15. Jahrhundert durchgesetzt haben. Wie ernst das Singen genommen worden ist, geht aus einem Visitationsbericht des Spätmittelalters hervor. Die kritischen Besucher forderten ein gutes Zusammenspiel der Stimmen, eine deutliche Aussprache und das genaue Einhalten von Pausen. Mit den 1476 erstmals erwähnten Sängerknaben ergaben sich neue Möglichkeiten sowohl in der Kirchenmusik als auch im Bereich der außerliturgischen, geistigen Erbauung (Rekreation) der Mönche.

Nach den Turbulenzen der Reformationszeit erhielt das Admonter Musikleben erst im 17. Jahrhundert wieder einen neuen Schub. Im 1644 errichteten Gymnasium wurden Schuldramen mit musikalischen Einlagen aufgeführt, später auch Oratorien und Singspiele. Man tritt in eine neue Epoche der Mehrstimmigkeit ein, bei der sich führende von begleitenden Stimmen abheben und eine neue Welt klanglicher Tiefenwirkung erschließen. Auch der Pflege der Instrumentalmusik wurde nun eine bedeutendere Rolle beigemessen als zuvor.

Manche Äbte waren ausgezeichnete Instrumentalisten wie Gotthard Kuglmayr (reg. 1788–1818), der als Meister auf dem Violoncello galt und sich an der Entstehung des Steiermärkischen Musikvereins beteiligte. So erklangen etwa Beethovens Symphonien, Haydns Oratorien und Mozarts Zauberflöte in seiner Abtszeit in Admont.

Dem Klosterbrand von 1865 fielen etliche Bestände des Musikarchivs und die im Jahr 1784 von Franz Xaver Chrismann errichtete Stiftsorgel, eines der Lieblingsinstrumente des vielgerühmten Orgelbauers, zum Opfer. Um den Wiederaufbau der Admonter Musikpflege Ende des 19. Jahrhunderts machten sich vor allem die leiblichen Brüder P. Marian, P. Viktorin und P. Othmar Berger verdient. 1820 bis 1921 bestand das Admonter Sängerknabeninstitut, aus dem u. a. der Komponist, Dirigent und Staatsoperndirektor Franz Salmhofer hervorging. Von den nicht dem Konvent angehörigen Komponisten, die wichtige Werke mit Bezug zu Admont geschrieben haben, sind Johann Michael Haydn (1737–1806), Robert Fuchs (1847–1927) und zuletzt Franz Koringer (1921–2000) zu nennen.

## 6.01
### Hörstation mit Musik, die sich auf Stift Admont bezieht

Zu hören sind Ausschnitte aus Werken unter anderem von Johann Michael Haydn (1737–1806), Robert Fuchs (1847–1927), P. Viktorin Berger (1855–1914) und Franz Koringer (1921–2000)

## 6.02
### Hörstation mit literarischen Texten zum Stift

Zu hören sind Ausschnitte aus Texten u.a. von Johann August Schultes (1773–1831), Caroline Pichler (1769–1843), Peter Rosegger (1843–1918), Paula Grogger (1892–1984) und Bodo Hell (geb. 1943).

## 6.03
Johann Blasius Weigert
### Kontrabass
Linz, 1729, 193,9 cm (Gesamtlänge ohne Stachel), 115,5 cm (Korpuslänge)

Der Kontrabass (oder große Bassgeige) stammt vom renommierten Geigen- und Lautenmacher Weigert (um 1691–1755), der in Linz, Kremsmünster und Würzburg wirkte. Für das Stift Kremsmünster baute er Instrumente, betreute die Saiteninstrumente und reparierte sie. Aus der Zeit stammt auch der Kontrabass im Stift Admont, der vor allem durch seine Löwenkopf-Schnitzerei am Abschluss des Instrumentenhalses besticht. Verzierungen dieser Art waren nicht unüblich (bekannte Vorbilder gibt es unter den Stainer-Geigen), wohl aber kostspielig. (MRG)

Lit.: Flotzinger (Hg.), Musik in der Steiermark, S. 266, Nr. 6.31.

## 6.04
Mathias Thir
### Cello
Wien, 1775, 121,8 cm (Gesamtlänge ohne Stachel), 75,7 cm (Korpuslänge)

Das Cello (oder Violoncello) fertigte Mathias Thir (1736–1806) in Wien in den ersten Jahren seiner Zeit als Instrumentenbauer an. Thir entstammte einer Familie von Geigenbauern aus dem Füssener Raum, die sich in Wien bzw. Preßburg/Bratislava ansässig machten. Wann das Instrument in die Sammlung des Stiftes Admont kam, ist nicht nachvollziehbar, was auch für die restlichen Instrumente gilt. (MRG)

Lit.: Flotzinger (Hg.), Musik in der Steiermark, S. 266, Nr. 6.30.

6.03

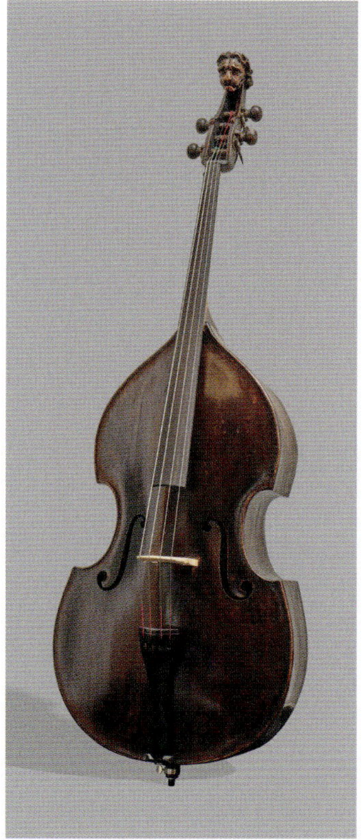

6.04

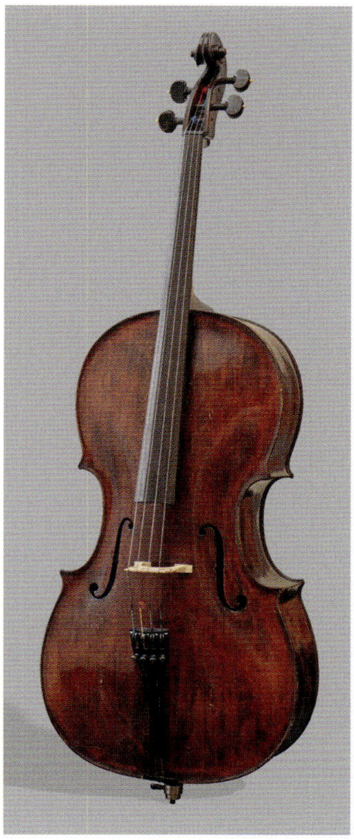

6.05

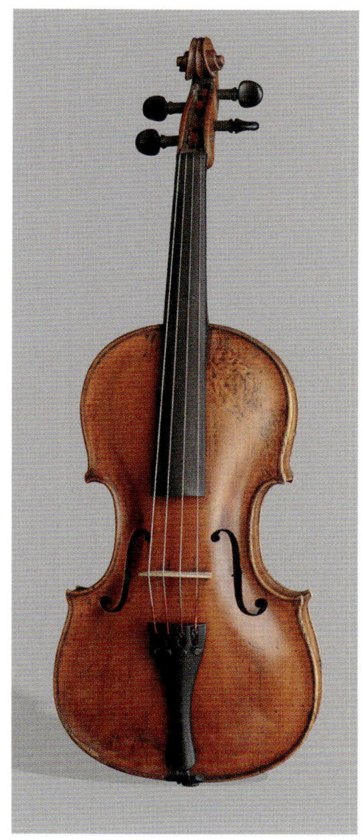

## 6.05
Johann Radeck
**Viola**
Wien, 1770, 63,6 cm (Gesamtlänge), 38,4 cm (Korpuslänge)

Johann Radeck (ca. 1731–1795) war ein Lauten- und Geigenmacher, der in Wien seine Werkstatt führte. Hals und Schnecke des Instrumentes sind original, der Bassbalken auch. Das 1989 in Graz restaurierte Streichinstrument kann als klassische Viola verwendet werden. (MRG)

## 6.06
Johannes Knilling
**Viola**
Mittenwald, 1778, 65,7 cm (Gesamtlänge), 38,6 cm (Korpuslänge)

Saiteninstrumente aus Mittenwald, ein Markt, der in Bayern liegt und sich ab dem späten 17. Jahrhundert zum Geigenbauzentrum entwickelte, waren im 18. Jahrhundert sehr gefragt. Erzeugnisse von Johannes Knilling (1732–1794) zeugen von dieser erfolgreichen Epoche Mittenwalds. Das Instrument kann bis heute gespielt werde. (MRG)

6.06

6.07

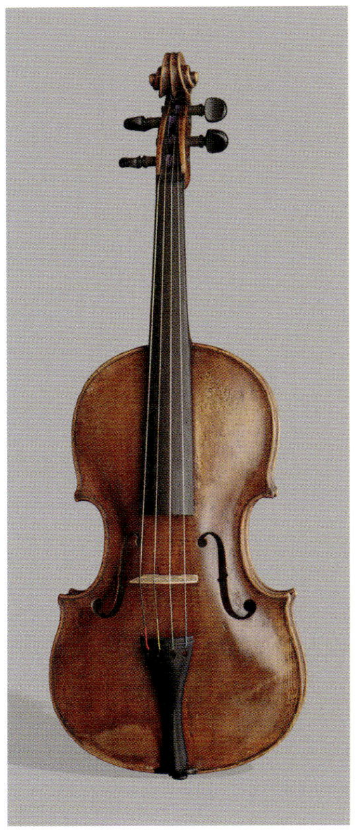

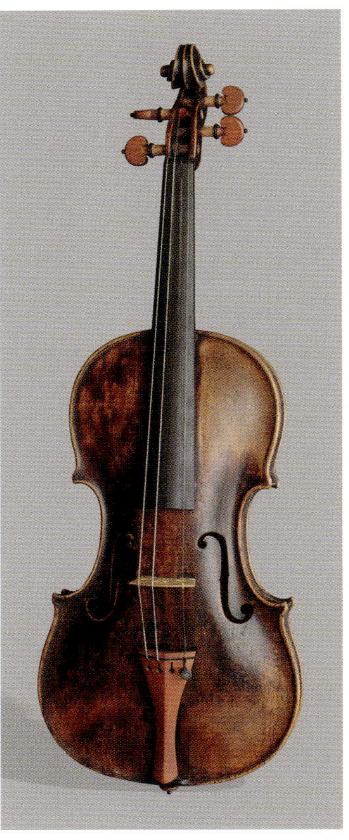

## 6.07
Franz Geißenhof
**Violine**
Wien, 1796, 57,8 cm (Gesamtlänge), 35,7 cm (Korpuslänge)

Franz Geißenhof (oder Geissenhof) (1753–1821) zählt zu den bekannteren Geigenmachern des 18. Jahrhundert in Wien. Er war zudem Vorsteher der bürgerlichen Geigen- und Lautenmacher Wiens. Die Violine im Admonter Besitz entstand einige Jahre, bevor sich Geißenhof besonders italienischen Vorbildern aus Cremona annahm und dafür den Beinamen „Wiener Stradivari" erlangte. Geißenhof gilt als äußerst penibler Geigenmacher, dessen Violinen bis heute einen hohen Stellenwert bei professionellen Musikern genießen. (MRG)

## 6.08
**Graduale**
Österreich, 2. Hälfte 15. Jahrhundert, Papier-Handschrift, 128 Blätter, 29 x 21,6 cm
Stiftsbibliothek Admont, Cod. 305

Ein Graduale ist ein liturgisches Gesangbuch, das die responsorischen Gesänge der Messe enthält. Die Handschrift mit spätgotischer Minuskel und Hufnagelnotation wurde eventuell in Admont geschrieben.

6.08

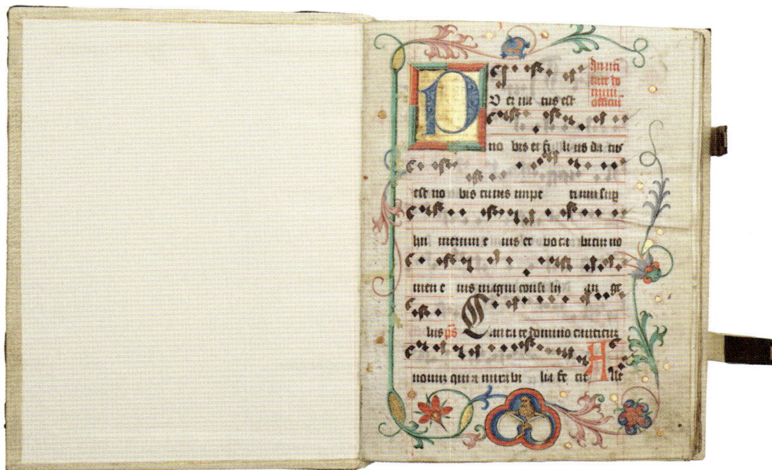

Aufgeschlagen ist fol. 1r mit dem Choral „Puer natus est nobis", dem Introitus-Gesang zur dritten Messe am Weihnachtsfest („In nativitate Domini"). (KS)

Lit.: Flotzinger (Hg.), Musik in der Steiermark, S. 104, Nr. 1.36.

## 6.09
Aegidius Schenk (?)
**Frauenberger Wallfahrerlied „Wohlfahrter eyllet"
[Wallfahrer, eilet]**
2. Hälfte 18. Jahrhundert (Abschrift eines anonymen Kopisten), Papierhandschrift, 31,5 x 19,5 cm
Stiftsarchiv Admont, A-A MUS Frauenberg 1

6.09

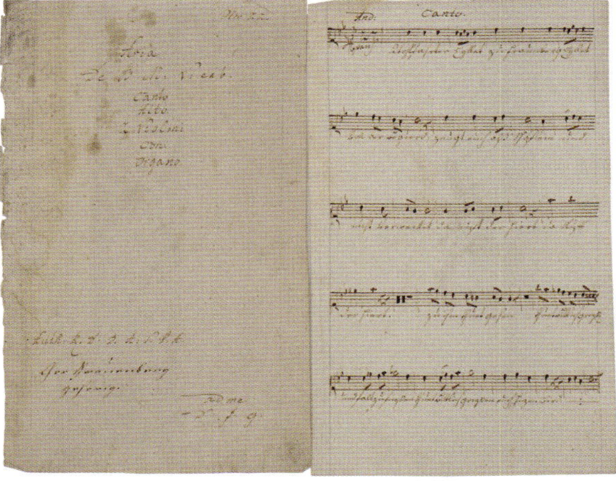

Die Handschrift stammt aus dem Musikalienbestand der Admonter Stiftspfarre Frauenberg, der auf Initiative des steirischen Musikwissenschaftlers Wolfgang Suppan (1933–2015) durch das Stiftsarchiv Admont übernommen wurde. In der Ausstellung ist die Sopranstimme der Seite 1 zu sehen. (IK)

Lit.: RISM-Datenbank No. 1001031667.

## 6.10
P. Philipp Pusterhofer OSB
**Graduale pro festo nativitatis Domini nostri Jesu Christi „Viderunt omnes"**
zwischen 1767 und 1810 (Abschrift eines anonymen Kopisten), Papierhandschrift, 35 x 23,5 cm
Stiftsarchiv Admont, A-A MUS 521

6.11

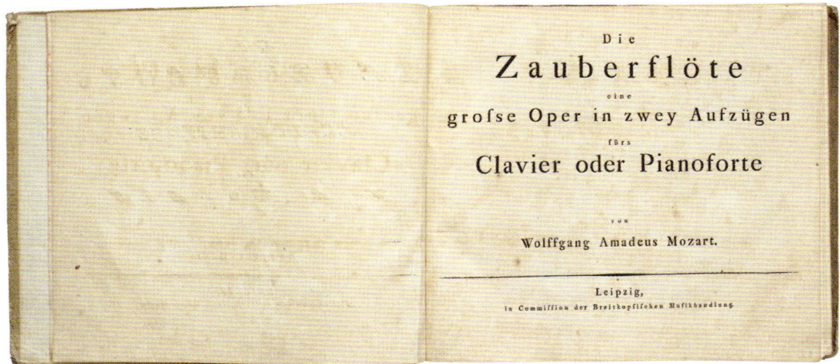

Bei der Komposition handelt es sich um das Graduale der dritten Messe am Weihnachtsfest. Sie war bereits in der damaligen Zeit überregional verbreitet, wie eine zeitgenössische Abschrift im Musikarchiv des Stiftes Schlierbach (OÖ) bezeugt. P. Philipp Pusterhofer (1748–1804) war Regens Chori in Admont und Seelsorger in mehreren Stiftspfarren. In der Ausstellung ist das Titelblatt dieser zu den ältesten zählenden überlieferten Musikalien-Handschriften zu sehen. (IK)

Lit.: RISM-DB No. 1001058864.

## 6.11
Wolfgang Amadeus Mozart
**Die Zauberflöte, KV 620, Klavierauszug**
1794 in Leipzig bei Breitkopf erschienen (seltener Frühdruck, Vorsatzblatt mit Kupferstich von Johann August Roßmäßler), Druck, 27,5 x 30 cm
Stiftsarchiv Admont, A-A MUS 1093

Der Besitz des Druckes ist ein Beispiel für die Tradition der Pflege weltlicher Musik zur fröhlichen Erbauung im privaten Bereich der Benediktiner. Der Kupferstich am Vorsatzblatt zeigt Pamina und Monostatos im Garten des Tempels. Aufgeschlagen ist der Chor aus dem 1. Akt „Es lebe Sarastro". (IK)

Lit.: RISM-DB No. 990043351.

## 6.12
Johannes Brahms
**Der 13. Psalm, op. 27, „Herr, wie lange willst Du mich so gar vergessen"**
ca. 1864 in Wien bei C. A. Spina erschienen (Erstausgabe), Druck, 34 x 26 cm (Titelseite)
Stiftsarchiv Admont, A-A MUS 1033

6.12

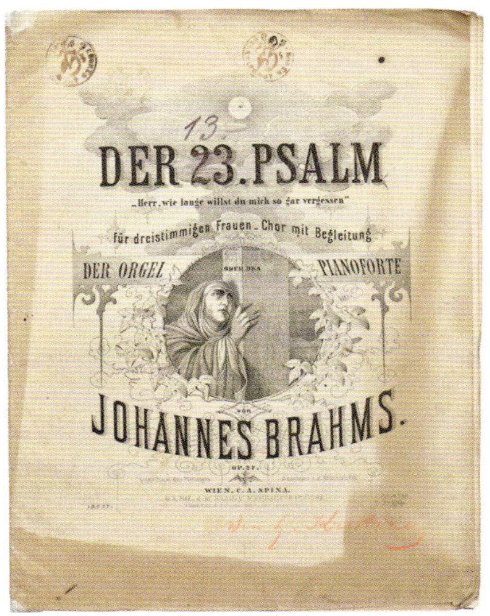

6.13

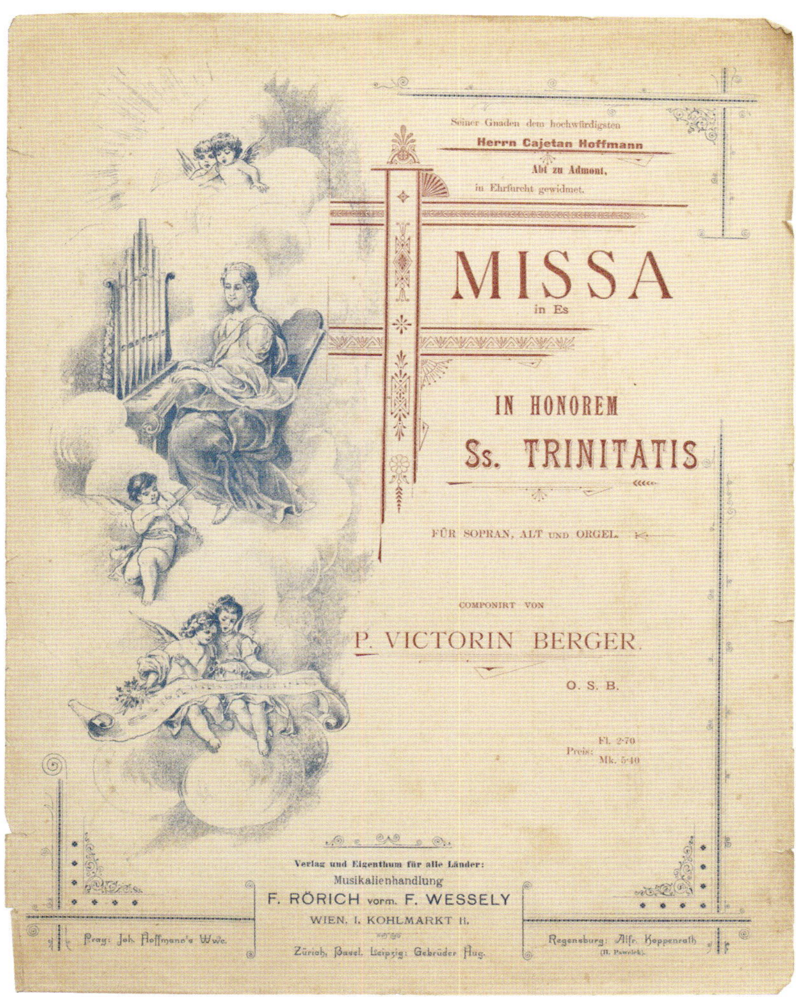


Der Druck ist ein Beispiel für die Pflege geistlicher Chorwerke durch den Sängerknabenchor anstelle des in der Komposition vorgesehenen Frauenstimmen-Chores. Die originale Titelbezeichnung „23. Psalm" am Titelblatt, das in der Ausstellung zu sehen ist, ist ein Druckfehler. (IK)

Lit.: RISM-DB No. 1001196814.

## 6.13
P. Viktorin Berger OSB
**Missa in honorem Sanctissimae Trinitatis, Abt Cajetan Hoffmann gewidmet**
1895 in Wien bei F. Rörich erschienen (Erstausgabe), Druck, 34 x 26,5 cm
Stiftsarchiv Admont, A-A MUS 1279

Die Ausgabe stammt aus dem Besitz von P. Roman Schmid OSB. Überlieferten Aufführungsdaten zufolge wurde das Werk in einer erweiterten, orchestrierten Fassung anlässlich des Kirchweihfestes am 20. Oktober

1895 erstmals in Admont aufgeführt. Die Komposition des Admonter Benediktiners P. Viktorin Berger (1855–1914) war bald überregional verbreitet, wie die Nachweise der Ausgabe in anderen Musikarchiven bezeugen, beispielsweise im Musikarchiv des Stiftes Wilhering (OÖ). (IK)

Lit.: RISM-DB No. 1001233218.

## 6.14
**Zum 25-jährigen Regenschori-Jubiläum von P. Marian Berger 18. August 1893**
1893, Original-Fotografie, 18,4 x 22,2 cm (Foto)
Stiftsarchiv Admont, o.S.

Zum Jubiläum des Regens Chori P. Marian Berger OSB (1837–1897), Lehrer der Sängerknaben und Musikarchivar, der sich besondere Verdienste um die Musikpflege im Stift erworben hatte, stellten sich Mitglieder der Sängerknaben, des späteren Männergesangsvereines und Geistliche ein. Der Jubilar befindet sich in der ersten Reihe als 5. von links. Rechts neben ihm hat sich Karl Prager, ein Geigenvirtuose, der in Graz lebte, eingefunden. P. Marian Bergers Bruder P. Viktorin (selbe Reihe, 2. von rechts) übernahm nach seinem Tode den Dirigentenstab. Direkt oberhalb von P. Marian ist Andreas Genger sen. zu sehen, der im Jahr 1877 den Musikverein und 1901 den Männergesangsverein gründete. Auch P. Oswin Schlammadinger (3. Reihe, 2. von rechts), der spätere Abt, findet sich auf dem Gruppenbild. (MRG)

6.14

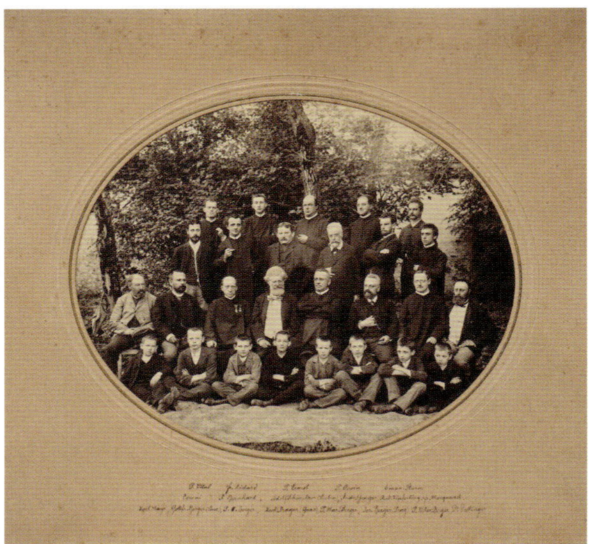

# Ausgewählte Literatur


Ahlgrimm-Siess, Regina: Zum Totenschädel Josef Stammels, in: Braunsteiner, Michael (Hg.): Josef Stammel 1695–1765. Barockbildhauer – Spurensuche Benediktinerstift Admont (Schriften zur Kunst- und Kulturgeschichte des Benediktinerstiftes Admont, 4), Admont 1997, S. 62–63.

Beach, Alison: Voices from a distant land. Fragments of a twelfth-century nuns' letter collection, in: Speculum 77/1 (2002), S. 34–54.

Biedermann, Gottfried: Georg Remele – zur Bildhauerei des 17. Jhs. in der Steiermark, in: Da schau her. Beiträge aus dem Kulturleben des Bezirkes Liezen 5/3 (1984), S. 14–17.

Biedermann, Gottfried: Bemerkungen zum künstlerischen Umfeld der „Admonter Madonna", in: Braunsteiner, Michael/Tomaschek, Johann (Hg.): Abt Engelbert von Admont, Admont 1998, S. 121–133.

Braunsteiner, Michael (Hg.): famosus statuarius Josef Stammel (1695–1765). Barockbildhauer im Auftrag des Benediktinerstiftes Admont (Schriften zur Kunst- und Kulturgeschichte des Benediktinerstiftes Admont, 1), Admont 1996.

Bruchold, Ullrich: Eine Admonter Konversenprofess? Zur Überlieferung und Pragmatik des deutschsprachigen Gelübdes (12. Jahrhundert) aus dem Benediktinerstift Admont, in: Sprachwissenschaft 28 (2003), S. 157–193.

Brugger, Ingried/Steininger, Florian (Hg.): Siegfried Anzinger. Ausstellungskatalog Bank Austria Kunstforum, Wien 2014.

Dahm, Friedrich: Kat.-Nr. 129, in: Geschichte der Bildenden Kunst in Österreich, Bd. I: Früh- und Hochmittelalter, München 1998.

Ernstbrunner, Pia: Der Musiktraktat des Engelbert von Admont (ca. 1250–1331). Diss. Wien 1995.

Fajfar, Britta: Die Verwaltungsnormen der Hirsauer Reform und ihre praktische Umsetzung in Admont bis ins 16. Jahrhundert, in: Zeitschrift des Historischen Vereins für Steiermark 86 (1995), S. 63–92.

Fingernagel, Andreas: Die Admonter Riesenbibel. Wien, ÖNB, Cod. Ser. n. 2701 und 2702, Graz 2001.

Flotzinger, Rudolf (Hg.): Musik in der Steiermark. Ausstellungskatalog der Landesausstellung 1980 [im Stift Admont, 10. Mai bis 19. Oktober], Graz 1980.

Gaisbauer, Ernst: Mittelalterliche Salzgewinnung in der Obersteiermark. Hall bei Admont und Aussee, in: res montanarum – Zeitschrift des Montanhistorischen Vereins Österreich 46 (2009), S. 80–85.

Georgiou, Ioanna: Antonius Gratiadei. Abt von Admont (1483–1491). Gelehrter, Orator und Büchersammler des 15. Jahrhunderts. Diss. Innsbruck 2021.

Gollner, Irmgard: Alpenländische Kunstkeramik Liezen (Kleine Schriften der Abteilung Schloss Trautenfels am Steiermärkischen Landesmuseum Joanneum, 19), Trautenfels 1990.

Grünfelder, Gebhard: Professbuch des Stiftes Admont (unveröffentlicht), Admont 2012 ff.

Haltrich, Martin/Schamberger, Karin: Von Abrogans und Nibelungen. Sensationsfunde deutscher Literatur in Österreichs Klöstern. Sonderausstellung in der Stiftsbibliothek Admont vom 25. März bis 15. November 2018, Passau 2018.

Haubrichs, Wolfgang/Müller, Stephan (Hg.): Der Admonter Abrogans. Edition und Untersuchungen des Glossarfragments der Stiftsbibliothek Admont (Fragm. D1), Berlin–Boston 2021.

Hausl-Hofstätter, Ulrike: Ein Erbe aus nationalsozialistischer Zeit: Die zoologischen Präparate aus dem Benediktinerstift Admont im Joanneum und ihre Restitution. Versuch einer Aufarbeitung, in: Joannea Zoologie 19 (2021), S. 5–74.

Hochleitner, Martin, in: Lois Renner. Bilder / Pictures 1991–2002. Landesgalerie am Oberösterreichischen Landesmuseum, Ostfildern-Ruit 2003.

Himmelstoß, Ute (Hg.): Kunstschatten uit de Benedictijnerabdij van Admont. Tienen, Stedelijk Museum „Het Toreke", 25.09 – 15.12.87, Tienen 1987.

Keller, Hiltgart L.: Reclams Lexikon der Heiligen und Biblischen Gestalten. Legende und Darstellung in der bildenden Kunst, Stuttgart [4]1979.

Köstler, Hans Jörg: Die Eisenwerke im Umfeld von Admont seit Beginn des 19. Jahrhunderts, in: res montanarum – Zeitschrift des Montanhistorischen Vereins Österreich 46 (2009), S. 58–79.

Krause, Adalbert: Der Maler Augustin Maria Kurtz-Gallenstein 1856–1916. Ein Romantiker des Pinsels, Linz 1953.

Krause, Adalbert: Das neue Stiftsarchiv in Admont, Admont 1958.

Krause, Adalbert, in: Österreichische Zeitschrift für Kunst und Denkmalpflege 13–14 (1959).

Krause, Adalbert: Der Bergbau des Stiftes Admont, in: Der Bergmann. Der Hüttenmann. Gestalter der Steiermark. Katalog der 4. Landesausstellung Graz 1968, S. 265–271.

List, Rudolf: Stift Admont 1074–1974. Festschrift zur Neunhundertjahrfeier, Ried im Innkreis 1974.

Lafer, Monika: Arthur Kurtz (1860–1917) und Augustin Kurtz-Gallenstein (1856–1916). Zwei Künstler im Spannungsfeld zwischen Tradition und Aufbruch, Kumberg 2022.

Lafer, Monika: Camillo Kurtz. 1896–1973. Ein Künstler der steirischen Moderne. Vielbegabt, wenig beachtet, weitgereist, Kumberg 2020.

Mannewitz, Martin: Stift Admont. Untersuchungen zu Entwicklungsgeschichte, Ausstattung und Ikonographie der Klosteranlage (Beiträge zur Kunstwissenschaft, 31), München 1989.

Naschenweng, Hannes P.: Das Fräulein von Strechau – Sage, in: Sonderbände der Zeitschrift des Historischen Vereines für Steiermark 24 (1997), S. 151–153.

Naschenweng, Hannes P.: Admont, Frauenkloster, in: Faust, Ulrich/Krassnig, Waltraud (Hg.): Die benediktinischen Mönchs- und Nonnenklöster in Österreich und Südtirol (Germania Benedictina, III/1), St. Ottilien 2002, S. 189–212.

Oberhaidacher-Herzig, Elisabeth: Abbas Admundus Haainricus abhinc oriundus. Die Bildfenster von St. Walpurgis als Memoria für ihren Stifter Abt Heinrich von Admont, in: Österreichische Zeitschrift für Kunst und Denkmalpflege 70 (2016), S. 58–67.

Pendl, Peter: Der Katechismus des Sigmund Ernhoffer. Diplomarbeit Graz 2009.

Pippal, Martina: Kat.-Nr. 51, in: Schatzkunst. Die Goldschmiede- und Elfenbeinarbeiten aus österreichischen Schatzkammern des Hochmittelalters, Salzburg 1987.

Preßlinger, Hubert: Die metallurgisch-chemischen Schriften von Pater Dr. Guido Schenzl, in: res montanarum – Zeitschrift des Montanhistorischen Vereins Österreich 46 (2009), S.131–137.

Preßlinger, Hubert/Tomaschek, Johann: Admonter Benediktiner als Montanhistoriker – Schriften über die montanistischen Aktivitäten des Stiftes, in: res montanarum – Zeitschrift des Montanhistorischen Vereins Österreich 46 (2009), S. 123–131.

Rzihacek-Bedő, Andrea: Medizinische Wissenschaftspflege im Benediktinerkloster Admont bis 1500 (Mitteilungen des Instituts für Österreichische Geschichtsforschung. Ergänzungsband, 46), Wien–München 2005.

Schafschetzy, Margit: Schiffer Anton, in: Österreichisches Biographisches Lexikon 1815–1950 (ÖBL), Bd. 10, Wien 1994.

Schamberger, Karin: Ich wollte, dass dieses Buch katholisch wär ... – Bücher von Ennstaler Kryptoprotestanten und andere „libri prohibiti" in der Stiftsbibliothek Admont, in: Mitteilungen der Gesellschaft für Salzburger Landeskunde 157 (2017), S. 415–426.

Schiefermüller, Maximilian: Josephinische Klosterreformen. Am Beispiel der personellen Situation und der Abtwahl 1788 im Stift Admont. Diplomarbeit Salzburg 2010.

Schiefermüller, Maximilian: Stift Admont im Zweiten Weltkrieg. Teil 1: 1938–1939, in: PAX. Magazin des Benediktinerstiftes Admont (2021), S. 40–43.

Schiefermüller, Maximilian: Stift Admont im Zweiten Weltkrieg. Teil 2: 1940–1944, in: PAX. Magazin des Benediktinerstiftes Admont (2022), S. 28–31.

Schiefermüller, Maximilian: Stift Admont im Zweiten Weltkrieg. Teil 3: 1945, in: PAX. Magazin des Benediktinerstiftes Admont (2023), S. 24–27.

Schiefermüller, Maximilian: Der Brand von 1865 und der Neubau des steirischen Benediktinerstiftes Admont. Ein Beitrag zu Brandkatastrophen in mitteleuropäischen Klöstern und ihren Auswirkungen, St. Ottilien 2023.

Schweigert, Horst: Kat.-Nr. 73, in: Geschichte der Bildenden Kunst in Österreich, Bd. II: Gotik, München 2000.

Schweigert, Horst: Die Barockbildhauer Johannes Georg und Josef Stammel, Eine stilkritische und rezeptionsgeschichtliche Zuordnung (Beiträge zur Kunstgeschichte Steiermarks, Neue Folge, Bd. 2), Graz 2004.

Seebacher-Mesaritsch, Alfred: T. Hafner. Ein steirischer Künstler, Graz 1992.

Seeberg, Stefanie: Die Illustrationen im Admonter Nonnenbrevier von 1180. Marienkrönung und Nonnenfrömmigkeit – Die Rolle der Brevierillustration in der Entwicklung von Bildthemen im 12. Jahrhundert (Imagines Medii Aevi, 8), Wiesbaden 2002.

Steidl, Nicole: Marco Polos ‚Heydnische Chronik'. Die mitteldeutsche Bearbeitung des ‚Divisament dou monde' nach der Admonter Handschrift Cod. 504 (Berichte aus der Literaturwissenschaft), Aachen 2010.

Tomaschek, Johann: „Lator presencium fuit nobiscum in nostro monasterio". Admonter Rotelboten in Attel und Rott am Inn 1442–1495, in: Heimat am Inn 10 (1990), S. 129–156.

Tomaschek, Johann: Schenzl Guido, in: Österreichisches Biographisches Lexikon 1815–1950 (ÖBL), Bd. 10, Wien 1994, S. 85.

Tomaschek, Johann: Vom Keller-Ausschank zum Speiserestaurant. Ein Streifzug durch die wechselvolle Geschichte unseres Stiftskellers, in: PAX. Magazin des Benediktinerstiftes Admont (1995), S. 13–19.

Tomaschek, Johann: P. Albert von Muchar OSB (1786–1849), in: Osttiroler Heimatblätter 67/7 (1999), S. 1–8.

Tomaschek, Johann: Vom Autodidakten zum Fachmann für Kloster- und Landesgeschichte. Der Admonter Benediktiner P. Jakob Wichner (1825–1903) und sein historiographisches Werk, in: Sohn, Andreas (Hg.): Benediktiner als Historiker (Aufbrüche, 5), Bochum 2016, S. 101–114.

Tremel, Ferdinand: Ein Steirisches Hammerwerk, in: Zeitschrift des Historischen Vereines für Steiermark 39 (1948), S. 115–125.

Unterberger, Gerald, in: Benediktinerstift Admont (Hg.): Universum im Kloster. Ein Führer durch das Stift, seine Bibliothek & Museen, Weitra 2010.

von Tscharner, Eduard Horst (Hg.): Der mitteldeutsche Marco Polo. Nach der Admonter Handschrift (Deutsche Texte des Mittelalters, 40), Berlin 1935.

Wagner, Franz: Kat.-Nr. 309, in: Geschichte der Bildenden Kunst in Österreich, Bd. II: Gotik, München 2000.

Wichner, Jakob: Kloster Admont in Steiermark und seine Beziehungen zur Kunst, Wien 1888.

Wichner, Jakob: Geschichte des Benediktiner-Stiftes Admont, Bd. 1, Graz 1874.

Wichner, Jakob: Geschichte des Benediktiner-Stiftes Admont, Bd. 2, Graz 1876.

Wichner, Jakob: Das ehemalige Nonnenkloster OSB zu Admont in Steiermark, in: Studien und Mitteilungen aus dem Benediktiner- und Zisterzienserorden 2/1 (1881), S. 75–86, 288–319.

Wunderlich, Uli (Bearb.): Lebendiger Tod – Todesbilder im Barock, Begleitheft zur gleichnamigen Ausstellung im Stift Admont, Admont 2002.

# Abbildungsnachweis

# Autorinnen und Autoren

Michael BRAUNSTEINER, Dr., studierte Kunstgeschichte und Germanistik an der Karl-Franzens-Universität in Graz. 1994/95 war er am Bundesdenkmalamt in Linz beschäftigt. Seit 1995 ist er Künstlerischer Leiter des Museums im Stift Admont. Von 1996–2003 war er maßgeblich beteiligt an der Konzeption und dem Umbau des neuen Museums des Stiftes Admont. Seit 1997 hat er sich dem Aufbau der dortigen Sammlung Gegenwartskunst gewidmet, seit 2000 spezifisch der MADE-FOR-ADMONT-Reihe mit der Spezialsammlung „Jenseits des Sehens – Kunst verbindet Blinde und Sehende".

Martin HALTRICH, MMag. Dr., ist Historiker und Germanist. Nach seiner langjährigen Tätigkeit als Bibliothekar und Archivar in verschiedenen Stiften beschäftigt er sich derzeit als Leiter der Forschungsstelle für Kulturwissenschaftliche Studien des Stiftes Klosterneuburg mit dem kulturellen Erbe der österreichischen Klosterlandschaft. In unterschiedlichen interdisziplinären Projekten arbeitet er an der Erschließung und Aufbereitung von historischen Quellen im Hinblick auf Wissensorganisation und Kulturgeschichte im monastischen Kontext.

Ikarus KAISER, Dr., absolvierte mehrere Musikstudien am Bruckner-Konservatorium Linz sowie am Diözesankonservatorium Linz. Weiters studierte er Musikwissenschaft an den Universitäten Salzburg und Wien. Für Forschungszwecke verbrachte er zwei Studienjahre in Rom. Seit 2001 wirkt er als Stiftsorganist der Zisterzienserabtei Wilhering und leitet dort seit 2010 das klösterliche Musikarchiv. Kaiser verfasste zahlreiche musikwissenschaftliche Beiträge zur oberösterreichischen Musikgeschichte und katalogisierte die Bestände vieler kirchlicher und privater Musikarchive für das Internationale Quellenlexikon der Musik (RISM).

Katja MAIERHOFER, MMag., studierte in Wien Deutsche Philologie und die Unterrichtsfächer Latein und Mathematik und ist Doktorandin am Institut für Germanistik der Universität Wien. Ihre Forschungsinteressen liegen auf den Gebieten Wissenschaftsgeschichte, Geistesgeschichte, auf der historischen Perspektivierung von Substandard-Sprachvarietäten sowie auf Sprachideologien und der Verknüpfung von Sprache und Identität. Sie ist seit 2017 am Stiftsgymnasium als Lehrerin tätig. Lehr- und Forschungsstipendien aus dem Bereich „Austrian Studies" führten sie in den Jahren 2022 und 2023 nach Ungarn (ELTE, Szombathely) sowie in die USA (University of New Orleans).

Christian RAPP, Mag. Dr., studierte Theater- Film- und Medienwissenschaft sowie Kunstgeschichte in Wien. Er war zunächst als Kulturredakteur und ab 1990 als Ausstellungskurator für u. a. das Technische Museum Wien, das Jüdische Museum Wien, das Wien Museum und die Niederösterreichische Landesausstellung tätig. Seit 2018 leitet er das Haus der Geschichte im Museum Niederösterreich.

Michael RICHTER-GRALL, MA, studierte Kunstgeschichte an der Karl-Franzens-Universität Graz. Sein Hauptinteresse gilt der Malerei des Spätmittelalters und der Ars Sacra im Allgemeinen. Im Benediktinerstift Admont ist er seit 2021 mit der Leitung der Kunstinventarisierung betraut und erstellt dabei ein Gesamtinventar der beweglichen stiftischen Kunst- und Kulturgüter.

Karin SCHAMBERGER, Mag. Dr. M.A. (LIS), studierte Geschichte und Französisch in Salzburg sowie Library and Information Science in Berlin. Sie war Bibliothekarin im Archiv der Erzdiözese Salzburg sowie im Benediktinerstift Admont, wo sie sich auf Handschriften und Alte Drucke, Bestandserhaltung und Provenienzforschung spezialisierte. Neben der Betreuung von wissenschaftlichen Projekten war ihr auch die Vernetzung der kirchlichen Bibliotheken ein besonderes Anliegen. Seit 2023 ist sie Leiterin der Handbibliothek im Salzburger Landesarchiv.

P. Maximilian SCHIEFERMÜLLER OSB, MMag. Dr., studierte Geschichte und Theologie in Salzburg und Graz. Er ist Prior der Benediktinerabtei Admont, Pfarrer von Frauenberg ob der Enns und Hall, Stiftsarchivar und Kustos der Alten Kunst des Stiftes sowie Korrespondent der Historischen Landeskommission für Steiermark. Seine Forschungsschwerpunkte sind die Geschichte des Benediktinerstiftes Admont, des Benediktinerordens in Österreich sowie des oberösterreichischen Mühlviertels.

Andreas SOHN, Univ.-Prof. Dr., ist Professor für mittelalterliche Geschichte an der Universität Sorbonne Paris Nord. Seit Januar 2024 gehört er als Mitglied dem Päpstlichen Komitee für Geschichtswissenschaften an. Seine Forschungsschwerpunkte liegen im Bereich der Papst-, Kirchen-, Ordens-, Kultur- und Stadtgeschichte Europas. Seine zahlreichen Veröffentlichungen gelten besonders Paris und Rom, Kirche und Papsttum, Orden und Klöstern, Universität und Bildung, Geschichtsschreibung und Gedenkkultur in Europa, vor allem in Frankreich, Italien und im deutschen Sprachraum.

Werner TELESKO, Doz. Mag. Dr., studierte Kunstgeschichte, Geschichte und Klassische Archäologie an der Universität Wien. Seit 1993 ist er als wissenschaftlicher Mitarbeiter an der ÖAW tätig, war von 2013 und 2017 Direktor des Instituts für kunst- und musikhistorische Forschungen (IKM) und leitet seit 2015 die Arbeitsgruppe „Habsburgische Repräsentation" des Instituts für die Erforschung der Habsburgermonarchie und des Balkanraumes (IHB) an der ÖAW. Lehrtätigkeiten übernahm er an den Universitäten Wien, Linz (Katholisch-Theologische Hochschule) und Graz.

ADMONT 1074 – EIN STREIFZUG DURCH DIE STIFTSGESCHICHTE
SONDERAUSSTELLUNG ZUM JUBILÄUM
„1074 – BENEDIKTINERSTIFT ADMONT. 950 JAHRE LEBENDIGES KLOSTER"
20. März – 03. November 2024
Museum Stift Admont

**Inhaltliche Konzeption**
Christian Rapp

**Kuratorenteam**
Michael Braunsteiner, Christian Rapp, Michael Richter-Grall, Karin Schamberger (bis Oktober 2023),
P. Maximilian Schiefermüller OSB

**Ausstellungskonzept und Gestaltung**
Kadadesign/Kadaconcept
Alexander Kada, Verena Pöschl, Laura Eibeck, Christopher Langer

**Projektleitung**
Mario Brandmüller

**Restauratorische und konservatorische Maßnahmen**
Anna Bernkopf-Voithofer, Barbara Molnár-Lang, Pablo Umek, Restaurierung Voithofer

**Objektfotografie**
Marcel Peda (pedagrafie, Passau)

**Technik und Aufbau**
Hans Berghofer und das Team der Bauabteilung des Stiftes Admont

**Malerarbeiten**
Feuchter Farbtechnik GmbH, Admont

**Arbeiten am Parkettboden**
Admonter Holzindustrie AG

**Transport**
hs-Art Service Austria GmbH, Wien

**Versicherungen**
UNIQA Österreich Versicherungen AG

**Gesamtfinanzierung**
Benediktinerstift Admont

**Wir danken folgenden Leihgebern:**
Archiv der Erzdiözese Salzburg
Landessammlungen Niederösterreich
Technisches Museum Wien

Aus konservatorischen Gründen sind über die Dauer der Ausstellung nicht alle im Katalog
angeführten Handschriften, Archivalien und Bücher gleichzeitig zu sehen. Während der Laufzeit
der Ausstellung werden demnach Objekte entnommen und ausgetauscht.

IMPRESSUM Ausstellungskatalog

**Konzept**
Karin Schamberger, Michael Richter-Grall, Alexander Kada (Gestaltung)

**Redaktion**
Michael Richter-Grall

**Autor*innen**
Michael Braunsteiner (MB), Martin Haltrich, Katja Maierhofer, Ikarus Kaiser (IK), Christian Rapp (CR),
Michael Richter-Grall (MRG), Karin Schamberger (KS), P. Maximilian Schiefermüller OSB (MS),
Andreas Sohn, Werner Telesko